普通高等院校创新创业教育规划教材

创业团队建设与管理

贾德芳 主 编
王 硕 副主编

清华大学出版社
北 京

内容简介

本书结合高校创新创业教育，从高校实际和学生特点出发，对大学生创业教育特别是创业团队的组建进行研究，旨在激发、强化在校大学生创业动机，为在校大学生创业团队的组建提供专业化理论指导和实践指导。本书共包含九章，从大学生创业主题切入，阐明大学生创业过程中在团队建设方面的基本条件和主要任务，通过案例等呈现特定情境下遇到的特定问题，涉及整个团队建设和管理过程的目标设定、组建模式、组织结构设计、成员配备、运作机制和更高水平的企业化发展，为大学生解决团队建设中的具体问题提供可资使用的成熟方案和有效工具。

本书可作为普通高等院校大学生创新创业课程的指导教材，也可供大学生创业者、社会创业工作者学习和参考。

图书在版编目(CIP)数据

创业团队建设与管理 / 贾德芳主编. —北京：清华大学出版社，2021.3（2023.8 重印）

普通高等院校创新创业教育规划教材

ISBN 978-7-302-56927-5

Ⅰ. ①创…　Ⅱ. ①贾…　Ⅲ. ①企业管理－团队管理　Ⅳ. ①F272.9

中国版本图书馆 CIP 数据核字(2020)第 228135 号

责任编辑：王　定
封面设计：周晓亮
版式设计：孔祥峰
责任校对：马遥遥
责任印制：沈　露

出版发行：清华大学出版社

网　址：http://www.tup.com.cn，http://www.wqbook.com
地　址：北京清华大学学研大厦 A 座　　**邮　编**：100084
社 总 机：010-83470000　　**邮　购**：010-62786544
投稿与读者服务：010-62776969，c-service@tup.tsinghua.edu.cn
质 量 反 馈：010-62772015，zhiliang@tup.tsinghua.edu.cn

印 装 者：涿州市般润文化传播有限公司
经　销：全国新华书店
开　本：185mm×260mm　　**印　张**：15　　**字　数**：336 千字
版　次：2021 年 3 月第 1 版　　**印　次**：2023 年 8 月第 2 次印刷
定　价：58.00 元

产品编号：089049-01

普通高等院校创新创业教育规划教材
山东高校就业创业研究院丛书编委会

本书编委会

总　　序

近年来，国家有关部门高度重视创新创业教育工作，并将深化创新创业教育改革列入高等教育重要工作内容，党的十九大也提出了“鼓励创业带动就业”重要部署。

山东建筑大学于2014年成立创业学院，2020年获批设立山东高校就业创业研究院。经过多年的沉淀，山东建筑大学形成了一批可推广的创新创业教育理念、知识、经验和成果。

教材是学生获得系统知识的主要材料，也是教师施教于人的主要依据。契合大学生基础知识结构、培育大学生企业家精神的系列教材，对于提高创新创业教育质量，提升大学生创新创业能力等具有重要意义。山东高校就业创业研究院(山东建筑大学)、山东建筑大学创业学院组织编写“普通高等院校创新创业教育规划教材”，目的是推动创新创业教育工作迈上新的台阶，激发大学生创新创业兴趣，助力大学生创业实践。

本系列教材首批推出《创业团队建设与管理》《创业营销理论与实务》《创业融资管理》与《创新发明与专利申请》4本，随后，还将陆续推出《管理经济学基础》《商业计划书的撰写》等。教材图文并茂，体例新颖，尽力做到内容与时俱进，既易于讲授，又便于自学；既保证知识的广度和深度，又体现实用特色。

本系列教材的编写是山东建筑大学创新创业教育工作的一次有益探索和尝试。编者们运用超凡智慧，通过超常努力，顺利完成了教材编写工作。我们希望教材能够发挥有温度、有深度、有广度的效用，彰显启迪智慧与陶冶心灵的张力，同时也为高等院校创新创业教育提供有益参考。谨请读者不吝赐教。

是为序。

2021年1月

前 言

21 世纪为创新创业蓬勃发展造就了时代机遇，“大众创业、万众创新”是国家发出的集结号。在时代的号召下，在国家的鼓励下，无数人投入创新创业的大潮中，其中大学生群体更成为创新创业群体中一道亮丽的风景线。在现代工业化背景下，创新创业不再依靠单兵作战实现目标，而是通过团队协作实现共同目标，获得总体利益，团队成为创新创业的关键要素，大学生创业团队更有别于其他创业团队。

《创业团队建设与管理》是山东高校就业创业研究院(山东建筑大学)、山东建筑大学创业学院组织编写的普通高等院校创新创业教育规划教材之一。本书从创业团队组建的动力与约束、大学生创业团队目标设定、大学生创业团队组建的基本模式、大学生创业团队组织结构设计、大学生创业团队成员配备、大学生创业团队的运作机制、大学生创业团队企业化发展及大学生创业团队成熟度评价等方面出发，结合案例分析，用浅显易懂的语言对创业团队的成长与管理进行阐述，激发、强化在校大学生创新创业动机，为大学生组建创业团队提供可操作性的指导。本书具体内容框架如下。

创业团队概述：介绍创业团队的基本概念、创业团队的组建和创业团队的构成。

创业团队组建的动力与约束：介绍创业团队组建的外部动力与外部约束，创业团队组建的动机、机会识别和创业资源，用 SWOT 分析法分析大学生创业的优势、劣势、机会和威胁。

大学生创业团队目标设定：介绍什么是团队目标、如何设置目标管理原则、目标体系的制定、目标管理的具体方式和目标管理四阶段等。

大学生创业团队组建的基本模式：介绍兴趣小组模式、竞赛项目团队模式、科技研发团队模式、创业拼凑模式、准企业模式五种最常见的大学生创业团队组建模式的特点和优点、缺点，帮助大学生结合自身特点找到适合自己的团队组建模式。

大学生创业团队组织结构设计：介绍组织结构的概念、示例、优点和缺点、适用的条件等，以及如何选择符合团队特点的组织结构。

大学生创业团队成员配备：介绍核心领导人在大学生创业团队中的重要地位、作用，创业团队的岗位分析与成员配置等知识，帮助大学生创业团队高效配备团队成员。

大学生创业团队的运作机制：介绍创业团队决策的概念、过程、方法，沟通的功能与形式，创新团队激励机制等。

大学生创业团队企业化发展：介绍创业团队成长过程、企业化发展的表现，以及新企业的创办。

大学生创业团队成熟度评价：介绍团队效能和成熟度、成熟度评测指标体系和系统结构等，从而对团队组建的效果进行测评，帮助大学生掌握创业团队组建规律。

本书是多年从事学生创新创业教育和指导工作的高校教师集体智慧的结晶，主要编写人员有贾德芳、王硕、常淋林、魏潘红、潘祖超和吴金满。其中，贾德芳负责第一、二章的编撰，吴金满负责第三章的编撰，潘祖超负责第四章的编撰，常淋林负责第五、六章的编撰，魏潘红负责第七、八章的编撰，王硕负责第九章的编撰，全书由贾德芳和王硕统稿。

本书免费提供以下教学资源，读者可扫描二维码获取。

教学课件　　　　习题参考答案

鉴于时代的快速发展以及作者水平所限，本书难免存在不足与纰漏之处，敬请广大读者批评指正。

编　者

2020 年 10 月

目 录

第一章
创业团队概述

学习目的与要求

- 掌握团队、创业团队的概念
- 掌握创业团队的组建原则
- 了解创业团队的组建步骤

导入案例

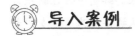

中国合伙人：俞敏洪创业团队

在中国提起教育培训，就不得不提新东方，就不得不说俞敏洪。有人说他是中国最成功的老师，有人说他是一个纯粹的商人，俞敏洪把这两个角色结合在一起，走出了一条不一样的路。

1991 年 9 月，俞敏洪从北京大学辞职，开始了自己的创业生涯。1993 年，他创办了新东方英语培训学校。在新东方创办之前，北京已经有三四所同类学校，新东方能做到的，其他学校也能做到，如何先人一步，取得自己的竞争优势呢？俞敏洪认识到英语培训行业必须要具备一流的师资，所以他需要找合作伙伴。这个合作伙伴不仅要有过硬的专业知识和能力，更要和俞敏洪本人有共同的办学理念。

这时他遇到了杜子华。1994 年，在北京做培训的杜子华接到了俞敏洪的电话，几天后，两个同样钟爱教育并有着共同梦想的“教育家”会面了，谈话中，俞敏洪讲述了新东方的创业和发展、未来的构想、自己的理想、对人才的渴望……这次会面后，杜子华决定在新东方实现自己的追求和梦想。1995 年，俞敏洪来到加拿大温哥华，找到曾在北京大学共事的朋友徐小平，这时的徐小平已经来到温哥华 10 年之久，生活稳定而富足。俞敏洪不经意地讲述自己创办新东方的经历，文雅而富有激情的徐小平突然激动起来：“敏洪，你真是创造了一个奇迹啊！就冲你那 1000 人的大课堂，我也要回国做点事！”随后，俞敏洪又来到美国，找到当时已经进入贝尔实验室工作的同学王强。王强陪着俞敏洪参观普林斯顿大学时，让他震惊的是只要碰上一个黑头发的中国留学生，都会对俞敏洪叫一声“俞老师”，这里可是世界著名的大学啊。王强后来谈到这件事时说自己当时很震惊，受到了很大的刺激。俞敏洪对他说，你不妨回来吧，回国做点自己想做的事情。就这样，徐小平和王强都站在了新东方的讲台上。1997 年，俞敏洪的另一个同学包凡一也从加拿大赶回来加入了新东方工作。这群在不同土地上为了实现价值，洗过盘子、贴过广告、做过推销、当过保姆的年轻人，终于找到一个突破口，年轻人身上积蓄的能量在新东方得到了充分释放。就这样，从 1994 年到 2000 年，杜子华、徐小平、王强、胡敏、包凡一、何庆权、钱永强、江博、周成刚等人陆续被俞敏洪网罗到了新东方的门下。

徐小平、王强、包凡一、钱永强等人分别在出国咨询、基础英语、出版、网络等领域各尽所能，为新东方搭起了一条顺畅的产品链。徐小平开设的“美国签证哲学”课程，把出国留学过程中大家关心的一个重要的程序问题，上升到一种人生哲学的高度，让学员在会心大笑中思路大开；王强开创的“美语思维”训练法，突破了一对一的口语训练模式；杜子华的“电影视听培训法”，已经成为国内外语教学培训极有影响力的教学方法。新东方的很多老师都根据自己教学中的经验和心得著书立说，并形成了自身独有的特色，让新东方成为一个有思想、有创造力的地方。

俞敏洪的成功之处是为新东方组建了一支年轻而又充满激情和智慧的团队，俞敏洪的温厚、王强的爽直、徐小平的激情、杜子华的洒脱、包凡一的稳重，五个人的鲜明个性让新东方总是处在一种不甘平庸的氛围当中。《西游记》中由唐僧率领的取经团队被公认为是一支“黄金组合”的创业团队，新东方的创业团队就类似于唐僧的取经团队。徐小平曾是俞敏洪在北京大学时的老师，王强、包凡一同是俞敏洪北京大学西语系 80 级的同班同学，王强是班长，包凡一是大学时代睡在俞敏洪上铺的兄弟。这些人个个都是能人、“牛人”，新东方最初的创业成员个个都是“孙悟空”，每个人都很有才华，个性都很独立。俞敏洪曾坦承：“论学问，王强出自书香门第，家里藏书超过 5 万册；论思想，包凡一擅长冷笑话；论特长，徐小平梦想用他沙哑的嗓音做校园民谣，他们都比我厉害。”

俞敏洪敢于选择这帮“牛人”作为创业伙伴，并且真的在一起做成了大事，成就了一个新东方传奇，从这一点来说，他是一个成功的创业团队领导者。“任何事情都是你不断努力去做的结果，当你碰到困难的时候，不要把它想象成不可克服的困难，在这个世界上没有任何困难是不可克服的，只要你勇于去克服它！”正是凭借这种不怕困难、勇于克服困难的精神，新东方不断发展壮大，“从绝望中寻找希望”也成为新东方的校训。

(资料来源：改编自谭恒. 创业管理案例[M]. 北京：中国纺织出版社，2016.)

新东方从一个培训学校发展成为海外上市公司，辉煌了四分之一个世纪的原因是什么呢？创始人俞敏洪给的答案是“一只土鳖带着一群海龟奋斗”，“土鳖+海龟”的组合让中国合伙人享誉全国，也成为创业团队的典范。创业团队是什么呢？如何组建和构成创业团队呢？本章将揭晓答案。

第一节　创业团队的基本概念

21世纪被称为信息时代，为创新创业的蓬勃发展造就了时代机遇。所谓创新，就是从创意策划到实现其市场价值的过程；所谓创业，就是以创立和改造企业为起点，推出新的产品或者服务，实现规模化盈利的过程。在现代工业化背景下，创新创业不能仅依靠单兵作战实现目标，而是要通过团队协作实现共同目标，获得总体利益，团队成为创新创业的关键要素。

一、团队的相关概念

美国钢铁大王安德鲁·卡内基说："如果把我公司的资金、设备、场地、客户、原料全部拿走，只留下我的管理团队，四年之后，我还是钢铁大王。"由此可见，团队是企业的根基，是企业发展的保障。团队从哪里来呢？团队在企业中出现大约要从20世纪50年代美国的一次观念更新思潮说起。当时，很多美国人认为，如果赋予个人足够的人权尊重，就可以激励其负起责任并更加努力地从事自己的工作。因此，许多公司形成了一些机制使雇员可以就有关改进公司经营方面的问题提出建议。这一思潮传到日本后，日本企业界逐渐成立了质量小组。20世纪70年代，"质量小组"这一概念传播至西方的管理层，许多公司欣然接受这种管理方式，团队由此产生。一些国际知名公司如沃尔沃、丰田、通用食品等，开始把团队引入企业的生产过程。20世纪80年代后，美国企业中出现了大量团队，发展至90年代，团队方式成为许多国际著名公司的主要运作形式，成为这些公司在竞争中求胜的法宝，"团队建设"成为管理方面的热点。

(一) 团队的定义

在我国，《西游记》是一个家喻户晓的故事，从现代管理学角度来看，这师徒四人就是一个典型的团队。那么，团队到底是什么呢？简单来讲，就是一群人为一个共同的、明确的、具有挑战性的任务而组成的工作群体，各成员紧密联系、互相依赖、共担风险，扮演着独特的角色，拥有必要的权威、自主权和资源，达到共同的目标。《西游记》中的师徒四人分工明确、相互依赖、共担风险，最后实现了取得真经的目标。

(二) 团队与其他群体的区别

团队不同于其他群体。

1. 团队与组织

组织是指完成特定使命的人们，为了实现共同的目标而按照一定的规则组合成的群体。组织与团队有显著差别：组织必须有明确的领导人，而团队在不同的发展阶段对领导人有着不同的要求；组织的目标必须完全一致，而团队成员可以有自己的目标，各目标可以存在个性化差异；组织的协作性一般，而团队则是齐心协力；组织中的责任按层级划分，而团队的每一个成员都要承担相应的责任，甚至共同负责；组织成员的技能可以相同，也可以不同，而团队成员的技能则是互补的；组织绩效是个体绩效的累加，而团队绩效是大家共同合作的结果。

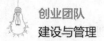

2. 团队与群组

群组的特征是强调个人的工作成果，成员相互间的互补性较弱，注重个人的工作责任，有固定的领导人；而团队的特征是有共同的目标和成果，成员相互间是一种积极互补的协作关系，解决问题的方式是共同讨论与决策，所有成员都是团队的管理者。具体而言，团队的目标明确、任务明确、角色明确、沟通渠道明确。

(三) 团队的生命周期

像所有事物一样，团队也有生命周期。20 世纪 50 年代，马森•海尔瑞最早提出组织生命周期概念，他表示看待组织可以利用生物学的“生命周期”，组织可以和生物的成长曲线一样地发展。随后，众多研究学者基于此概念进行研究，有的将团队生命周期分为五个阶段，有的将团队生命周期分为四个阶段。本书采纳四个阶段理论，认为团队从诞生至退出，大致可以分为具备较明显特征的四个阶段，分别为组建期、发展期、成熟期和转型期。其中组建期一般相对时间较短，团队整体绩效较低，发展期略长于组建期，但团队绩效提升较快；成熟期持续时间最长，团队绩效高且稳定；转型期绩效持续下降，直至退出或者调整更新。

二、创业团队的相关概念

(一) 创业的定义

创，即创造、开创、创新；业，即事业、行业和独特性的工作。所以，创业的含义分为狭义和广义两个方面。狭义的创业，指创办一个新企业的过程。广义的创业，指某个人发现某种信息、资源、机会或掌握某种技术，利用或借用相应的平台或载体，将其发现的信息、资源、机会或掌握的技术，以一定的方式，转化、创造成更多的财富、价值，并实现某种追求或目标的过程。

(二) 创业团队的定义

创业团队是为进行创业而形成的集体，一般是指在创业初期，两个或两个以上人员才能互补，参与公司创建、制定发展战略和从事企业管理，占有公司股份或享有某种程度的企业所有权，为了实现共同创业目标彼此担负相应的责任。创业团队是价值创造和创业活动的主体，居于创业过程的核心和主导地位，是创业活动的基础。

(三) 大学生创业团队的定义

大学生创业团队，顾名思义，就是大学生为进行创业而形成的集体。大学生在学校经过学习，掌握系统理论和创业基础知识，熟悉创业流程方法，了解创业的法律法规以及相关政策，提高了社会责任感，在此基础上把握商业机会，由有相同目标和价值观的人组建团队，构建合理的团队规模和结构，彼此互相信任、团结合作，构建团队精神和相应的企业文化，实现创业的目标。

三、创业团队的基本要素

创业团队的组建不能一蹴而就，一般情况下会从 5 个方面入手，即创业团队的 5P 模型：目标(purpose)、人(people)、定位(place)、权利(power)和计划(plane)，如图 1-1 所示。

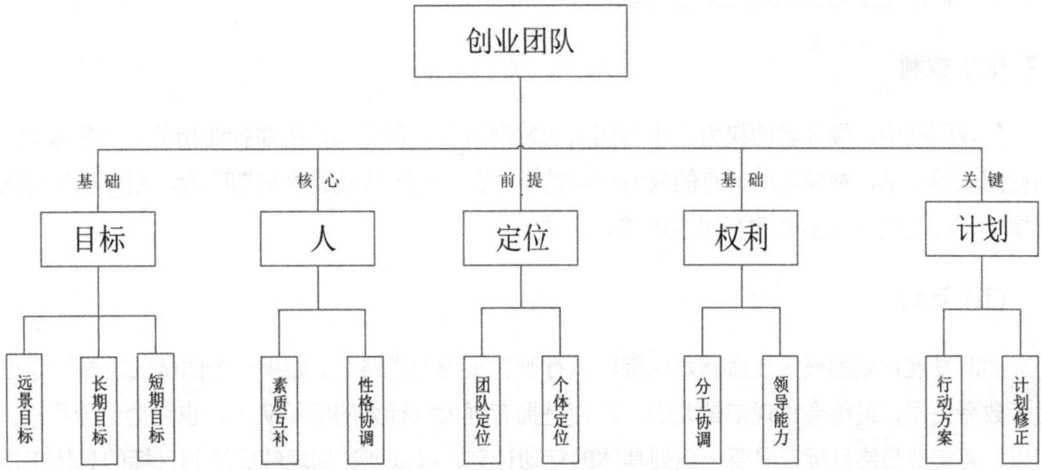

图1-1　创业团队的5P模型

(资料来源：王延荣. 创新与创业管理.[M] 北京：机械工业出版社，2017.)

(一) 目标

有人做过一个调查，问团队成员最需要团队领导做什么，70%以上的人回答——希望团队领导指明目标或方向；而问团队领导最需要团队成员做什么，几乎 80%的人回答——希望团队成员朝着目标前进。从这里可以看出目标在团队建设中的重要性，它是团队所有人都非常关心的问题。有人说："没有行动的远见只能是一种梦想，没有远见的行动只能是一种苦役，远见和行动才是世界的希望。"所以，创业团队应该有一个确定的共同目标，为团队成员导航，没有团队目标，这个创业团队就失去了存在的价值。

(二) 人

松下幸之助认为，企业经营的基础是人，"要造物先造人"，如果企业缺少人才，企业就没有希望可言。可以毫不夸张地说，在竞争激烈的市场环境中，人才决定企业命运。因此，在一个组织中，任何决策都不会比人事决策更重要。人是构成创业团队的最核心的力量；人力资源是所有创业资源中最活跃、最重要的资源，应充分调动创业者的各种资源和能力，将人力资源进一步转化为人力资本。

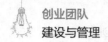

(三) 定位

苹果和小米，大家认为都是卖手机的。其实不然，两家公司创业之初的定位就不一样，苹果的定位是做产品，后来也证实了苹果手机是一个颠覆世界的产品，以产品带动销售；而小米是一家不折不扣的销售公司，它在创业之初仅仅是以模仿产品之名行销售之实。所以，创业团队的定位很重要。定位有两层含义：一是创业团队的定位，即创业团队在企业中处于什么位置；二是个体(创业者)的定位，即个体作为成员在创业团队中扮演什么角色，体现在创业实体的组织形式上，即企业是合伙制还是公司制。

(四) 权利

创业团队中，领导者的权力大小与团队的发展阶段、创业实体所在行业相关。一般来说，创业团队越成熟，领导者所拥有的权力相应越小；在创业团队发展的初期阶段，领导权相对比较集中，高科技实体多数实行民主的管理方式。

(五) 计划

团队发展计划的最大使命就是保持团队行驶在正确的道路上。如果一个团队的发展计划出现了致命失误，最终会出现南辕北辙，即便是拥有强大执行力的组织队伍，也终会一无所获。所以，要实现最终目标，需要一系列具体的行动计划，可以把计划理解成达到目标的具体工作程序。

四、创业团队的意义

有关调查发现，70%以上创业成功的企业，都有多名创始人，其中创始人为 2 或 3 人的占 44%，4 人的占 17%，5 人及以上的占 9%。为什么团队创业成功的概率要大大高于个人创业？原因很简单，因为没有人会拥有创立并运营企业所需的全部技能、经验、关系或者声誉。团队成员对创业来说将发挥不同作用：他们或是合伙人，或是重要员工，不可或缺。创业团队的凝聚力、合作精神、立足长远目标的敬业精神会帮助新创企业渡过危难时刻，加快企业成长步伐。团队成员之间的互补、协调以及与创业者之间的平衡，对新创企业起到了降低管理风险、提高管理水平的作用。

1996 年，润欣通信技术公司总裁兼执行董事长邓杰与两位清华大学的校友共同创立了 ACD 公司，2001 年成功完成 ACD 公司与 UT 斯达康的并购，ACD 公司目前提供世界领先的数据网络芯片及整体解决方案。2002年，拥有MIT博士学位的李峰与ServGate创始人邵晓风创办了神州亿品科技公司，在铁道部的支持下，与清华大学和中国传媒大学合作，向列车提供包括多媒体终端和无线上网两大服务。神州亿品公司参加了中国无线宽带技术标准的制定，并于2004年在北京市科委“面向奥运的无线宽带系统”基础设施研究项目的招标中中标。

众多案例表明，由研发、技术、市场、融资等方面的人才组成的优势互补创业团队，是创业成功的必要条件，相对于创业者单独创业，团队创业的成功率更高，这是因为大家可以资源共享、风险共担、群策群力。因此，从概念上来讲，如果想要创业成功，就必须组成一个核心团队。

第二节　创业团队的组建

现代企业应从一开始就走规范化管理道路，因此，创业者在注册公司时就应该组建创业团队，一个好的创业团队对企业的成功起着举足轻重的作用。

一、创业团队组建原则

2015年4月，罗文娟加入了职位悬赏App团队，见证了该团队的起起落落。这个App是共享经济下的产物，采用熟人推荐机制。当用户看到一个合适的职位时，可以推荐自己的熟人，一经录用便能获得收益。猎头和其他有较多人脉资源的人都是这个App的受众，主要针对有丰富工作经验的人。同时，公司通过这个App能够招聘到很多传统渠道接触不到的人才，并且不再需要支付高昂的猎头费用。团队起步时，产品发展得很好，也受到了很多投资人的关注，在上线之前就拿到了种子轮投资。

团队有两个合伙人都从腾讯公司出来，双方都有想要创业的想法，于是一拍即合地开始做这个产品。创业过程中，团队的首席技术官(chief technical officer，CTO)家中陆续发生了很多事情，CTO在照顾家庭的过程中影响了工作，团队起初很体谅CTO，让技术团队在没有CTO参与的情况下单独开发产品。

当时CTO一周大概有三四天都不在公司，对工作也不太上心。团队从5月工作到8月，没有看到任何产品。于是罗文娟便和团队的首席执行官(chief executive officer，CEO)商量，要不要和CTO交流下，这毕竟是一个创业团队，如果他保持这样的现状，团队或许需要换一个人。但是CEO本身就不太擅长和人交流，而且他觉得这种事情不好说。之后，CTO家里的问题越发严重，CTO的工作状态也一直受到家里的影响。“团队如果拧成一股绳，会有很强的战斗力，这种情况下可以弥补一些资本和技术的不足。但是有的时候，团队中人越多出现的问题越多。我后来也思考，CTO对工作不太在意一方面是因为个人问题一直没有处理好，另一方面就是他认为背后有团队支撑，他的问题可以由团队的其他人弥补。”于是罗文娟就和CEO商量，希望找到更好的方式来解决问题。

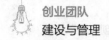

“在这之间还有一个小插曲，就是我们的技术人员出卖了我们。”有一天，罗文娟的一个竞争对手对她说，“你们公司现在既然出了问题，你不如来我们公司。”罗文娟一打听，才知道是一个技术人员把团队的困境告知了这个竞争对手。然而当罗文娟把这件事情告诉 CEO 的时候，CEO 却认为可能这个技术人员也有自己的难处吧。罗文娟说，“其实我思索之后，觉得可能和 CEO 本人的经历有关。他是一个‘海归’，在遇到这种违背契约精神的事情后，缺乏应对复杂突发问题的能力，这个时候往往选择逃避而不是想办法去处理问题。”

这几件事情之后，CEO 告诉罗文娟他打算暂停这个项目，但是担心 CTO 不愿意退出或者要求高额回购股份，所以想要假装公司破产，从那之后，团队项目无法继续下去。“我个人觉得这个项目非常可惜。因为现在我回头看，当时我们的模式是很棒的。”创业本就是在摩擦中曲折前行的，团队成员之间需要更多的沟通，遇到问题更是如此，应该共同去寻求解决方法。而在创业团队的沟通过程中，团队成员需要经常进行直接的谈话和交流，这样才能够避免其他的错误。职位悬赏 App 于 2015 年 9 月下线，当月底，公司宣布解散，历时不到半年。

这是一个比较典型的创业失败案例，说明创业团队在组建过程中一定要遵守某些原则。创业者在组建团队时通常遵循的一个基本原则就是素质互补原则。只有团队成员实现互补，才有可能发挥“1+1>2”的协同效应。实践证明，创业团队的规模越大，团队成员的经验就越需要具有互补性，团队创业成功的可能性就越高，其成长也越快。除此之外，创业团队组建还需要尽可能遵循以下几个原则。

(一) 目标明确原则

目标明确，才能让团队成员清楚地认识到共同奋斗的方向。目标必须是合理、可行，才能真正达到激励的目的。否则，在企业经营的一定阶段就有可能由于成员的意见不一致导致企业停滞不前，甚至导致创业失败。

(二) 精简高效原则

为了减少创业期的运作成本，最大限度地分享成果，创业团队的人员构成应在保证企业能高效运作的前提下尽量精简。

(三) 分工明确原则

团队成员间分工明确既可以发挥团队的整体效能，提高工作效率，又可以发挥个人特长和优势。很多工作是个人无法完成的，即使完成也不能有很好的效果。分工协作可以让每个人根据专长去完成相应的工作，使每个步骤都相对尽善尽美。

(四) 动态开放原则

创业过程是一个充满不确定性的过程，团队中可能因为能力、观念等多种原因不断有人离开，同时也不断有人要求加入。因此，在组建创业团队时，应注意保持团队的动态性和开放性，使真正合适的人员能被吸纳到创业团队中来。

(五) 诚实守信原则

重承诺、守信用是对创业团队成员最起码的道德要求。创业团队成员通常会全面介入企业的经营管理，了解企业内部情况，如果道德有问题的话，企业的资金、人员、关系等都可能遭到不必要的损害。

二、创业团队组建步骤

创业团队的组建是一个相当复杂的过程，不同类型的创业项目所需的团队不一样，创建步骤也不完全相同。概括来讲，大多数创业团队的组建步骤如图 1-2 所示。

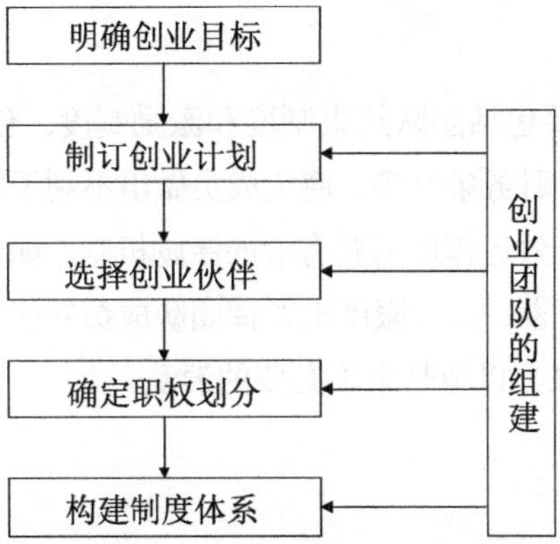

图1-2 创业团队组建程序图

(一) 确定创业目标

创业的总目标就是通过完成创业阶段的技术、市场、规划、组织和管理等各项工作，实现企业从无到有、从起步到成熟。总目标确定后再进行分解，设定若干可行的、阶段性的子目标。这项工作至关重要，对于选择创业合作伙伴以及后期整个团队章程的制定都起到决定性的作用。

(二) 制订创业计划

确定总目标和阶段性子目标后，需要制订周密的创业计划。创业计划是在对创业目标进行具体分解的基础上，以团队为整体来考虑的计划。创业计划确定了在不同的创业阶段需要完成的阶段性任务，通过逐步完成这些阶段性任务来最终实现创业目标。

(三) 选择创业伙伴

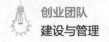

招募合适的团队成员是创业团队组建的关键，要注意两个核心问题：一是注重互补性技能组合，即考虑所选择的创业伙伴能否与其他成员在能力或技术上形成互补。创业团队至少需要管理、技术和营销三个方面的人才。二是注重人员规模，团队成员太少无法实现团队的功能和优势，而过多又可能会产生交流的障碍，创业团队规模控制在 2～12 人最佳。

(四) 确定职权划分

创业团队职权划分就是根据执行创业计划的需要，确定团队成员所要担负的职责和相应享有的权限。职权划分时，既要避免职权的重叠和交叉，也要避免职权无人承担造成工作上的疏漏。此外，由于创业环境具有动态性和复杂性，团队成员更替较快，因此成员职权也应根据需要不断进行调整，这是高效创业团队的具体体现。

(五) 构建制度体系

创业团队的制度体系主要包括团队约束制度和激励制度。创业团队需要通过各种约束制度，如纪律条例、组织条例、财务条例等，避免成员做出不利于团队发展的行为，保证团队的秩序稳定。创业团队要实现高效运作还需要有效的激励机制，如奖惩制度、考核标准和激励措施等，以充分调动成员的积极性、最大限度地发挥团队成员的能力。创业团队的制度体系应当以规范化的书面形式确定下来，以免带来不必要的混乱。

(六) 团队调整融合

完美组合的创业团队并非创业一开始就能建立起来的，随着团队的运作，团队在人员匹配、制度设计、职权划分等方面的不合理之处会逐渐暴露出来，这时就需要对团队进行调整融合。由于问题的暴露需要一个过程，因此团队调整融合也应是一个动态、持续的过程。在进行团队调整融合的过程中，最重要的是要保证团队成员间经常、有效的沟通与协调，强化团队精神，提升团队士气。

大雁有一种合作的本能，它们飞行时会呈 V 形，因为为首的大雁在前面开路，能帮助两边的大雁形成局部的真空。科学家发现，大雁以这种形式飞行，要比单独飞行多飞 12%的距离。据统计，在诺贝尔奖设立的前 25 年，合作奖占 41%，而现在则跃居 80%。

分工合作正成为一种潮流而被更多的管理者所提倡。企业正逐步向简单化、专业化、标准化方向发展，于是合作的方式就理所当然地被各企业接受。一个由相互联系、相互制约的若干部分组成的整体，经过优化设计后，整体功能能够大于部分之和，产生“1+1>2”的效果。

三、创业团队组建的影响因素

创业团队组建受多种因素影响，这些因素相互作用，共同影响组建过程，并进一步影响团队建成后的运行效率。

(一) 创业者

联想创始人柳传志说："领军人物好比是阿拉伯数字中的 1，有了这个 1，带上一个 0，它就是 10，两个 0 就是 100，三个 0 是 1000。"创业者的能力和思想意识从根本上决定了是否要组建创业团队、团队组建的时间表，以及由哪些人组成团队。华为的创始人任正非的素质和能力也充分说明了创业者的重要性，有人总结了这位创业者具备的一些典型的素质和能力。

(1) 专注：任正非是一个坚守理想的企业家。30 年来，他始终坚持只做一件事，即专注 ICT 领域。华为成长过程中，正逢中国房地产市场高速发展期，很多企业家都去做房地产生意。面对诱惑，任正非从没有动摇过，他认为，在大的机会面前，要有大的战略耐性。

(2) 简朴、务实：任正非为人低调，生活俭朴，在公司没有专车、没有保镖，平时不是自己开车就是打车，还经常去公司职工食堂排队和员工们一起吃工作餐。务实精神是深入到华为每一个"毛孔"的精神特征。

(3) 自律：任正非身上没有大老板派头，他严于律己，率先垂范，从不搞特殊化。即便现在他已 70 多岁了，也不坐头等舱，下飞机后仍自己打车，拒绝下属和客户接机。2007 年 9 月 29 日，华为举行了首次《EMT 自律宣言》宣誓大会，并将宣誓活动制度化开展至今。

(4) 艰苦奋斗的创业精神：任正非说，华为最基本的使命就是活下去，"活下去"这个简单的念头，寄托着他不舍的追求。他创办华为 30 多年来，每年几乎有三分之一的时间在飞机上、旅途中，奔走在世界各地，身患多项疾病，曾做过两次癌症手术。有人问他："华为现在已经是全球通信行业的王者了，为什么还要坚持艰苦奋斗？"他说："不奋斗就没有未来，不奋斗华为就垮了。"

(5) 自省：任正非是一位有着自省精神的企业家，自我批判是华为激发活力的重要武器。在华为，自我批判不是一种口号，而是一种制度和文化。华为的自我批判不是为了批判而批判，不是为了全面否定而批判，而是为了优化和建设而批判，目标是提升公司整体核心竞争力。华为的快速成长，其实就是华为管理团队不断否定过去，自我否定的结果。

(6) 坚韧：华为能够发展到今天可谓是九死一生，任正非经历了许多不为人知的艰难时刻：爱将背叛、亲人离世、受抑郁症困扰、做过两次癌症手术……为进军国际市场，从 1995 年起经历了 6 年的漫长拼搏，屡战屡败，一直到 2001 年才在国际市场有所发展。2002 年，IT 行业泡沫破灭，公司内外矛盾交加，在危难时期，任正非的身体与精神遭受重创。从内忧外患、身患重病到奋起反击、愈挫愈强，任正非只用了短短两年的时间，展现了超乎想象的精神力量。"身在黑暗，心怀光明，梦想不灭，努力前行"，是对他坚韧品质的最好诠释。

(7) 危机意识：任正非是一位具有危机意识的企业家，他有句名言叫“惶者生存”。他说：“二十多年来我每天思考的都是失败，对成功视而不见，也没有什么荣誉感、自豪感，只有危机感。失败这一天一定会到来，大家要准备迎接，这是我从未动摇的看法，这是历史规律。”企业家是否具有危机意识，关系着企业应对环境变化的能力。

(8) 终身学习：任正非唯一的爱好就是阅读。几十年来，他手不释卷，出差时必带的物品就是书籍，基本上一个星期要读一两本书，每天看几本杂志，养成了终身学习的习惯。在他看来，学习本身不是目的，学会举一反三，灵活运用知识才是真正的目的。

(9) 淡泊名利：任正非从来不参加任何评奖和颁奖典礼活动。华为的“全员持股”和“利益分享”机制是颠覆性的制度创新。他利用利益分享的方式，将十几万华为员工的才智融合起来，给华为注入了强大的生命力，使各路英才的聪明才智得到充分发挥，大家力出一孔，利出一孔，将华为推上世界之巅。凡是成大事者的身上都有无私奉献，淡泊名利的崇高品格。

(二) 商机

不同类型的商机需要的创业团队类型不同。创业者应根据自己与商机的匹配程度，决定是否要组建团队以及何时、如何组建团队。

(三) 团队目标与价值观

共同的价值观、统一的目标是组建创业团队的前提，团队成员若不认可团队目标，就不可能全心全意为此目标的实现而与其他团队成员相互合作、共同奋斗。而不同的价值观将直接导致团队成员在创业过程中脱离团队，进而削弱创业团队作用的发挥。没有一致的目标和共同的价值观，创业团队即使组建起来，也无法有效发挥协同作用，缺乏战斗力。

(四) 团队成员

相传很多寺庙，一进庙门，首先是弥勒佛，笑脸迎客，他的旁边则是黑口黑脸的韦陀。但相传在很久以前，他们并不在同一个庙里，而是分别掌管不同的庙。弥勒佛热情快乐，所以来的人非常多，但他什么都不在乎，没有好好地管理账务，所以依然入不敷出。而韦陀虽然管账是一把好手，但成天阴着脸，太过严肃，搞得人越来越少，最后香火断绝。佛祖发现了这个问题，就将他们俩放在同一个庙里，由弥勒佛负责公关，笑迎八方客，于是香火大旺；而韦陀铁面无私，锱铢必较，则让他负责财务，严格把关。在两人的分工合作中，庙里一派欣欣向荣的景象。

团队成员的能力的总和决定了创业团队整体能力和发展潜力。创业团队成员的才能互补是组建创业团队的必要条件，而团队成员间的互信是形成团队的基础，互信的缺乏将直接导致团队成员间协作障碍的出现。

(五) 外部因素

创业团队的生存和发展直接受到制度性环境、基础设施服务、经济环境、社会环境、市场环境、资源环境等多种外部要素的影响。这些外部因素从宏观上间接地影响着对创业团队组建类型的需求。

四、高效团队的特征

(一) 高效团队特征分析

著名管理大师韦尔奇在对微软的成功做分析时总结了如下经验。

(1) 明确、合理的经营目标：目标是把人们凝聚在一起的重要基础，只有对目标的认同和共识才能形成团结的组织和团队，才能鼓舞人们团结奋进的斗志。为此要做好以下三点：一是有导向明确、科学合理的目标；二是把经营目标、战略、经营观念融入每个员工头脑中，成为员工的共识；三是对目标进行分解，使每一个部门、每一个人都知道自己所应承担的责任和应做出的贡献，把每一个部门、每一个人的工作与企业总目标紧密结合为一体。

(2) 增强领导者自身影响力：领导是组织的核心，一个富有魅力和威望的领导者自然会把全体员工紧紧团结在自己的周围。领导者只有靠其威望、影响力令人心服，才会形成人格魅力和吸引力。

(3) 建立系统、科学的管理制度：建立一整套与人本管理相适应的科学制度，使管理工作和人的行为制度化、规范化、程序化，是生产经营活动协调、有序、高效运行的重要保证。

(4) 良好的沟通和协调：沟通主要是通过信息和思想上的交流达到认识上的一致，协调是取得行动的一致，两者都是形成团队的必要条件。

(5) 强化激励形成利益共同体：强化激励涉及工资、奖励、福利待遇、晋升等各方面，即通过建立有效的物质激励体系，形成一个荣辱与共、休戚相关的企业命运共同体。毋庸置疑，员工需要丰厚的报酬。例如，微软把股票权作为重要的激励手段之一。

(6) 引导全体员工参与管理：每个员工都是团队组织的一员，如果他们都像董事长、总经理那样尽心尽力，时刻关心公司的成长，心往一处想，劲往一处使，这样的企业肯定会成为优秀的企业。

(7) 开发潜能，促进成员成长：管理者必须考虑如何使员工与企业共生共长，如何帮助他们规划人生的道路，发挥他们的才干，开发每个人的潜能，使他们明确人生的目标和意义，引导他们去创造辉煌，实现人生的价值。当每个人的成长与公司命运紧密相关时，当每个人都可以从公司的事业发展进程中创造自己亮丽的一生时，这个团队将坚不可摧，团队精神将得到最大体现。

(8) 建立和谐的人际关系：每一个人在工作和生活中，会与许多人交往打交道，必须有人际关系问题，而且一个人每天甚至更多时间是在工作单位度过的，因此企业内的人际关系融洽非常重要。同事之间友好、融洽地相处，创造和谐、良好的人际关系，会使人心情舒畅、精神焕发，使企业融合为一个友好、和睦的大家庭。

(9) 树立全局观念和整体意识：一个团队、一个系统所最终追求的是整体的合力、凝聚力和最佳的整体效益，所以必须树立以大局为重的全局观念，不斤斤计较个人利益和局部利益，自觉地为增强团队整体效益做出贡献。

(10) 保持竞争状态：以微软为例，微软内部晋升的竞争非常激烈，经常有职位空缺，但机会并非给予苦苦等待它的人，而只给最适合它的人。微软公司内部实行的是达尔文式管理风格："适者生存，不适者淘汰"，员工的提拔升迁取决于员工的个人成就，促使他们更加努力地工作。

(二) 高效团队具有的特征

通过对大量创业公司案例的研究发现，大多数高效团队都具有以下 19 个特征。

(1) 拥有一致认同的价值观。

(2) 有一位成熟自信、领导力强、不断带来精神动力且大家共同认可的领袖。

(3) 拥有清晰、共同认同的目标，且团队目标与个人目标相匹配非常重要。

(4) 为实现目标制订行动计划，并按人员分工、时间进行了合理分解。

(5) 按照共同约定的授权范围及决策原则制定每一项决策。

(6) 成员职责分明、权限清晰。

(7) 呈现彼此信任、共同分享、自发和敢于承担责任与风险的文化氛围。

(8) 制定了合理的绩效考核制度并严格执行、定期完善。

(9) 对内部竞争进行有效的管理与激励，并形成良好的竞争氛围。

(10) 所有成员都有被授权的感觉。

(11) 团队会议定期召开且效率高。

(12) 拥有高效解决内部冲突问题的机制与方法。

(13) 成员间的沟通开放、坦诚，每个人都能支持他人并容忍错误。

(14) 根据培训需求制订并开展持续的培训计划。

(15) 团队成员乐于接受新的思想、观念与信息，保持较强的创新力与变革力。

(16) 敢于接受挑战，渴望取得成就。

(17) 总是能够建设性地解决各种难题。

(18) 与外部构建了良好的关系网络，拥有充裕的外部资源。

(19) 始终致力于改进绩效、优化团队的技能组合支持力。

第三节　创业团队的构成

创业团队的构成应该是基础与发展构成的统一。创业团队的构成可以分为业务人员构成、性格构成、数量构成、决策构成和文化构成等。

一、创业团队业务人员构成

从业务构成上讲，创业团队应包括技术人员、管理人员、市场开发和销售人员、财务管理人员和法律人员几类，但初创团队成员往往一身数职。

技术人员：如果创业企业以技术为核心，则创业者往往应该是技术的掌握者或者是创业团队成员中拥有核心技术的骨干。

管理人员：主要是指企业行政或业务管理部门的人才，是企业决策机构的核心，是企业创立和发展的主要策划者。

市场开发和销售人员：产品推广是经营活动的最终目的，因而要选择从事市场营销计划、产品定价、销售管理和服务管理等工作的人员。

财务管理人员：主要从事筹集资金、管理现金流、短期融资、会计和控制等工作。

法律人员：应熟悉与创业企业相关的法律，具备与企业活动相关的法律实践经历和经验。

基于业务的创业团队成员的选择应从四个方面考虑：基本素质、知识结构、能力结构和年龄。基本素质泛指创业者的个人综合素质，由文化素质、企业伦理素质、业务素质和心理素质构成，是创业者所具有的内在特质；知识结构是由多方面组成的，包括经济管理的基础知识、专业知识、法律法规和其他相关知识等，创业者的知识面应是广泛的，还要具备将知识转换成实际应用的能力和有效运用知识的能力。对于年龄，一般的情况是 25～44 岁的人最适合成为创业者，但选择什么年龄的人从事创业活动，应根据具体情况进行具体分析。

二、创业团队性格构成

新疆广汇集团董事长孙广信在创业之初，只是在乌鲁木齐做一些拼缝之类的小生意，这样的小生意人在商业传统悠久的乌鲁木齐有很多。孙广信起家于酒楼，1989 年秋，他听说一家专做粤菜的酒楼老板因为欠债跑掉了，就跑去看，酒楼地理位置好，门面也不赖，他认为是个机会。孙广信借了 67 万元把这个酒楼盘下来，又从广东请来好厨子，进了活的鱼、虾、蛇等。此前孙广信没有做过餐饮业，新疆人又吃惯了牛羊肉，对生猛海鲜不感兴趣，感兴趣的人也不敢轻易下箸，头 4 个月亏了 17 万元，亏得孙广信眼睛发直。后来，通过猛打广告，将客流量提了上来，酒店赚到了钱。中国的酒楼多得是，赚钱的老板不少，为什么孙广信这么出名呢？因为孙广信没事就在酒楼里观察他的顾客，琢磨他的顾客。有一回，一个客人定了一桌 5000

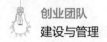

元的酒席，把孙广信吓了一跳。在当时，5000元可不是一个小数。他一琢磨，什么人这样有钱，出手这样阔绰？一打听，原来是做石油的。再一打听，原来做石油这么赚钱啊，孙广信就开始转行做石油。后来，孙广信成了《福布斯》富豪榜上的中国富豪。孙广信现在做的事是西气东输，连国家都要掂量再三的工程，他都敢做，而且有资本、做得起。创业需要胆量，需要冒险，但创业不是赌博，创业家的冒险迥异于冒进。

性格是人对待现实的态度及其行为方式，是个性中最重要的心理特征，是人与人之间相互区别的主要方面。个体的性格差异对组建创业团队有非常重要的影响。独立、自信、坚韧、自律是创业团队成员应具备的一些性格。开放、竞争和进取的时代要求创业者必须有独立性，才能敢于开拓创新，才能在激烈的竞争中另辟路径，才能在事业中有所成就。自信是创业者成功的基本条件之一。当然，自信必须建立在对自己能做客观认识与评价的基础上，任何不切实际地高估自己的实际能力的做法都是有害的。一般认为，具有下列性格的人不适宜创业：缺少职业意识的人，优越感过强的人，唯上是从的人，偷懒的人，片面和傲慢的人，僵化、死板的人，感情用事的人，固执己见的人，胆小怕事、毫无主见的人和患得患失却又容易自满自足的人。

三、创业团队人员数量构成

创业团队的人数多少取决于多种因素，如创业企业的规模、复杂程度及创业成员的自身素质等。绝大多数创业团队的核心成员都很少，一般是3或4人，不宜太多。因为从业务构成的角度来看，创业团队可以包括技术人员、管理人员、法律人员，而市场营销、商务和财务可以集于一身，必要时一人可以兼顾法律、市场营销、商务和财务等业务，3或4人可以满足业务构成的需要；从管理学的角度来看，由于创业是一项高度紧张、复杂的活动，3或4人也是最佳的管理幅度，便于内部的分工、协作和交流，若规模过大，容易造成内部沟通困难。因此，创业团队成员以3或4人为宜。当然，对于不同情况的创业团队，人员数量可适当灵活。

四、创业团队决策构成

如何从混乱中理出思绪，为创业做出最佳决策，这是困扰每位追求梦想的创业者的问题。学者切普•希斯(Chip Heath)和丹•希斯(Dan Heath)认为，创业者做出决策的关键是避免过分自信偏见和证实性偏见。过分自信偏见会让创业者对未来做出过高的估计，导致基于预测所制定的决策出现错误；而证实性偏见则意味着创业者往往会倾向于相信那些能够支持原有观点的信息。要克服这两种偏见，创业者必须在考虑问题解决方案时想得更长远，而且要考虑能够解决问题的多种方案。例如，为了避免证实性偏见，当面临进退两难的困境时，创业者可以考虑反向的解决方案，然后找到办法，并看看需要做什么才能让方案奏效；为了避免过分自信偏见，创业者需要考虑到一些不可避免的意外，包括好意外和坏意外，这些意外有可能破坏企业已经设定好的一些计划，此时，创业者必须设想有可能产生的最好结果和最坏结果，然后考虑如何应对各种可能发生的情况。希斯把这两种偏见归结为“精神聚光灯效应”，为了减弱这两种偏见的影响，创业者要扩大“聚光灯”的照射范围，以做出更好的业务决策。俞敏洪说，对于一个创业团队，到底谁更做主至关重要，搞不清谁做主的团队或初创公司肯定有问题。团队成员可以参与决策，但是民主集中制一定要有。

五、创业团队文化构成

下面以华为为例，介绍创业团队的文化构成。华为公司作为中国最优秀的企业之一，从建立之初就注意培育组织文化，产生了巨大影响。

(1) 华为文化是华为凝聚力的源泉：华为的价值观包括“知识是资本”“智力资本是企业价值创造的主导因素”“学雷锋、做贡献”。

(2) 华为文化是华为创业的内在支撑：公司文化与部门文化是“源”与“流”，反对故步自封，坚持开放式吸纳国内外先进企业文化和中国传统文化精髓，防止社会不良文化和价值观对已有文化的侵扰，鼓励各部门在坚持已有的核心价值观的同时，逐渐形成自己各具工作特点的特色文化，抓好组织行为和个人行为的价值评估工作。

(3) 构建华为管理制度：借鉴成功企业的经验，基于自身文化酝酿和构建具有华为特色的管理模式和管理制度。《华为公司基本法》起草后，经过员工充分讨论，用条文形式加以固定，并通过试行，反复证明是正确的、可行的。《华为公司基本法》在员工中达成共识后定稿，经过正式签发，再向员工颁布，让大家共同遵守。

(4) 华为文化扎根于日常管理之中：8 小时之内的华为文化是对管理制度和规范的酝酿与推行，是对个人行为、组织行为的考核活动。员工之间管理思想的交流与沟通，管理制度规范的酝酿与推行，员工个人行为、组织行为的考核与评价，凝聚在产品质量、信誉、品牌和市场竞争之中。任何个人行为、组织行为都必须符合管理制度和规范的要求，管理制度和规范是铁面无私的，违背管理制度和规范就将损害公司整体利益，妨碍公司事业的发展，可辞退、降级、降薪。在 8 小时之外，华为努力丰富企业文化生活，开展球类比赛、文艺联欢、探险、义务劳动等，加强沟通，提高生活质量，刻意开展培养个人才能、才华、情感等智能与体能的活动，使大家恢复脑力、体力，有意识地培养员工的企业家精神、敬业精神、创新精神、团结合作精神与奉献精神，陶冶高尚情操。

一个缺少目标、价值观和使命的组织必难成大器，创业团队作为微型组织更是如此。创业团队要想超越自我、不断发展，就必须找到可以传承的生命基因——团队文化。

本章小结

创业团队是由少数具有技能互补的创业者组成的，为了实现共同的创业目标，达成高品质的结果而努力的共同体。组建优秀的创业团队要有正确的团队理念、明确的团队发展目标，并要建立责、权、利统一的团队管理机制。一个高效的、强有力的创业团队，成员之间应该形成各种业务的互补，以使个人的能力和素质得到最大限度的发挥，并形成新的集体力量。个体的性格差异对组建创业团队有非常重要的影响，在选择合作伙伴时认真甄别、分析非常重要。创业团队的管理相当复杂，如何进行决策，如何进行文化管理等，都是团队组建的重要因素。

关键概念：

团队(team)　　创业(entrepreneurial)

创业团队(entrepreneurial team)　　团队构成(team composition)

复习思考题

一、案例分析

小米的合伙制创新

对于创业者来说，合伙创业是最常见的创业方式。小米成立多年，经历了上市前的创业期、高速成长期与扩张期，合伙人机制支撑小米取得了阶段性经营成果。通过对企业战略、组织与人的关系进行系统的变革与创新，通过优化组织内部环境，真正凝聚起一批有追求、有意愿、有能力的人抱团打天下，让员工变成股东，把小米的事业变成大家共同的事业。

1. 老大有胸怀

雷军到底持有小米多少股份？这一直是业界讨论的热点。早间，有人根据中国工商档案提出，雷军持有公司将近80%股份，并据此预测雷军是中国未来首富。但实际情况是，小米是离岸VIE架构，雷军一开始只持有公司39.6%的股份，加上后来购买的股票与上市前股权激励增发的股票，雷军在上市前持有公司约31%的股份。股权是公司配置核心能力与核心资源的重要工具。“人意识到自己的渺小，行为才开始伟大”。雷军一开始只拿39.6%的股份，这给未来优秀人才的进入预留了大量空间与余地。

2. 团队有参与感

雷军认为，“创业的过程就是拿百分之百的梦想去跟资金分享、跟最优秀的工程师分享、跟最好的市场分享、跟最好的资源分享。创业就是拼图，是分享百分之百梦想的过程”。创业合伙人股东是真正的合伙，是“老二+老三”，不是“小二+小三”。小米有“本土+海派”混搭的8人合伙人团队，除雷军之外其他合伙人最开始总共持有小米45.4%的股份。其中，林斌是小米现任总裁，持有25.4 %的股份。黎万强是雷军前同事，持有小米7%的股份。合伙人最低拿了 6%的股份。这是保证小米合伙人团队保持长期稳定的基础。同时，小米创业合伙人都有AB身份，即创业者+投资人。一方面，他们以创业者的身份获得了初始普通股；另一方面，在公司后续融资时，他们按照投资方相同的估值，购买小米优先股。雷军当时对合伙人林斌说，如果你真正热爱一件事并且真正想清楚以后，投资什么都不如投资你自己。林斌一开始有犹豫，但最后还是把在微软与谷歌干了 15 年获得的股票都卖了，换成了小米的股票。大家都在用真金白银参与小米的事业，与小米共荣共损。

3. 进入有规则

小米联合创始人黎万强提到，“我看了很多公司，他只跟你说有期权，都是到了临近上市的时候，才跟你说你的期权是多少。但雷总一开始就给我们合伙人、核心员工讲明白，把很多事情都摆到台面上”。小米股权发放都有完整的专业方案，这样任何股东进入时，股权发放都有方向、有节奏与有套路。股东一开始进入就有清晰、明确的规则，包括限制性股权、期权如何成熟，退出如何处理，并通过法律文件落实到位，而不是空头承诺。“有恒产才有恒心”，这样可以解除团队后顾之忧，使其全力以赴投入创业。

4. 退出有信用

创业初期，大部分合伙人都是奔着“志同道合、同甘共苦、全力以赴、白头偕老”参与创业的，但是，由于主观或客观原因、过错或非过错原因，合伙人有进有出也是创业过程中正常的一部分。如何处理退出合伙人的权益？实践中有不同做法，有的约定回购，有的约定附条件保留，有的约定综合考虑离职原因与历史贡献公司保留回购主动权。在小米上市前不久，雷军宣布两个联合创始人周光平与黄江吉从公司退出。对于曾经并肩奋斗过的退出合伙人，小米完全遵守契约规则，保留了两位联合创始人的股份。在欢送大会后，退出合伙人黄江吉在微博留言：“感谢我最有情有义的老大雷军，感谢各位小米的战友兄弟们，感谢你们这一班神一样的队友，让我这个幸运的‘猪’能够和你们一起愉快地飞起来。我永远都是小米人！”已退出的合伙人周光平与其他合伙人也是好聚好散。

(资料来源：https://www.sohu.com/a/ 352214105_120108618)

思考：

1. 小米创业团队的特点是什么？
2. 小米创业团队为什么可以实现长期合作？

二、拓展训练

天才的猎取

【形式】集体参与。

【时间】45 分钟。

【材料】大的彩纸或轻质纸板、毡头记号笔。

【场地】不限。

【应用】成员激励。

【目的】

1. 确定和认同每一个团队成员的能力。

2. 确保团队成员的能力在团队中得到开发。

3. 对成员带给团队的力量表示赞许。

【程序】

1. 让团队成员写下每个团队成员的名字，在每个名字下面建立他(她)的能力和技能的清单。向成员们强调在日常基础工作中可能未曾用到的技能的重要性。

2. 在房间的墙壁上为每个团队成员张贴一张大彩纸，在每张纸旁边放一支毡头记号笔。

3. 让团队成员拿着他们建立好的清单，将各自已确定的技能描述誊写到大彩纸上。

4. 以组为单位进行检查，并确保成员的每项技能都被注意到。询问每个成员，他们是否有什么技能被忽视了，如果有，将它们添加上去。针对每个成员，确定团队正在对其全力开发的技能和未全力开发的技能。

5. 为每个团队成员至少选择一个未全力开发的技能，并与团队成员讨论："团队如何更好地利用此技能？"

6. 讨论怎样使团队成员的技能水平超前于团队的需要，并在目前正在实施的基础工作中更好地利用它们。

7. 针对每个成员依次提出这些问题并进行充分讨论。

【提示】将成员的技能列表交给各自保管，并建议将这些列表张贴起来，以提醒自己充分利用它们。

【讨论】

1. 你清楚团队中其他成员的技能吗？

2. 怎么做才能让成员更好地了解队友，并被队友了解？

【总结与评估】团队常常只挖掘出团队成员的一小部分潜能，只用到团队成员的一些基本技能。效率高的团队成员互相了解对方的能力，并能够寻找机会使其充分发挥出来。

第二章

创业团队组建的动力与约束

学习目的与要求

- 了解创业团队组建的环境、机会及约束
- 了解创业团队组建的动机、机会识别和创业资源
- 了解大学生创业SWOT分析

导入案例

空气中抓汽油技术成就千万富翁

“空气中抓汽油”是通过把弥漫在空气中的汽油与其他气体进行分离来实现油气回收。该项技术既消除了空气中汽油的刺鼻味道，又解决了空气污染问题。为了在该项技术上取得突破，赵新在读研究生的4年里放弃了丰富的课外生活，每天都把自己关在实验室，反复实验。功夫不负有心人，2006年赵新研究生毕业时，终于研发出了有机气体分离膜。

2007年，国家出台了储油库大气污染物排放标准、加油站大气污染物排放标准、汽油运输大气污染物排放标准。根据该标准，北京、天津、河北等地的储油库、加油站不能直接将油气排入大气中，必须在2008年5月之前全部进行改造处理，赵新敏锐地意识到这一系列国标的出台打开了创业机会窗口。2007年10月，赵新辞职并成立了南京天膜科技有限公司，正式开始了自己的创业之路。通过与北京5家民营企业的储油库合作，挖到了创业的第一桶金。

然而，随着奥运会结束，赵新的好日子也很快结束了。整个2009年，他的企业几乎没有接到一笔业务，另外3个股东也没有能力再投资，企业资金出现了严重问题，不仅拖欠了房租，连员工工资也只能靠信用卡来支付。但赵新自信地认为，21世纪是膜分离的时代，于是他选择了坚守。

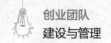

伴随上海世博会、广州亚运会的召开，赵新和他的企业又迎来了机遇。2010 年，仅借着世博会这股春风，他就成功将企业的产品推销给了 6 家储油库，并成功将产品打入了中石油、中石化这样的大企业。2011 年，赵新的企业纳税 900 多万元。赵新研究的有机气体分离膜被评为南京市十佳优秀专利，他本人也被评为南京市科技型创业家。

赵新表示，南京加油站年销售汽油约 100 万吨，等于排放了 8000 吨油气进入大气，如果将每年"漏"掉的油气都回收起来，不仅可以改善空气质量，还能带来经济效益。赵新的目标是在 2016 年实现公司上市，但上市也好，盈利也罢，都只是企业追求的一部分，其更大的意义在于环保。

(资料来源：https://www.sohu.com/a/ 241155218_117373)

许多人认为，创业活动就是一个或几个英雄人物，坚持不懈地从无到有创办一个新企业，其实这是一种狭义的理解，创业活动是个复杂的过程，需要"天时、地利、人和"。创业活动初期，创业团队的组建既受国家政策调整等外部因素影响，又受团队成员创业动机等内部因素的影响，"空气中抓汽油"这个案例就是一个典型案例。认清这些因素，才能够扬长避短，成功组建优秀团队，为创业成功打好基础。

第一节　创业团队组建的外部动力与外部约束

国家政策调整、社会经济发展和社会环境变化等组成了创业环境，技术机会、市场机会等构成了创业机会，创业环境和创业机会既给创业团队组建带来了动力，也不可避免地构成了一定的约束。

一、创业团队组建的外部动力

(一) 创业环境

任何创业活动都是在一定的社会环境下进行的，诸多事物和要素互动联系、碰撞，形成了一个面面俱到的现实环境系统，对创业团队建设产生了十分重要的影响。创业环境包括政策法规调整、社会经济发展、社会环境变化、科学技术进步和自然条件变化等。

1. 政策法规调整

政策法规对创业活动加以规定和要求，对创业活动具有现存的和潜在的影响。当政策法规出现变化时，往往意味着创业机会的出现。2004 年 7 月 1 日，我国颁布《中华人民共和国行政许可法》许可民营企业进入更多的行业领域，企业自主的经营范围更为宽泛和自由；2006 年 1 月 1 日，实施新修订的《中华人民共和国公司法》，有限责任公司注册资本的最低限额下调至

3 万元人民币；2014 年 9 月，李克强总理在达沃斯论坛上首次提出“大众创业、万众创新”的号召；2015 年的达沃斯论坛上，李克强总理数度提及“大众创业、万众创新”，并将其视为中国经济增长的“新动能”。20 年间，政府对创业活动的支持力度不断增强，特别是现阶段更是为创业活动提供了良好的环境，主要表现是：减少对“双创”企业的干预，降低创业成本，提供更多发展空间；由市场自身进行调整，资源适当向“双创”倾斜，如资本市场应给予“双创”企业更多支持和发展机会；为未来发展前景广阔的非传统产业和新兴企业提供更多的机构扶持。各地创业园区努力为创业者们提供便利，商业基础设施的变化有目共睹，各类企业孵化器、企业服务中心、指导机构等不断增多，风险投资机构、担保服务机构、信用服务机构、顾问咨询等服务机构得到发展，便利了创业的启动与发展，也使创业环节更加顺畅，好的技术和创意能够更快、更好地得以商业化并形成良性循环。创业教育、文化素质状况的改善，也有助于创业项目的成功。

2. 社会经济发展

企业经营的成败在很大程度上取决于整个社会的经济运行情况，创业者要善于对经济因素进行分析，发现机会。2014 年，在全球经济复苏乏力，我国经济发展也面临着转型困难的大环境下，我国政府提出要大力破除对个体和创业创新的种种束缚，建设“人人创新”“万众创新”的新局面，让我国的经济发展再上新水平。创新正在改变着人们对于经济发展的预期，促成经济的转型。经济转型是创业热潮兴起的内在驱动力。经济发展的阶段不同，创业活动的特征也有所不同，工业经济时代，经济的发展主要取决于对自然资源的占有；而到了知识经济时代，知识资源成为影响创业的重要因素。随着工业经济向知识经济的过渡，创新成为竞争中的重要优势，这为创业活动提供了一个良好的环境，有助于创业者通过对知识的获取、配置、生产和消费来实现创业梦想。随着经济的发展，我国资本市场也日趋健全和活跃，在融资方面，银行贷款、金融支持、融资担保、风险投资等为创业者提供创业贷款担保和贴息的业务不断推陈出新。当前经济环境适合创业，为创业团队的组建提供了比以往更多的机会。

3. 社会环境变化

社会环境包括社会文化、社会习俗、社会道德观念、社会公众的价值观念及人口统计特征等。变化的社会环境影响社会对企业产品或劳务的需要，也会改变企业的战略选择和发展方向。社会的不断进步会催生很多新的需求，也会改变人们对创业等的看法，带来更多的机会。因此，创业者需要在创业前对有关的社会环境加以考虑，分析消费者的收入水平、受教育程度、地区特点和民族特色。例如，教育培训机构的兴起与人们生活水平的提高和对教育的重视程度的提高是密切相关的。社会环境决定了创业者的产品需求和发展方向，是细分目标市场的重要依据。

4. 科学技术进步

技术进步可以创造新的市场，产生大量新型的和改进的产品，也可以使现有产品和服务过时，改变创业企业在产业中的相对成本及竞争位置。技术的进步还会影响企业的产品、服务、市场、供应商、分销商、竞争者、用户、制造工艺、营销方法及竞争地位。技术的变革可以减少或消除企业间的成本壁垒，缩短产品的生产周期，带来比现有竞争优势更为强大的新的竞争优势。对于创业者来说，能正确识别和评价关键的技术机会与威胁是至关重要的。

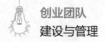

5. 自然条件变化

古语云，“靠山吃山，靠水吃水”，就是指创业企业应依靠自然环境进行发展。对于创业者来说，应该基于资源从事创业活动。创业者在创业前要对选定的创业项目认真分析，确认所在地区是否有足够的资源来支持创业企业的生存与发展，创业者对该地区的熟悉程度如何，该地区的人文和社区支持体系是否完善，创业者在该地区有多大的影响力，地区的基础设施可行性如何，新创企业在这个地区内将会有何影响，民情风俗是否会对创业产生正外部性，等等。

(二) 创业机会

通常最早涉足某一行业或领域的企业都很容易成为第一品牌。假设现在有一块很大的蛋糕，如果一个人来吃，他可以随便吃；如果有 30 个人要吃怎么办，只能抢着吃。大家喜欢随便吃，还是喜欢抢着吃？当然是随便吃。一般人时常有一个错误的观念：这个人赚钱多，我该去加入他从事的行业。这就好像看到一个人吃蛋糕，他吃得津津有味，你此时加入，就只能吃到他剩下的。所以要做第一个从事某个行业的公司，或选择竞争对手少的行业来做。

创业机会就是创业活动中的机遇和机会，可能会带来对新产品、新服务或新业务的需求，是一种有利于创业的偶然性和可能性，或者说是一种还没有被实现的商务必然性。创业机会存在于社会和经济的变革过程中。环境的变化会给各行各业带来良机，科技的进步、价值观与生活形态的变化，人口因素的变化，社会和政治结构的变化，以及顾客需求的变化，甚至着眼于人们苦恼的事和烦恼的事，都可能是某些创业机会。

1. 创业机会的特征

俗话说，“机不可失，失不再来”，只有抓住了创业机会，创业团队才存在建立的基本条件，才能去实现自己的创业梦想。创业机会具有如下特征。

(1) 客观性。创业机会是客观存在的，不依赖于人的主观想象，无论创业企业是否意识到，它都会客观存在于一定的社会经济环境之中，并对所有人公开。尽管有时是企业在创造机会，但是这些所谓被“创造”的创业机会仍然是早就客观存在的，只是被某个创业团队最先发现和利用而已。

(2) 偶然性。大多数时候，创业机会不可能明显地摆在创业者面前，机会的发现常常具有一定的偶然性，常常会突然显现，创业者如果缺乏思想准备就容易看不准，也就抓不住。创业者无论是自觉还是不自觉，如果总是努力地寻找创业机会，那么他发现机遇的可能性就大。对待创业机会，要防止两种倾向：一是贬低机遇的价值，机遇的发现和利用要依靠创业者的思考与实践，必然蕴含着创业者的努力；二是盲目崇拜机遇，认为人们对机遇无能为力，忽视了创业者的主观努力。

(3) 时效性。时效性是指创业机会必须在机会窗口存续期间被发现并利用，而机会窗口是指商业想法推广到市场上所花费的时间。如果竞争对手已经有了同样的思想，并已把产品推向市场，那么机会窗口也就关闭了。创业者或者创业团队如果不能及时捕捉机会窗口，就会丧失难得的市场良机。而且由于机会的公开性，别人也可能捕捉到，这就改变了供需矛盾，加速了事物的变化过程，机会也就失去了效用，甚至成为创业者的威胁。对于创业团队来说，要抓住创业机会并及时利用，越早发现创业机会并采取措施抓住机会，成功的可能性也就越大。

(4) 行业吸引力。假设今天你从事汽车销售的工作，你希望卖桑塔纳，还是希望卖劳斯莱斯？劳斯莱斯公司被卖给了大众汽车公司，为什么会这样？因为劳斯莱斯汽车的市场需求太小了。不同行业的利润空间、进入成本和资源要求不同，其行业吸引力自然存在差异，行业的选择是创业者选择创业机会首要考虑的问题。对于任何创业者或者团队，应首选进入那些大部分参与者都能获得良好效益的行业，而不要选择那些很多公司为了生存而拼命挣扎的行业。迈克尔·波特(Michael E. Porter)认为，企业战略的核心是获取竞争优势，而获取竞争优势的因素之一是企业所处产业的整体盈利能力，即产业吸引力。因此，更多的创业机会应该来自具有潜在高利润的产业。

拓展阅读2-1

非常小器

梁伯强，广东中山圣雅伦有限公司董事长，2006 广东十大经济风云人物“营销创意”奖获得者，起草、制定“中国指甲钳行业新标准”的核心人物，中国“隐形冠军”形象代言人，被媒介称为“鬼才”“每根头发都是竖起的天线”的“指甲钳大王”。这位被誉为“指甲钳大王”的梁伯强，决定生产指甲钳却是因为朱镕基总理的一句话。1998 年年底，梁伯强在看报纸时发现了一条新闻，这篇名为《话说指甲钳》的文章改变了梁伯强的命运。文章描述当时的朱镕基总理在参加一次会议时提出：“要盯住市场缺口找出路，比如指甲钳子，我没用过一个好的指甲钳子，我们生产的指甲钳子，剪了两天就剪不动指甲了，使大劲也剪不断。”朱镕基总理以小小的指甲钳为例，要求轻工企业努力提高产品质量，开发新产品。梁伯强从这一句话中发现了指甲钳的商机。

梁伯强调查发现，指甲钳每年的产值达到 60 多亿元，韩国有 5 家企业，占据了 20 亿元的产值。但在中国呢，在册登记注册的就有 500 家，营业额为 20 亿元。从数量来对比，韩国 5 家主要企业加上 10 几家配套企业就可以和中国 500 多家企业打个平手，这种反差令梁伯强非常惊讶。

梁伯强心动了，兴致勃勃地开始对全国市场进行考察。考察完，他很意外地发现很多生产指甲钳的工厂倒闭了。如果中国真有 20 亿元的市场份额，那么这些工厂为什么会倒闭呢？一方面，商场零售都被外国品牌占据；另一方面，批发市场群雄逐鹿，热火朝天。抱着试试看的态度，梁伯强生产出第一批指甲钳，没想到，产品还没正式问世，就有几千万元的订单找上门。就这样，梁伯强在一个只有十多万人口的小镇上，创办了一家单一产品在亚洲乃至全球性价比最高，产品设计和营销模式在中国最有创意的小企业，年产值 2 亿元。

(资料来源：https://www.sohu.com/a/ 282884540_117373)

2. 创业机会的来源

经常有想创业的人这样抱怨：“别人机遇好，我运气不好，没有机遇。”“我要是早几年做就好了，现在做什么都难了。”其实，这些都是误解，机遇无时不在、无处不在，关键在于人们能不能识别它。牛仔裤的发明人李维•斯特劳斯跟着一大批人去西部淘金，途中一条大河拦住了去路，许多人感到愤怒，但李维却说“棒极了”，他设法租了一条船给想过河的人摆渡，结果赚了不少钱。不久，摆渡的生意被人抢走了，李维又说“棒极了”，因为采矿人出很多汗，饮用水很紧张，于是别人采矿他卖水，又赚了不少钱。后来，卖水的生意又被抢走了，李维又说“棒极了”，因为采矿时工人跪在地上，裤子的膝盖部分特别容易磨破，而矿区里正好有许多被人丢弃的帆布帐篷，李维就把这些旧帐篷收集起来洗干净，然后做成裤子，结果销量很好。牛仔裤就是这样诞生的。李维从问题中发现了机会，在别人的不经意中实现了致富梦想。一个想创业的人需要了解如何识别创业机会。诸多创业研究和创业实践表明，技术、市场和环境的变化是创业机会的主要来源。

(1) 技术机会。技术机会是指由于技术进步、技术变化带来的创业机会，是将新技术成功应用于生产的可能性。技术的创新表现在产品技术创新、工艺技术创新和生产设备技术创新。通常，创业者或者创业团队由于掌握了某种先进技术，或者对现有技术进行了重大改良，从而有助于获得竞争优势，促进创业的成功。

① 技术突破机会。技术推力表现为科学和技术的重大突破，从而创造全新的市场需求，或是激发市场潜在的需求。在经济发展过程中，许多重大的科技创新成果，如尼龙、人造纤维、核电站、半导体等都属于这一模式，技术突破往往意味着新产品的出现。任何领域的技术进步最终都会受到自然规律的制约。例如，硅片上能放多少晶体管取决于硅的晶体结构，技术进步的过程就是不断向极限逼近的过程。技术机会分为内含型(即现有技术规范的改进)和外延型(即该技术应用于其他技术系统的可能性)。核心技术能力是企业团队竞争能力的重要基础，有意识地培养和发展核心技术能力是创业团队成功组建和保持竞争优势的关键。在创业实践中，实现科学技术突破的创业机会需要大量的资金，风险很大，花费的时间也相当长。例如，从科学技术突破到能大规模地生产，长的有时需要 10 年左右，短的也需要 2～3 年。

2019 年 3 月，《人民法院报》刊登了安阳市中级人民法院的公告，于 2019 年 1 月 31 日裁定终结安彩集团的破产程序，这家当年号称“世界第一”的玻屏生产商就这样“寿终正寝”。正如业内广泛反思的那样，安彩集团可谓“成也自主创新，败也自主创新”——当年，它突破了日韩的技术，通过自主创新开创了一段辉煌无比的历史，可惜在不断的技术创新面前，他又倒在了迷恋自我、尾大难掉的战略决策迷局中。20世纪八九十年代，中国经济刚刚摆脱短缺经济，许多企业在粗放型的经营模式下迅速做大。安彩集团即是抓住了这个机会，由于艰苦卓绝的自主创新，它成了业内外重点扶持的明星式企业。政策的优待、资源的倾斜，加上管理层孜孜不倦的创业精神，安彩集团迅速在中国的玻壳制造企业中脱颖而出。后来，安彩集团在失去外部强烈撼动力的情况下，盲目多元、一味求大、思维僵化，忽略了开放、学习应是企业做强的主旋律，忽视了产业替代和技术升级是企业永远立于不败之地的命脉，以至于为了所谓的“全球第一”而导致重大的战略决策失误，掉进国际竞争对手埋下的“陷阱”里，一个名牌企业一夜之间灰飞烟灭。“只有创新技术，才能在世界上站得住脚”，这曾是温家宝总理在2009年夏季达沃斯年会上的一句讲话。这实际上是在告诫中国企业，必须加大科技创新的力度，加快产业结构的调整和优化，淘汰落后产能，满足于在低端产业故步自封的行为最终会自取灭亡。

② 技术扩散机会。技术会在国家、地区和企业之间发生扩散。技术扩散包括技术贸易、技术转让、技术交流、技术传播等活动。由于技术的扩散，创业者在本国家、本地区和本行业率先采用了扩散技术，能够获得技术上的优势，发现创业机会。在现实生活中，绝大多数涉及产品和生产技术的转让都是通过有偿方式进行的。技术贸易的基本内容包括专利使用权、商标使用权和专有技术使用权。

③ 工艺创新机会。工艺创新属于技术融合。在技术发展的不同阶段，技术机会是不一样的。随着新技术与新产业的不断发展，在进入成长期或成熟早期以后，技术创新从产品创新转向工艺创新，突破型技术创新让位于渐进型技术创新，技术机会从内含更多地转向外延，技术融合逐渐占主导地位。工艺创新是指创业团队通过研究和运用新的生产技术、操作程序、方式方法和规则体系等，提高企业的生产技术水平、产品质量和生产效率的活动。

④ 技术引进和后续开发机会。技术引进是创业企业从外部获得先进、适用的技术的行为，引进技术的内容主要有：引进工艺、制造技术，包括产品设计、工艺流程、材料配方、制造图样；引进工艺检测方法和维修保养等技术知识和资料，以及聘请专家指导、委托培训人员等技术服务等；通过引进先进的经营管理方法，充分发挥所引进技术的作用，做到引进技术知识和引进经营管理知识并举；通过广泛的技术交流、合作以及学术交流、技术展览等，引进国外的新学术思想、科学技术知识及人才。通过技术引进，能够弥补创业企业在技术方面的差距，提高技术水平，填补技术空白，获得良好的发展机会。创业者和团队通过对引进技术的消化、吸收与改进，逐步提高自主研发的能力，进而根据市场需要，通过自主研发进行改进型创新。后续开发能够促进创业者对技术的消化，并提高其自我发展的能力，这是把握技术机会的重要途径。

(2) 市场机会。创业市场机会是指市场中那些创业企业本身没有涉及过的领域、没有生产过的产品和没有进入过的市场。创业者发现和把握的机会不同，创业活动也随之不同，创业结果也存在着差距。根据不同的标准，市场机会有以下6种划分方法。

① 目前机会与未来机会。目前机会是指目前尚存在的比较大的企业能取得利润的领域。

未来机会是目前只有少数人有消费欲望或少量需求的领域，但随着市场及市场环境的发展变化，这种少数人的消费欲望和少量需求将在一段时间以后变为多数人的欲望和较大需求，并且企业能取得利润的领域。在把握目前机会的同时，创业者要注重寻求和正确评价未来机会，提前开发产品，并能在机会到来之时迅速将其推向市场，从而取得领先地位和竞争优势。对未来机会的准确预测和分析具有重要的战略意义，可以使创业者和创业企业选取到好的市场切入点，做好市场竞争的充分准备。

1956年年初，宝洁公司开发主管米尔斯在给孙子洗尿布的烦恼的启发下，产生了开发一次性纸尿布的灵感。当时已有一次性的纸尿布出现在美国婴儿用品市场，但经过市场调研发现，这些纸尿布仅占了整个美国婴儿用品市场的1%。原因首先在于产品价格太高，其次是父母们认为这种一次性产品平常并不好用，只是在旅行时或不便于正常换尿布时，才会作为替代品使用。当时美国和世界上许多国家正处在“二战”后一个巨大的生育高峰期，巨大的婴儿出生数量乘以每个婴儿每天换尿布的次数，这是一个多么大的市场，蕴含着多么大的消费量！于是宝洁公司研究出了一种既好用又价格低廉的一次性纸尿布，并命名为Pampers。直到今天，Pampers一次性纸尿布仍然是宝洁公司的拳头产品之一。

② 表面机会与潜在机会。在市场上明显存在的，能够被所有创业者和企业很容易看到的市场机会就是表面机会。而表面并不明显，还未完全为大多数创业者意识到的市场机会就是潜在机会。表面机会易于被创业者和团队所发现与识别，这既是优点也是缺点。由于表面机会容易被发现，利用者就比较多，因而难以取得较高的机会效益，甚至会造成激烈的竞争，导致创业失败。潜在机会因为识别难度大，能识别和抓住这种机会的竞争对手也相对较少，一般情况下只要能够找到并抓住这种机会，就能取得较高的机会效益。所以，创业者应更加注意发现和利用潜在的市场机会。

③全面机会与局部机会。全面机会是在大范围市场上，如全国市场甚至全球市场上出现的未满足的需求。而在小范围市场上，如某一区域市场、某一市或县市场出现的未满足的需求，则为局部机会。如果创业者或创业企业将全面机会误认为是特定环境中的局部机会，忽视了该地域或该领域的特殊条件，会使得企业水土不服；如果创业者或创业企业将某一地区的局部市场机会误认为是所有地区普遍的全面机会，就会因市场规模太小、企业吃不饱而出现被“饿死”的局面。创业者或创业企业需要在进入市场前测量市场规模、了解需求特点，从而抓住时机，有针对性地开展创业活动。

二、创业团队组建的外部约束

(一) 政府扶持力度不够

虽然政府已经出台了一些比较好的政策，如减免税务、小额贷款等，来支持创业团队的发展，但在实际操作中，政府对创业企业的扶持力度还需要继续加大，主要表现在以下几个方面。

(1) 政策的制定和落实不到位。在政策的制定方面，我国各级地方政府出台的创业政策基本上属于原则性的宏观政策，缺乏可操作的实施方案，或其中有些政策操作起来很困难，会在一定程度上降低政策执行部门的执行效率。在政策执行方面，部门之间不协调，以及受利益驱使对政策进行变相处理等，这些都导致了政策没能落到实处。这种在政策执行过程中各行其是的现象，往往会抵消政策的整体效能。

(2) 政府的政策宣传工作不到位。政府虽然制定了一系列创业的优惠政策，但由于宣传力度不够，导致创业教育不到位，创业企业不能有效地利用这些优惠政策开展企业活动。

(3) 政府部门创新服务不够。政府部门创新服务不够主要表现在政策的执行上，政府部门在执行政策时更多地强调规范和刚性，拘泥于条条框框，缺乏灵活性和创新性，这往往会导致创业者错失不少创业机会。

(4) 政府部门服务意识不强、服务不到位。我国新企业的审批成本高，效率低。创业者从申请注册公司到开业必须要通过行业准入和审批程序，得到所需的审批证明和执照后才能开业，这一过程一般需要 1～3 个月，甚至更久。而且在审批的过程中，许多申请者常会有政府部门“门难进、脸难看、话难听、事难办”的感受。政府部门服务意识的欠缺及服务不到位，给创业活动开展带来了很大障碍。

(5) 中介服务滞后。与我国的市场经济体制要求相比，我国中介组织的发展相对缓慢，一些中介组织尚未与政府部门脱钩，挂靠在政府职能部门，许多本应由社会承担的职能仍滞留在政府机关，这既不利于政府机关职能转变到位，也不利于创业环境的改善。

(二) 社会环境不完善

(1) 创业的文化环境不够和谐。这里的文化环境包括传统思维、社会舆论、心理状态和精神风貌等。虽然改革开放的推进和市场经济的发展给自主创业提供了机会，但是创业者在组建自己的创业团队时依然会遇到很多不和谐的因素，这些不和谐因素主要表现在：首先，“学而优则仕”“重农抑商、贵官贱商”等传统观念影响了人们对自主创业的评价；其次，社会舆论环境影响了自主创业活动的开展。从本质上说，创业活动属于冒险行为，失败与成功并存，因此创业团队需要的环境应该是鼓励尝试、允许失败的宽容氛围。但是，当前以“成败论英雄”的社会舆论使得自主创业者承受很大压力。

(2) 资本市场不够成熟。我国市场化改革时间短，资本市场不像发达国家那样成熟，资本的投资风险系数较高，这就导致小型企业存在融资困难的问题。创业团队初创期由于人力、物力有限，他们选择的项目必定是小规模的。从银行的角度来看，由于观念和体制原因，我国的银行体系主要是服务于大型企业的，中小企业获得的银行贷款十分有限，再加之整个金融组织缺乏民营商业化银行和信用中介服务体系滞后等因素，这些都制约着创业活动的开展。从国家政策的角度来看，政府在制定政策的时候没有对创业资金来源进行相应的规定，这导致创业资金渠道混乱，且风险较高。从创业现状来看，大部分的创业资金来源都是亲朋好友的资助。由于资金来源渠道的不通畅，很多优秀的创业计划都难以实行。

(3) 社会诚信缺失。无论是人与人之间还是人与机构之间，都要守信用。当前社会中，创业团队的组建不仅需要熟练的专业知识、健全的法律法规、宽松的政策等环境，更需要一个彼此信任的社会环境，创业者最大的障碍之一是社会诚信缺失。

创业团队组建的外部约束都是客观存在的，需要创业者在创业之前有充足的认识和准备。

第二节　创业团队组建的内部动力

阿里巴巴创始人马云说过：“创业者首先要有一个梦想，这很重要，如果你没有梦，为做而做，别人让你做是做不好的……”创业愿望是创业的原始动力，只有拥有强烈的创业愿望，创业者才能更多、更有效地发现和识别创业机会，整合创业资源，组建创业团队，实现创业梦想。

一、创业动机

(一) 创业动机的含义

动机是推动个体及组织从事某种活动，并朝一个方向前进的内部动力，它是为实现一定目的而行动的原因。创业动机是引起和维持创业者(或创业团队)从事创业活动，并使该活动朝向某些特定目标发展的内部动力。

(二) 创业动机的主要类型

杉杉西服是全国著名品牌，其董事长郑永刚是个不满足的人，在部队里不满足，退伍之后仍不满足。从一个公司到一个公司，从一个工厂到一个工厂，他总是觉得自己能做更大的事，应该拥有更大的舞台。他就在这样的不满足中，将自己的事业一步一步向前推进，终于使杉杉西服成为“中国西服第一品牌”，同时也创造了亿万财富。

创业者的创业动机主要有两种类型：第一种为生存型创业，即创业者迫于生存压力，为获得个人基本生存或更好的生存条件而选择创业，它是创业动机中最常见，也是最基本的类型，大多数创业者因为这种动机而开始创业；第二种为机会型创业，指创业者虽然有不错的就业机会，但为追求更多的利润、更大的发展空间或更明显的自身价值实现，通过发现或创造新的市场机会而进行创业。在当下“大众创业、万众创新”的宏观环境与政策的影响下，机会型创业者正在逐渐增多。

(三) 大学生创业动机的类型

根据有关学者的观察和实证性研究，当前大学生的创业动机最重要的是源于兴趣、自我实现等高级需求的驱使，生存驱动的低级需求通常居于后位。这表明大学生创业并不主要是迫于生计、不得已而为之的行为，而是经过理性思考之后的主动行为。大学生创业动机主要有以下4种类型。

1. 兴趣驱动型

周成建因对服装设计有浓厚的兴趣而成就了美特斯邦威集团，成为中国休闲服饰业的领军人物；比尔·盖茨因为对计算机操作系统产生浓厚兴趣而成就了微软公司，成为个人计算机(PC市场)操作系统市场的霸主。所以说，兴趣是创业者事业发展至关重要的因素，也是创业的原动力之一。如果创业者对一件事物产生了兴趣，就会调动自身的潜能、时间和精力去了解并体验它，不管遇到什么困难险阻，都会一如既往地坚持下去。这种精神状态是创业者必须具备的创业素质。因此，可以说兴趣是创业者起步的动力源泉。

马克·艾略特·扎克伯格(Mark Eliot Zuckerberg)，1984年5月14日出生，在美国纽约州白原市长大。作为牙医和心理医生的儿子，扎克伯格从小就受到了良好的教育，是一个计算机神童。10岁的时候，他得到了第一台计算机，从此将大量时间花在其中。高中时，他为学校设计了一款MP3播放机，之后，包括微软公司在内的不少业内公司都向他抛来了橄榄枝。但是扎克伯格却拒绝了年薪95万美元的工作机会，毅然选择去哈佛大学上学。在哈佛，主修心理学的他仍然痴迷计算机。在上哈佛的第二年，他侵入了学校的一个数据库，将学生的照片“偷来”贴在自己设计的网站上，供本班同学评估彼此的吸引力。

黑客事件之后不久，扎克伯格就和两位室友一起，用了一星期的时间编写网站程序，建立了一个为哈佛同学提供互相联系平台的网站，命名为Facebook。2004年年底，Facebook注册人数突破一百万，扎克伯格毅然选择从哈佛退学，全职营运网站。截至2012年5月，Facebook拥有约9亿用户，“2016年BrandZ全球最具价值品牌百强榜”上，Facebook排名第5。作为社区网站Facebook的创办人，据《福布斯》杂志保守估计，扎克伯格拥有135亿美元身价，是2008年全球最年轻的单身巨富，也是历史上全球最年轻的自主创业的亿万富豪。

2. 职业需求型

美国学者克雷顿·奥尔德弗认为，一个个体主要存在三种需要，即生存的需要、相互关系的需要和成长发展的需要。生存的需要包括生理需求、安全需求等，相互关系的需要指人们对于保持重要的人际关系的要求，而成长发展的需要则主要指个体谋求发展的内在愿望。

当代大学生随着年龄的增长，对于相互关系的需要和成长发展的需要逐渐强烈。大学生为了增加自己的实践经验，丰富自己的社会阅历，增强择业能力，或者为了自己以后的发展做好经济上、经验上的准备，在条件成熟的情况下也会积极利用课余时间走上创业的道路。这种类型的创业者往往以锻炼为目的，承受失败的能力较强。

3. 就业驱动型

近年来，全国每年有数百万名毕业生走出校门，高校毕业生成为新的就业大军。在这种情况之下，一部分毕业生选择自主创业，不仅能解决就业，还能取得更好的经济收入。此外，随着就业压力的增大，各种鼓励大学生创业的政策也纷纷出台，毕业生创业成为全社会关注的热点。

4. 价值实现型

大学生是创新创业活动最为活跃的群体，他们思维活跃、创新意识强烈，同时所受到的约束和束缚较少。他们往往更容易接触新的发明和新的学术成果，或者他们中的一部分人本身就拥有具有自主知识产权的科研成果。为了能早日实现成功的目标，他们中的一部分人改变了自己的就业观念，转为自主创业。另外，大学生是自我意识较强的群体，“希望有一番自己的事业，而不是一辈子给别人打工”代表了当代大学生的现实想法。大部分大学生选择自主创业是为了通过这一途径证明自己的能力，挑战自我，实现自我价值，得到社会的认可。

二、创业机会识别

同样的创业条件下，有人一事无成，而有人却白手起家，这正是因为创业机会很难识别。正确地识别、筛选创业机会是创业者和团队获得成功必备的重要素质之一。先前经验、创业警觉、创造性思维、社会关系网络等都是创业机会识别的要素。

（一）先前经验

周鸿祎在新入职员工大会上的讲话中说：“我在方正、雅虎工作的时候，除了完成本职工作，还做了很多公司不要求自己做的事情，就是为了努力提高自己的能力、经验和见识，这才使我之后有能力去做投资、做奇虎、做360。”清华大学人文与社会科学学院博士后石嫣在美国一家CSA(community supported agriculture，社会支持农业)农场做了半年“准农民”后，在北京创办了“小毛驴市民农园”，凭借其先前的经验获得了种子客户。菠萝叶皮革的发明人卡门，凭借其多年在皮革生产制造领域的经验，了解到皮革制品不仅使生态环境被踩躏和破坏，使动物被残忍杀戮，大量的化工制剂还危害人体健康。他在受邀前去菲律宾开发新产品的过程中，逐渐意识到皮革并不是一种可持续的材质，最终通过硕士和博士的学习，在 63 岁时重新拥有了自己的团队，成立了公司，甚至和一线时尚品牌合作将菠萝叶皮革 Pinatex 推向市场。

综上所述，产业中的先前经验有助于创业者识别商业机会。据调查显示，43%的参与调查的创业者是在为同一产业内的企业工作期间获得新企业创意的。其中，先前市场经验、先前市场服务经验和先前顾客接触经验三类先前经验对创业机会的识别最重要。某些创业者还会对某些特殊领域感兴趣，并花费大量时间和精力进行学习，这种积累也构成了发现创业机会的知识源泉。

(二) 创业警觉

1973 年夏天，盖茨以全国资优学生的身份进入了哈佛大学一年级，在那里，他与 Steve Ballmer 住在同一楼层，后者目前是微软公司总裁。1975 年的冬天，盖茨和保罗从 MITS 的 Altair 机器中得到了灵感的启示，看到了商机和电脑的发展方向，于是他们就给 MITS 创办人罗伯茨打电话，说可以为 Altair 提供一套 BASIC 编译器。1976 年 1—3 月，整整 8 个星期，他们一直待在盖茨的寝室里，没日没夜地编写、调试程序，两个月通宵达旦的心血和智慧产生了世界上第一种微型计算机 MITS Altair 的 BASIC 编程语言。3 个月之后，盖茨敏感地意识到，计算机的发展太快了，等大学毕业之后，他可能就失去了一个千载难逢的好机会，所以在三年级的时候，他毅然决然地从哈佛退学，在新墨西哥州阿尔布奇市正式创立微软公司 Micro-soft，当时盖茨 19 岁。在低价授权、以量致胜的促销方式下，微软 BASIC 很快成了计算机产业的软件标准，1979 年，盖茨将公司名称从“Micro-soft”改为“Microsoft”。1980 年是微软发展史上一个重要的转折点，占有大型计算机 80%的市场的 IBM 国际商业机器公司开始制造个人计算机，并且向微软公司购买操作系统的授权，于是个人计算机作系统 PC-DOS 出现了，随着 IBM 的个人计算机独霸市场，微软的软件也如雨后春笋般不断冒出，从而奠定了微软在计算机软件市场上不容忽视的地位。就这样，比尔·盖茨凭着独到的眼光，坚信个人计算机的触角将深入未来每一个家庭中，也相信微处理器与软件结合将大大改写过去以大型计算机为主的生态，更是在个人计算机革命的初期即掌握稍纵即逝的创业机会，其后又一直保持正确的发展方向，锲而不舍，加上过人的经营头脑，终于成为全球 IT 业最具影响力的人士之一。

比尔·盖茨所具备的创业警觉能力让人佩服。创业警觉是什么呢？奥地利经济学家柯兹纳(Kirzner)将其定义为：“一种注意到迄今尚未发掘的市场机会的能力，一种激发人们大胆构想未来的倾向性。”他指出，创业警觉越强的个体，越容易迅速解读隐藏在信息背后的商业价值，从而发现创业机会。Gaglio 和 Katz 进一步丰富了前人的研究，延伸出一个更为完整和可操作的创业警觉概念，包括三个要素：正确地感知市场环境、识别关键的驱动要素和推断因素间的动态关联性。比如在一个动荡的环境中，善于识别市场中现有产品服务的局限，从而推测出隐含的商业利润。创业警觉反映的是一种持续关注的能力，是一种对信息敏感性的把握能力，创业者通过专注于敏感信息，从而增强在市场环境异动中觉察到潜在商业机会的可能性，创业者的创业警觉能力越高，识别创业机会的可能性就越高。

(三) 创造性思维

年轻的美术设计师迪士尼因为经济拮据，与太太租住在一间破陋的屋子里。无论白天黑夜，都有成群结队的老鼠在房间里上窜下跳，疲于奔命的迪士尼夫妇也常借着老鼠的滑稽动作慰藉心情。一天，因付不起房租，他们被房东赶了出去。穷困潦倒的迪士尼夫妇只好来到公园，坐在长椅上暂度时光。太阳开始西沉，夜幕即将降临，迪士尼夫妇几乎感到穷途末路。这时，从迪士尼的行李包里忽然伸出一个小脑袋，原来，那是他平时最喜欢逗弄的一只老鼠，想不到这只小动物也有点人情味，跟着他们一起离开了公寓。迪士尼望着老鼠那滑稽的面孔，脑海里忽然冒出一个前所未有的创意。他惊喜地叫了起来："世上像我们这样的穷人一定不少，他们也得有自己的快乐，让可爱的老鼠去逗他们开心吧。"第二天，迪士尼便开始了别出心裁的创作，不久，一个活泼可爱的"米老鼠"(Mickey Mouse)卡通形象诞生，一家公司的老板慧眼识珠，特邀迪士尼合作制作米老鼠卡通连环画和电影。迪士尼靠"米老鼠"开始了自己的创业生涯。创造性思维帮助迪士尼打造了动画王国。

创造性思维是在两个或两个以上的信息矩阵或者信息环境中产生的，是指通过跨类别、跨领域的认知思维加工，将原先毫无联系的信息或领域经验整合在一起，从而得到创造性的解决思路。创造性思维是创造力的主要表现形式之一。从现实角度来看，创造性思维可以将来源于某一个领域中的知识作为模型来帮助理解或发展想法，并将其应用到另外一个领域中，从而提升了产生新颖性想法的可能性。创造性思维在创业过程中至关重要。

(四) 社会关系网络

"好孩子"创始人、《福布斯》富豪榜上的中国富豪宋郑通过做中学教师时认识的学生家长，得到了第一批童车订单，才知道世界上原来还有童车这样一个赚钱的生意。同时，他做童车的第一笔资金也是通过一位在银行做主任的学生家长获得的。如果没有学生家长的帮助，宋郑很可能会一事无成。万通的冯仑和王功权曾经是同事，两人一起在南德工作过，后来两人携手到海南打天下，才有了现在的兴旺发达。冯仑和王功权在事业上是一对绝配，两人配合得天衣无缝。据调查，国内离职下海创业的人员，90%以上利用了原先在工作中积累的资源和关系。对一个创业者来说，朋友犹如资本金，多多益善。"在家靠父母，出门靠朋友""多一个朋友多一条路"是至理名言。

社会关系网络是创业者的重要隐性资源，对创业有着重要的推动和促进作用。创业团队成员社会网络的深度和广度会影响创业机会的识别，建立了大量社会与专家关系网络的人，将比那些拥有少量网络的人得到更多机会和创意，这将有助于新企业创建。成功的创业者通常能够从社会关系网络中发现和捕捉机会，获取资源并创造出只凭创业者的显性资源所无法实现的价值。创业企业的社会关系网络具有扩展性和延伸性，可逐步转化为企业的资源，形成企业生产力的组成部分。

创业机会识别的影响因素作用模型如图 2-1 所示。

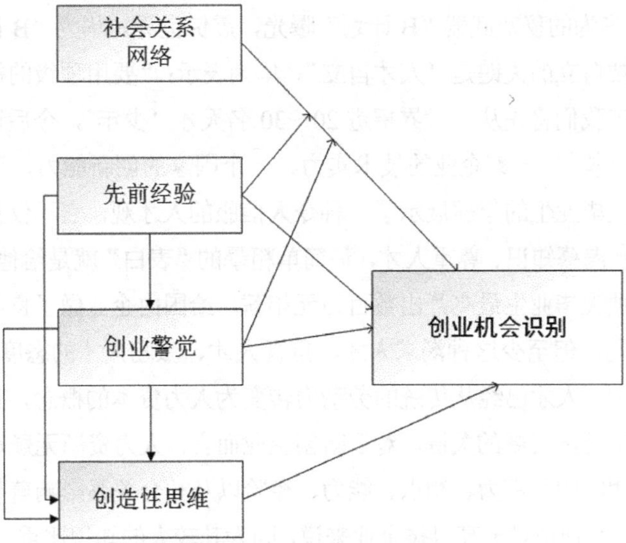

图2-1　创业机会识别的影响因素作用模型

三、创业资源整合

“巧妇难为无米之炊”，创业需要资源。创业资源包括有形资源，如厂房、设备等，还包括无形资源，如品牌、声誉等。创业资源是企业创立以及成长过程中所需要的各种生产要素和支撑条件。创业本身也是一种资源的重新整合。

(一) 人力资源

2019 年 7 月 23 日，华为创始人任正非签发了一份总裁办电子邮件，宣布对部分 2019 届顶尖毕业生实行年薪制管理。根据这份邮件，华为对 8 名 2019 届顶尖毕业生实行年薪制管理，这 8 名员工均为博士学历，年薪最高 201 万元，最低 89.6 万元。邮件中称，要打赢未来的技术与商业战争，必须要有世界顶尖的人才，为了吸引顶尖人才，首先要有顶级的挑战和顶级的薪酬。华为就这样用真金白银给出了“硬核”答案。这个新闻爆出后，成为一个万众瞩目的话题。此举不仅打破了优秀人才薪酬“天花板”，也打破了科研领域长期以来“重物轻人”的“天花板”。世界发达国家的发展史都证明，谁拥有了一流创新人才、一流科学家，谁就能在科技创新中占据优势。从国际视角来说，华为这么做算不得什么石破天惊之举。这种用顶尖薪酬抢夺顶尖人才的做法，早已是全球高科技企业的惯用手法。在美国硅谷，平均年薪超过百万元的科技公司比比皆是。中国企业要想在全球范围内有竞争力，必然面临着与国外同类企业的竞争，而企业间的竞争，说到底就是人才的竞争，如果对于人才的估价总是按照本国的标准，不敢向国际标准看齐，那么如何能赢得这场全球性人才竞争？身为国际一流的高科技企业，站在科技创新的大赛场上，面临的对手都是国际重量级公司，无论是制度管理还是薪酬激励，都不仅要在国内富有吸引力，更要在国际上拥有竞争力。

2019年3月，华为的秘密武器“B计划”曝光，震惊世界。华为“B计划”带火了“科技自立”一词，而科技自立的关键是“人才自立”。华为表示：“要用顶级的挑战和顶级的薪酬去吸引顶尖人才，今年我们将先从全世界招进20～30名天才‘少年’，今后逐年增加，以调整人员队伍的作战能力结构。”一家企业的技术实力、一个国家的创新能力，说到底，还是要依靠人才。华为开给顶尖毕业生的年薪展示了一种令人信服的人才观，它不仅打脸“读书无用论”，更传达了一种观念：渴慕知识、尊重人才，最简单粗暴的“表白”就是给他们应有的薪资待遇。就此而言，华为给顶尖毕业生最高开出数百万元年薪，给国内企业做了良好的示范。当然，各家企业情况各有不同，但至少这种渴求人才、重视人才、激励人才的态度值得学习和借鉴。

当代企业管理中，人才已经从传统的劳动力转变为人力资本的概念，高素质人才的获取和开发成为现代企业可持续发展的关键。对于新创企业而言，人力资源无疑是创业时期最为关键的因素。创业者及团队的洞察力、知识、能力、经验以及社会关系影响着整个创业过程，并决定了创业能否成功。特别是对于高科技企业来说，因为其较大的知识比重，人才资源更为重要。创业不仅仅需要持续的技术支持，还需要出色的创业团队，出色的创业团队需要优秀的人才，而且创业投资者真正看中的往往就是创业所依赖的技术潜能以及优秀的人才。

(二) 技术资源

创建企业是否掌握创业需要的核心技术或根本技术，是否拥有技术的所有权，决定着创业的成本，决定着新创企业是否能在市场中取得成功，对依托高科技的创业企业而言更是如此。例如，国外的软件在中国能很快被汉化，关键在于不少企业掌握了软件汉化的核心技术。如果将创业需要的技术分为根部技术、树干技术、树枝技术和树叶技术，那么创业者所掌握的是否是根部技术决定着未来企业产品的市场覆盖率，进而决定着新创企业的市场占有率和利润率。英特尔公司之所以能雄踞全球市场，就在于它掌握着最先进的芯片技术，而芯片技术是制造计算机的根部技术和核心技术。美国的微软公司和苹果公司，最初的资本都不过几千美元，团队成员也只有几人，之所以走向成功，正是因为拥有独特的核心技术。美国的一项统计资料显示，自行创业的中小企业有40%第一年就关门，存活下来的60%的企业中，约有八成无法欢度5周年庆，只有20%能继续走完第二个5年。创业者有无独特的“看家本领”是其能否成功的关键。

(三) 财务资源

没有任何资源，难道就不能创业吗？当然不是，资源是可以整合的，牛根生就是这方面的“牛人”。牛根生刚开始只是伊利集团的一个洗碗工，凭着自己的勤奋和智慧做到生产部门的总经理，40多岁时辞职，去北京找工作，人家嫌弃他年纪大。没有办法，牛根生又回到呼和浩特，邀请原来伊利的几个同事一起出来创业。人有了，但是没有奶源，没有工厂，没有品牌，牛根生开始资源整合，通过人脉关系找到哈尔滨一家乳制品公司，对老板说：“你来帮我们生产，我们都是伊利技术高层，负责技术把关，牛奶的销售铺货我们也包了。”老板一听，马上答应下来。他们几个有了落脚的地方，解决了生存的问题。第二个问题，在乳制品这个行业，没有品牌很难销售，因为品牌代表着安全、可靠。牛根生借势、整合，打出口号："蒙牛甘居第二，向老大哥伊利学习"，口号一出，让伊利哭笑不得。一个不知名的名牌马上挤入全国前列。牛根生把自己和内蒙古的几个知名品牌联系起来，说："伊利、鄂尔多斯、宁城老窖，蒙牛为内蒙古喝彩！"牛根生整合品牌资源，让蒙牛没花一分钱成为知名的品牌。第三个问题，没有奶源怎么办？蒙牛整合三方面的资源：奶农、农村信用社和奶站。信用社借钱给奶农，蒙牛担保；生产出来的牛奶由奶站接收，再由蒙牛找奶站收奶。蒙牛定时将钱还给信用社，把利润给奶农，并喊出一个口号："一年养 10 头牛，过的日子比蒙牛的老板还牛。"创业者发挥自己的长处，整合别人的优势，用更少的成本创业，或者说零成本创业都有可能。创业者根据拟创办企业的行业特点、拟创办企业的法律形式、创业者的创业策略和创业的不同阶段决定着新创企业所需的资金金额，资金来源分为自筹资金和外部资金。

1. 自筹资金

个人资金的来源主要是创业者的自有资金和亲朋好友借款。例如，大学毕业后，从父母及其他亲戚、朋友那里借来一两万元来开办公司。身边的亲戚、朋友对创业者比较了解，诚实守信和个人能力比较强的创业者更有可能获得借款。然而这种借款是有风险的，如果创业失败，创业者就无法偿还借款，会给亲戚、朋友带来一定的资金压力。从亲戚、朋友那里借资金创业要注意以下问题：首先，写出详细的商业策划书，向亲戚、朋友如实说明企业的经营情况与项目内容，包括投资额度、预期收入和风险管理等；其次，要写出书面的借据，详细说明借款金额、还款时间、利率水平及还款保障等，利率水平由双方协商决定。在创办企业时，创业者必须投入一部分个人资金作为权益资本，这不仅是由于创业初期需要启动资金，而且是企业所有者地位的象征和外部融资的基础。没有自有资金，企业很难获得外部投资者的信任。使用自有资金创业有较多好处：保证经营的自主性，创业者不用担心别人来干涉自己的经营计划，可以完全按照自己的理念和想法去经营；减少创业者的压力，即使创业失败还可以通过其他方式回避暂时的不利局面，谋求东山再起。

2. 外部资金

在美国硅谷，关于天使投资有一个最常被人引用的经典案例：1998 年，两个还没毕业的穷学生向 Sun 公司的联合创始人安迪·贝托尔斯海姆(Andy Bechtolsheim)讲述他们的创业梦想。贝托尔斯海姆对他们讲述的内容不是很理解，但他被两个年轻人的激情和梦想所感染，对他们说："我听不懂你们的商业模式，先给你们一张支票，半年之后告诉我你们在做什么。"于是，靠着这 20 万美元支票起家，两个年轻人一步步打造出了今天的谷歌，而贝托尔斯海姆的 20 万美元后来演变成近 3 亿美元。在国内比较典型的案例有：搜狐公司创始人张朝阳从 MIT 斯隆管理学院的著名天使投资人爱德华·罗伯特教授、《数字化生存》的作者尼葛洛庞帝等人那里获得 22.5 万美元的创业资本，易趣的第一轮创业投资中有一部分也来自天使投资人，这些投资都取得了良好的回报。

天使投资人一般是富有的个人，他们的投资是针对零收入初创阶段的，或者初步创建起来的已经开始盈利的企业。天使投资的特点如下。

(1) 与银行贷款不同，天使投资的资金主要来源于富豪的个人闲置资本。天使投资的主要目的是资本增值，但投资期限会比较长，一旦“功成身退”，会带来几倍甚至几十倍的回报。例如，百度创始人李彦宏在创业初期从美国融到120万美元的天使投资。时至今日，百度总市值近几百亿美元，而最初投资的两家公司回报率最高时超过3500倍。

(2) 主要投资于初创企业和早中期的企业。企业在刚刚起步时需要的资金不是很多，银行贷款的条件又比较苛刻，风险投资对于这种小业务又不愿意去接，天使投资人由于资金有限，一般会选择投资初创企业。这样，创业者与天使投资人有了千丝万缕的联系。

(3) 商业银行贷款。商业银行是新创企业负债资金的主要来源。新创企业可以以一定价值的资产作为抵押担保向商业银行贷款。随着金融市场化程度的提高以及商业银行体制改革的不断深化，商业银行对创业者更加关注，尤其是中小型商业银行以及各级农村信用社，可以说是创业者获得贷款的一个重要来源。这类贷款的期限一般在3年以内，金额在50万元以下，主要解决的是启动资金问题。在进行贷款决策时，银行要审查申请人的条件，即6C标准，包括借款人的品质(character)、借款人偿还贷款的能力(capacity)、借款人注入企业的资金(capital)、借款人的抵押品(collateral)、借款发生时的经济环境(condition)和银行对贷款的控制(control)。

(4) 政府机构的资助与支持。政府的资助通常用于企业的初创阶段，此时投资资金最难获得。政府机构提供担保由商业银行向新创企业提供贷款，但这种贷款要由政府有关机关进行审批，因为要承担担保引起的责任。除了提供资金资助之外，政府还提供其他支持，如咨询服务和培训等。目前，我国各级政府对创业活动越来越重视，出台了一系列针对创业和中小型企业发展的优惠政策。中小企业融资担保基金、地方政府留学生创业基金等，都可能成为创业企业的重要融资选择。例如，杭州市提出建设“天堂硅谷”，把高科技发展作为“一号工程”来抓，并在杭州市和各区县(市)建立了孵化基地，为有发展前途的高科技人才提供免费的创业园地，并拨出数量可观的支持资金。

(5) 风险投资基金。风险投资基金又称创业基金，是当前世界上广泛流行的一种新型投资机构。它以一定的方式吸收机构和个人的资金，投向那些不具备上市资格的中小企业和新兴企业，尤其是高新技术企业。风险投资基金无须风险企业的资产抵押担保，手续相对简单，其经营方针是在高风险中追求高收益。风险投资基金多以股份的形式参与投资，其目的就是帮助所投资的企业尽快成熟，取得上市资格，从而使资本增值。一旦企业上市，风险投资基金就可以通过证券市场转让股权而收回资金，继续投向其他风险企业。

四、团队规范管理

规范的规章制度是创业团队建设成功的基本保障，创业团队最好的管理方式是在建立之初就让员工对新企业有认同感，并调动他们的积极性和创造性，使他们能高效率地工作，充分发挥他们的潜力和能力。成功的企业背后必然有一个强大的团队，而一个强大团队的内部必然有完备、齐全的管理制度。

(1) 加强创业团队内部合作制度。“团结就是力量”说明了加强创业团队内部人际关系的重要性，它是创业团队能否成功的关键，然而良好的人际关系不是与生俱有的，它需要团队成员在日常工作、生活中不断交流和磨合。人际交往就如同事物的发展一般，都有一定的规律性，只有掌握正确的交往方法，创业团队成员间才能建立起和谐的人际关系。创业团队内部各成员应正直、平等、诚信、宽容，能够换位思考，学会倾听。

(2) 完善招聘制度。每个人都有各自的优势，创业团队就是把每个人的优势集中在一起，形成优秀团队。正如马化腾在 2007 年 12 月接受《商学院》杂志采访时所说：“团队成员应该有互补性，并且能够拥抱变化；腾讯在创业时就遵循了这样的原则，现在仍然在贯彻这一原则。对管理者的要求也是随着企业的不同发展阶段而变化的。所幸的是，我们拥有一个年轻的管理团队，能够很好地应对变化并把握变化带来的机会。”

(3) 建立完善的团队制度：没有规矩不成方圆，没有制度管理就没有约束。实践中，团队成员在 10 人左右时，靠管理者的人格魅力就可以玩得风生水起。但是，当团队成员达到几十、上百人的时候，更多地依靠企业的管理制度。在制度化的管理下，企业达到每件事情的程序化、标准化，一切按照制度办事。完善的团队制度使企业内部的工作失误降到最低，能够大大提升企业效率。

(4) 建立激励机制。一个完善的企业应由不同的部门组成，每个部门的人员配置均不相同，所以应采用不同的激励机制，企业才会有更好的发展。归纳起来，激励机制主要包含以下三个方面的内容：一是对领军人物的激励；二是对风险投资者的激励；三是对一般员工的激励。

第三节　大学生创业SWOT分析

SWOT 分析最早是由美国旧金山大学的管理学教授于 20 世纪 80 年代初提出的，是目前被企业和研究者最为广泛使用的战略分析工具之一。S 指企业内部的优势(strengths)，W 指企业内部的劣势(weaknesses)，O 指企业外部环境的机会(opportunities)，T 指企业外部环境的威胁(threats)。所谓 SWOT 分析法，就是综合考虑企业内部条件和外部环境的各种因素，进行系统评价，从而选择最佳经营战略的方法。SWOT 分析将与研究对象密切相关的各种内部优势因素、内部劣势因素、外部机会因素与外部威胁因素通过调查罗列出来，并依照矩阵形式进行排列，然后运用系统分析的思想，把各种因素相互匹配起来加以分析，从中得出一系列相应的结论。

一、大学生创业的优势

所谓优势，是指相对于竞争对手，在资源或能力上的长处。任何事物都有其自身的优势。上海对外贸易学院大三学生周强创办了一家注册资金达 100 万元的公司，网站实体店在松江大学城园区内。网站分为学习、求职、娱乐、电子商城等几大板块，可以提供以下服务：各种考试、学习资料的下载、复印；兼职、实习工作岗位的信息披露；笔记本电脑等电子产品的低价团购；为学生代买火车票等日常生活用品。这位年轻的 CEO 反复强调自己的企业观：他的网站运行宗旨就是服务学生，所以他在提供上述服务时，除了收取少量的成本费用之外，是完全对同学免费开放的。现在，越来越多的松江大学城的学生开始登录这个网站，据统计，网站由建站时居全球 500 多万位的浏览量已上升至 1 万多位，注册会员几万人。周强告诉记者，“我的第一身份还是学生，不会选择辍学。我现在学的是法学行政管理，这对我将来公司的管理工作也是非常有帮助的。”他说父母也鼓励他创业，第一笔注册资金就是由父母提供的。当网站有了一批稳定而又忠诚的学生客户群时，其市场潜力对广大的商家而言是极具吸引力的，那时广告的投放和资金赞助就是公司主要的盈利点。周强身上反映出很多大学生创业的优势，具体介绍如下。

(1) 文化水平高、学习能力强。大学生接受了十几年的文化教育，文化水平相对较高，对事物领悟快，对事物的分析比一般人透彻，而且有较强的学习能力，接受能力强，能够主动接受新的事物，是潮流的先行者。

(2) 具备理论知识和专业技能。大学生一般拥有一定的理论知识和一定的专业技能，有着较高的技术优势，为高科技创业提供技术保证，这也是大学生创业者与一般创业者不同的地方。“用智力换体力”是大学生创业的特色，也是必然之路，这样才能吸引风险投资者的支持。

(3) 年轻、自信、有精力。大学生对未来充满希望，“初生牛犊不怕虎”。青春和激情是大学生最大的资本，也是创业者必备的条件之一。大学生思维活跃，善于利用 IT 技术，善于利用网络和广大媒体。

(4) 没有负担。一般情况下，大学生没有家庭负担，敢于放开怀抱去干，创业很有可能获得家人和亲朋好友的支持。

二、大学生创业的劣势

华中理工大学学生李玲玲凭借其发明的高杆喷雾器和防撬锁专利被武汉世博公司看好，世博公司为她提供了 10 万元的创业风险金，李玲玲出任新成立的天行健公司的董事长，成为“中国女大学生创业第一人”。有了好的技术和项目，也得到了风险投资，大学生创业是否就能一帆风顺呢？天行健公司的发展过程体现出大学生创业者经验不足的问题，在公司的实际运作中，李玲玲与世博公司矛盾重重，从股权纠纷到融资渠道和产品开发的分歧，终于导致李玲玲和投资公司合作破裂。仅仅一年时间，天行健公司账面只剩 100 多元，最终公司宣告倒闭。据统计，近 5 年大学生创业成功率不到 5%，这与大学生自身特点有关系。大学生创业的劣势如下。

(1) 缺乏经验。大学生一般都缺乏社会经验和职业经历，尤其是缺乏强大的人际关系和商业网络，常常盲目乐观，没有充足的心理准备。对于创业中的挫折和失败，许多创业者感到十分痛苦茫然，甚至沮丧消沉。创业之前看到的都是成功的例子，心态自然都是理想主义的。其实，成功的背后还有更多的失败。有成功，也有失败，这才是真正的市场。只有了解现实，才能使年轻的创业者们变得更加理智。

(2) 缺少好的创业项目。缺乏真正有商业前景的创业项目、许多想法经不起市场的考验、急于求成、缺乏市场意识及商业管理经验，是影响大学生成功创业的重要因素。大学生们虽然掌握了一定的书本知识，但终究缺乏必要的实践能力和经营管理经验。此外，由于大学生对市场营销等缺乏足够的认识，很难一下子胜任企业经理人的角色。

(3) 眼高手低。很多大学生对创业的理解还停留在一个美妙想法与概念上。大学生提交的相当一部分创业计划书中，很多人还试图用自认为新奇的创意来吸引投资，这样的事以前确实有过，但在今天几乎是不可能的了。现在的投资人看重的是创业计划真正的技术含量有多高，在多大程度上是不可复制的，以及市场盈利的潜力有多大。大学生创业者必须有一整套细致、周密的可行性论证与实施计划，绝不是仅凭三言两语就可以说服一个投资人的。

(4) 对市场认识不够成熟。大学生的市场观念较为淡薄，不少大学生乐于向投资人大谈自己的技术如何领先与独特，却很少涉及这些技术或产品究竟会有多大的市场空间。就算谈到市场的话题，他们也多半只会计划花钱做做广告而已，而对于诸如目标市场定位与营销手段组合这些重要方面，则全然没有概念。其实，真正能引起投资人兴趣的并不一定是那些非常先进的技术，相反，那些技术含量一般，但却能切中市场需求的产品或服务常常会得到投资人的青睐。

(5) 缺乏社会责任感和个人责任感。大学生往往缺乏社会责任感和个人责任感，心理承受能力也差，在困难面前容易妥协，在商业交往过程不容易给人信任感。

三、大学生创业的机会

大学生创业的机会如下。

(1) 利用网络平台。网络平台给大学生带来了良好的机会，在网上开店可以减少成本而且风险相对小，又可以发挥大学生善于利用网络的优势。

(2) 国家政策的有力支持。国家出台了一系列的支持政策，包括国家贷款、创业场地免税收、政府资助参加创业培训等，这些无疑都是大学生的优势之所在。

(3) 投资环境的完善。全球经济融合度越来越高，我国经济飞速发展，投资环境也越来越完善。

(4) 下乡创业。对于大学生来说，下乡创业也是一个非常好的机会，利用脑力来支配体力，带动农村经济，振兴乡村发展。

刘询大学毕业时，他对家人朋友说出“创业”这个词时，大家都认为这是个玩笑。因为面对那张稚嫩的脸，人们很难将其与创业的艰难联系起来。但是，他却在众人的否定下踏上了创业之路。创业的想法是刘询在大二参加大学生创业计划大赛的时候萌芽的。在准备参赛项目的过程中，他对创业有了更进一步的认识，对创业项目的选择、创业项目的运作都有了更深入的想法。2009年寒假，刘诩回到家里仔细考察了当地的市场环境，他发现手机市场是发展最快的。回到学校后，他又查询智能手机的特点，得出半年后智能手机维修需求量逐渐加大的结论。分析好市场需求后，他决定开一家智能手机维修店。2010年上半年，刘诩除了学习外，找了多份兼职，积攒创业资金。2011年8月，刘诩的“任你飞”手机维修店红红火火地开起来了。他先抓住年轻网友这个目标客户群体，在网上做宣传，有了第一批客户，逐渐以其精湛的维修技术抓住了越来越多的顾客。截止到2012年7月，刘诩已经掘金20余万元。但是，他没有满足现状，在原有手机维修业务的基础上，加入手机美容、配件销售等业务，打通手机后续服务产业链，并开始走品牌化的道路。

四、大学生创业的威胁

清华大学视美乐公司的“多媒体超大屏幕投影电视”的创业曾获首届全国大学生科技创业大赛一等奖，并以此得到了上海第一百货公司250万元的风险投资。然而，第二年公司没有得到上海第一百货公司曾经许诺的高达5000余万元的二期投资，最终公司将其技术以3000万元的价格卖给了澳柯玛集团。清华大学投资管理有限公司总经理潘福祥认为，学生办公司有他们的优势，比如有闯劲，不怕吃苦，能够不计时间、报酬拼命地干。但是，他们也有缺点，那就是不懂商业运作，没有这方面的经验。竞争对手不会因为你是学生就心慈手软，消费者也不会因为你是学生就买你的产品，投资人虽然认为他们的产品有前途，但并不认为一定会成功。因此，大学生创业应“如临深渊，如履薄冰”。他说：“我认为大学生创业是一种方向，即使‘视美乐’失败了，这条路还是要走下去的。”

大学生创业面临的威胁如下。

(1) 新环境的挑战。对于刚走出校门的大学毕业生，涉世不深，在社会上所遇到的人，所要做的事情都与学校不同，所以必须去面对新环境的挑战。

(2) 日益激烈竞争的市场。面对日益激烈竞争的市场，很多需求都趋向饱和，市场供大于求，加上市场机制的不完善，国家调控存在触及不到的地方，市场秩序混乱，甚至市场存在很多潜规则，这都需要不停地去摸索。

(3) 资金缺乏。对于资金方面，资金的来源是否有保证，糟糕的财务状况和巨大的还款压力也都是潜在的威胁。2016年中国人民大学公布的《中国大学生创业报告》显示，53.1%的创业者认为资金短缺严重制约了创业活动的开展。根据上海市团委提供的数据，当前中国大学生创业成功率为2%，这与美国的大学生创业成功率20%有10倍的差距。

本章小结

创业活动的成功取决于“天时、地利、人和”，就创业团队组建的外部环境而言，任何创业活动都是在一定的社会环境下进行的，诸多事物和要素互动联系、碰撞，形成了一个面面俱到的现实环境系统。政策法规调整、社会经济发展、社会因素变化、科学技术进步和自然条件变化等都会给各行各业带来良机。科技的进步、价值观与生活形态的变化、人口因素的变化、社会和政治结构的变化，以及顾客需求的变化，甚至着眼于人们苦恼的事和烦恼的事，都能发现创业机会。国家和整个社会为营造良好的创业环境做出了很多努力，但仍然存在政府扶持力度不够、社会环境不完善等缺陷。就创业团队组建的内部环境而言，创业愿望是创业的原始动力，只有拥有强烈的创业愿望，创业者才能更多、更有效地发现和识别创业机会，整合创业资源，组建创业团队，实现创业梦想。创业动机是引起和维持创业者(或创业团队)从事创业活动，并使该活动朝向某些特定目标发展的内部动力。同样的创业条件下，有人一事无成，而有人却白手起家，这正是因为创业机会很难识别。正确地识别和筛选创业机会是创业者和团队获得成功必备的重要素质之一。先前经验、创业警觉、创造性思维、社会关系网络等都是创业机会识别的影响要素。创业资源是企业创立以及成长过程中所需要的各种生产要素和支撑条件，创业本身也是一种资源的重新整合，规范的规章制度是创业团队建设成功的基本保障。成功的企业背后必然有一个强大的团队。SWOT 分析可以帮助我们更清晰地了解大学生创业团队组建的动力与约束。

关键概念：

创业环境(entrepreneurial environment)　　创业机会(entrepreneurial opportunity)
创业动机(entrepreneurial motivation)　　机会识别(opportunity recognition)
创业资源(entrepreneurial resources)　　SWOT 分析

复习思考题

一、案例分析

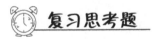

他卖掉8家按摩店，换来几十万盲人“看见”世界！

据世卫组织数据显示，中国是世界上盲人最多的国家，估计每 100 名中国人里就有 1 位盲人。互联网时代，手机、计算机日益普及，人与世界的接触越来越多，然而盲人的生存空间依旧在缩小，为了改变这种现状，有人行动了。利用科技，让盲人更好地融入社会，也帮助他们“看到”更宽广的世界。这个人就是曹军。他，也是一名盲人。

1995 年，曹军从盲校按摩专业毕业。虽一身本领，但找工作依然处处受阻，毕竟盲人在生活上有诸多不便，不可避免会给公司带来额外负担，没有单位愿意聘用曹军。他只好借用爸妈的积蓄，自己开按摩店。经过努力，曹军的生意越做越大，最多时开了 8 家店。但是，那时的曹军并不开心，一位盲人朋友的来信更是让曹军陷入了沉思。朋友在信中说，自己最大的心愿就是能用手机发一条短信、发一条 QQ 消息，其实这也是所有盲人的共同心愿。为了解决自己和身边人的需求，让盲人尽可能过上正常人一样的生活，曹军萌发了开科技公司的念头，自行开发能阅读手机文字的软件。2008年，曹军不顾家人反对，卖掉手上8家按摩店，开办了全国第一家盲人科技公司。公司花了3个月终于开发出1款自己满意的盲人产品，到2012年年初，曹军的公司已经拥有5万盲人用户。

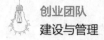

2014年起，曹军逐步与政府部门合作，把手机做成一种辅助器具，配发给盲人。在QQ得到广泛应用的背景下，曹军又开始想：是否能让盲人也用上QQ？曹军没有任何资源，唯一的办法就是不停地给腾讯客服打电话，寻求帮助，但每次都无功而返。直至有一个偶然的机会，他从朋友那得到了马化腾的邮箱，于是曹军写了一封长信详细介绍了他的想法和计划。很快，曹军就得到了马化腾表示支持的回应，得到了腾讯整个技术运营部的支持。1个月后，全国首款盲人语音QQ诞生了。解决了盲人语音聊天问题，曹军又打上了盲人专用输入法的主意。于是，他一趟趟地跑到百度总部，表达与百度合作的意向，但没有人敢答应他的要求。最后，曹军如法炮制要到了百度CEO李彦宏的邮箱，他在邮件中表达了盲人对输入法的急切需求，李彦宏也很快回信，表示愿意支持曹军，并安排百度公益相关负责人与曹军对接。于是，盲人专用输入法也诞生了。曹军还与比尔·盖茨接触过。那时，他为比尔·盖茨演示了盲人如何用触屏手机浏览网页、玩微信、打字等内容。比尔·盖茨对他说："你的事业很伟大。"

从2008年至今，曹军公司开发的软件已经帮助无数盲人朋友"看见"世界，曹军自己公司70%的员工也都是盲人。曹军的梦想，不是挣钱，是实现"信息无障碍"，让盲人和明眼人平等交流。

(资料来源：https://www.sohu. com/a/250871237_655147)

思考：

1. 曹军是如何整合创业资源的？
2. 如何看待曹军的创业过程？

二、拓展训练

我的创意环境

【形式】集体参与。

【时间】20分钟。

【材料】"我的创意环境"。

【场地】不限。

【应用】创造力培养。

【目的】

1. 向学生介绍环境能够影响个体的创造能力这一概念。
2. 帮助学生发现能让他们变得有创意的特定环境。

【程序】

1. 通过说明环境能够影响人们的创造能力来介绍这个游戏。在这个游戏中，应关注能够激励和回报创意努力的环境的创建。

告诉参与者，大多数有创造力的人都需要一个增强创造力的特定的环境或必须例行的行为，一些名人都具有使他们保持旺盛创造力的习惯，例如：

(1) 莫扎特(18 世纪奥地利作曲家)在谱曲之前需要锻炼；

(2) 萨姆尔·约翰逊(18 世纪英国作家)要有一只喵喵叫的猫、橘子片和茶；

(3) 埃曼纽尔·康德(德国哲学家)常常喜欢在床上工作，并将毯子弄成特殊的样式；

(4) 哈特·克莱恩(20 世纪美国诗人)在一台手摇唱机上演奏爵士乐；

(5) 约翰·希勒(18 世纪德国诗人)需要将他的书桌塞满烂苹果；

(6) 阿基米德(古希腊数学家和发明家)认识到放松的重要性，并经常在浴缸里解决他最难的问题。

(7) 萨姆尔·克莱，超级计算机的创制人，当其创意思维受阻时，他会在自己的房子下面挖洞。

与使自己感到有创意的环境或物品进行亲密接触，也许是某种香味(肉桂味、烤面包味)、景色(日出、山脉、假日图片、花卉)，也许是某种声音(海浪声、爵士音乐、寂静)、食物(巧克力、橘子、咖啡)，或是某种感觉(凉爽的玻璃、舒服的汗衫、春风拂面)。什么能使你变得更有创意呢？

2. 分发资料“我的创意环境”。将自己的创意环境作为例子，与大家分享。

3. 给大家 5 分钟时间分发各自的资料“我的创意环境”。

4. 讨论、交流。

【讨论】

1. 什么颜色会让你觉得心情愉快？

2. 空间的大小会对你的心情造成怎样的影响？

3. 何种饮料会让你平静下来？

第三章
大学生创业团队目标设定

学习目的与要求

- 理解创业团队目标基础理论
- 掌握创业团队总体目标选定依据
- 掌握具体创业目标制定的SMART原则
- 掌握创业团队目标管理方法

导入案例

沈阳新松机器人创业团队目标

比尔·盖茨曾表示，如果他现在是 20 岁的话，肯定会选择机器人作为创业首选目标。而曲道奎在 20 岁的时候就有幸与机器人结缘。这位技术出身的中国最大机器人企业——新松机器人的创始人，几乎与机器人的研究、应用打了一辈子交道。除了曲道奎本人的技术能力之外，新松成功的有力武器就是一支脱胎于中科院，根植于本土的研发团队，他们不仅懂机器人的各种型号和种类，而且懂中国制造企业的需求和工作流程。

一、公司介绍

新松机器人自动化股份有限公司(以下简称新松机器人)由曲道奎及其团队于 2000 年创立，现隶属中国科学院，是一家以机器人技术为核心，致力于全智能产品及服务的高科技上市企业，是全球机器人产品线最全的厂商之一，也是国内最大的机器人产业化基地。新松机器人在沈阳、上海、杭州、青岛建有机器人产业园，在北京、香港等城市设立多家控股子公司，在上海建有新松国际总部。公司现拥有 2000 余人的研发创新团队，形成以自主核心技术、核心零部件、领先产品及行业系统解决方案为一体的完整的全产业价值链。

作为“工业 4.0”的践行者与推动者，公司将产业战略提升到涵盖产品全生命周期的数字化、智能化制造全过程，致力于打造数字化物联新产业模式。新松机器人始终以超前的技术和独特的软硬件综合实力引领中国机器人产业发展。目前，公司总市值位居国际同行业前三位，成长性在机器人行业居全球第一。作为中国机器人产业的领军企业，新松机器人在行业内实现了第一家上市、第一家获得“计算机信息系统集成及服务”一级资质、国内第一批 91 家创新型企业、中国机器人产业联盟理事长单位、中国机器人标准化总体组组长单位、中国机器人 TOP10 核心领头企业、中国最具创新力企业、中国十大品牌企业等目标。

二、团队目标

每个创业团队都有自己的团队目标，新松机器人也不例外。“让中国机器人站起来”是新松机器人创立的初衷，而新松机器人的目标在于引领行业发展，推动产业进步，提升生活品质，致力于成为国际一流的高技术公司。让新松机器人在过去十多年不断突破向上、接近目标的原因也正是强大的创新意识、团队研发实力以及追求完美的企业文化。

第一，领导人的创新意识——追逐一流的前提。“只做增量，不做存量，只做引领型、创造性的，从无到有的，不做跟随型、加工性的，已经有的。”没有代表国家乃至世界科研水平，以及不具有前瞻和引领性的技术、产品和市场，从来引不起曲道奎的兴趣，而没有重大普世价值和经济效益的技术、产品和市场，也同样不会进入他思虑的范畴。公司不断完善以企业为主体、市场为导向、产学研相结合的技术研发体系，形成了国家级、企业级和事业部级的三个层面的创新研发平台。三大创新研发平台既完整统一，又各有侧重，国家级研发平台承担国家机器人重要攻关课题和创新项目，企业级研发平台承担公司战略产品的研发，事业部级研发平台以市场为导向进行应用技术研发。三个层次的企业创新体系使新松机器人成为高层次人才的聚集地，是公司技术创新和产业化的重要力量。新松机器人帮助更多企业进入柔性生产的时代，也迎合市场的转变合理设置了自身企业结构，即以研发创新为核心，以快速灵活满足个性需求为主的结构。

第二，打造知识型团队——引领行业的必要条件。目前，新松机器人已形成了以院士、博士及高级专业为核心的国家级创新团队，拥有“院士专家工作站”“博士后科研工作站”等殊荣。截至 2016 年年底，公司技术人员共 2364 人，占员工比例的 65%；硕士及以上学历的人员有 940 人，占员工比例的 26%。员工专业涉及自动控制技术、人工智能技术、电子技术、网络技术、通信技术、计算机技术、机械设计与制造等，学科门类齐全，是公司坚持自主研发的中坚力量。公司为充分发挥员工技术、管理等方面的潜在能力，2016 年举行了供应链管理实务、产品研发管理 IPD、清华大学机械装备制造业先进制造理论与应用高研班、德国先进制造业生产管理精益行、德国工业 4.0 与创新技术转移实践等各类培训共计 81 项。公司不断完善和优化培训体系，提升员工的综合素质和岗位技能，充分发挥高端人才的自主能动性，增强公司的持续发展能力。

第三，不断追求完美——实现品质生活的基础。公司通过贯穿产品开发设计、供应链管理、生产测试验证和售后服务等方面的全流程质量控制体系保障产品品质。在产品质量方面，公司崇尚完美主义，即没有最好，只有更好，以细致出精品，以专业铸品质，永远追求以更好的质量赢得客户的超值满意。公司获得质量管理体系认证、环境管理体系认证、企业 AAA 级信息报告。2016 年，新松机器人凭借过硬的产品品质获得中核集团合格供应商资质。

三、结论与启示

从新松机器人的案例中可以看出，新生企业能否发展壮大，与创业目标的关系密切。正确的创业目标关系着企业愿景以及未来的具体目标，甚至影响领导人未来扬帆掌舵的动力。

(资料来源：陶陶，王欣，封智勇，余来文. 创业团队管理实战[M]. 北京：化学工业出版社，2018.)

第一节　创业团队目标与制定

自然界中有一种昆虫很喜欢吃三叶草，这种昆虫在寻找食物的时候总是结队而行，由一只昆虫带队，第一个趴在第二个的身上，第二个趴在第三个的身上，就像一节一节的火车车厢。管理学家做了一个实验，把这些连在一起的昆虫组成一个圆圈，然后在圆圈中放了它们喜欢吃的三叶草，结果它们爬得精疲力竭也吃不到这些草。这个例子说明团队失去目标后，团队成员就不知道到何处去，最后的结果可能是失败，这个团队存在的价值就要打折扣。贝尔宾博士曾说过："我不知道什么团队一定成功，但我知道什么团队一定失败，就是没有明确共同目标的团队一定会失败。"目标对于创业团队来说是何等重要，它直接关系到创业团队的生死存亡，而明确的创业目标是创业成功的第一步。成功的创业团队对目标具有清楚的认识，并坚信这一目标包含重大的意义和价值，那么怎样去理解、制定创业目标呢?

一、创业团队目标基础理论

在《鲁豫大咖一日行》节目中，鲁豫深入万达集团，采访了万众期待的"重量级"嘉宾王健林。在节目中，当谈到"心有多大舞台有多大，真的对吗"这个话题时，王健林表示："心和舞台是一个逐渐放大的过程，会谈时很多学生上来就说要当首富，要做世界最大的公司，但是却没有目标，从什么地方开始不知道，从哪方面开始做不知道。想做世界首富，这个想法、这个奋斗的方向是对的，但是最好先定一个能达到的小目标，比方说，我先挣它 1 个亿！看看能不能用几年挣到 1 个亿，你是规划 5 年还是 3 年呢？到了以后，下一个目标，再奔 10 亿、100 亿。"节目播出之后，一个"小目标"就刷爆了网络。那么，对于创业团队来说，创业目标有何深意?

(一) 创业团队目标的定义

创业团队目标是创业团队在一定时期内所要达到的预期成果或目的，它是对创业团队使命的具体、明确的阐述，是创业团队在其存续的特定时期所要完成的具体任务。创业团队目标既包括一定时期内所要达到的质量、数量等经济技术指标和经济、社会效益等物质成果，也包括创业团队文化建设等精神成果。创业团队目标就是要通过完成创业阶段的技术、市场、规划、组织、管理等各项工作，实现企业从无到有、从起步到成熟，如图 3-1 所示。高明的管理者善于运用目标及其细节，使个人需要与团队目标结合起来，在调动团队成员积极性的同时，也增强了团队的整体效能。

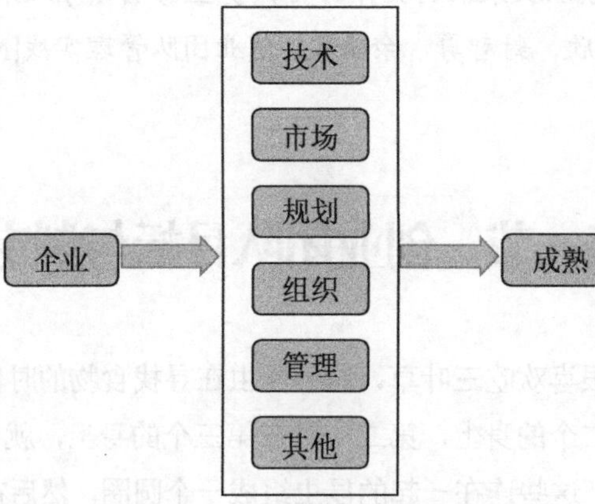

图3-1 一个企业从起步走向成熟

(二) 创业团队目标的特点

创业团队目标的特点如图 3-2 所示。

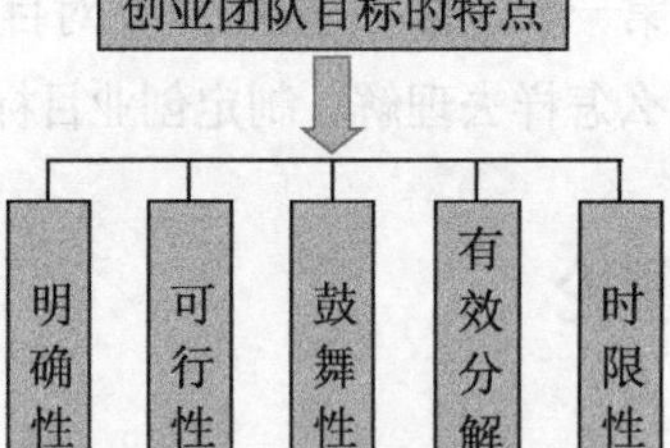

图3-2 创业团队目标的特点

(1) 创业团队目标的明确性。制定明确、清晰的创业目标，能将创业团队的发展方向聚焦在一个点上，把团队成员整合到一起进行集中发力。有了明确的目标，团队成员会追随这个目标前行，而不仅仅是追随创始人。忠于个人往往会走向专断，而忠于组织目标则会奠定伟大企业。如果目标不明确，今天想做 App，明天想做微商，后天还想做别的产品，看起来似乎很美好，而最终结果却是大家的目标不清晰，无法形成合力，创业团队的发展就会止步不前。

(2) 创业团队目标的可行性。创业团队目标的可行性与科学性决定着大家的认可程度，但不要求得到所有人的认可。每个目标都具有挑战性，挑战自我、挑战极限是有一定风险的，团队所有成员必须坚信经过艰难的努力、辛苦的付出，就一定能够实现目标。

(3) 创业团队目标的鼓舞性。创业团队目标与团队成员切身利益密切结合，具有很强的感召性和诱惑力，能使目标更加明确。在团队里，每个人价值的体现与目标密不可分，个人利益与团队的整体利益密不可分，目标要鼓舞团队成员的士气，才能使每个人朝着目标奋斗，向目标冲刺。

有这样一则寓言故事，一条猎狗将兔子赶出了窝，然后穷追不舍，最终还是没能抓到。这一幕正好让一个路人看到了，他讥笑猎狗说："你这么大，兔子那么小，你居然跑不过它。"猎狗回答说："你懂什么，虽然我跟它都是在跑，但我们两个的目标是完全不同的。我仅仅为了吃上一顿美餐，而它却是为了性命啊。"由于兔子与猎狗的目标不一样，它们的动力也不一样。因此，科学制定创业目标将对团队成员产生极大的激励作用，有助于创业团队形成合力。

(4) 创业团队目标的有效分解性。将创业团队目标分解为具体的、可衡量的行动目标，既能使个人不断开拓自己，又能促进整个团队的发展。具体的行动目标使彼此间的沟通更畅通，并能督促团队始终为实现最终目标而努力。

(5) 创业团队目标的时限性。团队目标需要明确要求在何时或在多少时间内达成。市场是不断变化和发展的，3 年、5 年可能就会发生很大改变，可能会与创业之初的预期相差很大。所以创业团队在创业初期最好以两年为限，要想办法在两年内把产品做到最好，时间越长，风险越大。

(三) 创业团队目标的作用

创业目标具有引导、激励、整合等作用，它可以将创业团队的行动统一起来，动员每个成员有计划、高效率地努力工作，提高经济效益。具体来说，创业团队目标具有如下作用：一是指向作用，即指导团队成员一定时期内的工作方向；二是激励作用，推动团队成员朝着目标奋斗；三是标尺作用，衡量团队实际工作成果与目标之间的差距；四是凝聚作用，激励团队成员共同奋斗必然使得团队凝聚力得到提升。

二、创业团队总体目标选定依据

"干什么"是创业目标确定的逻辑起点，如果起点选准了，创业就有成功的希望；如果目标不够准确，创业就会走弯路；如果目标完全错了，创业就会失败。需要了解的是，创业团队目标主要分为两个方面：一是创业团队总体目标；二是为了推动团队最终实现订立的总体目标，将总体目标加以分解，设定若干可行的、阶段性的子目标。创业团队总体目标是团队成员共同努力的方向，在一定程度上决定了企业的经营方向。例如，摩托罗拉的总体目标是："为社会的需要提供好的服务，我们用公平、合理的价格为客户供应优质的产品和服务；为了公司的整体发展，我们必须做到这一点和赢得适当的利润，并为我们的员工和股东提供机会以达到他们个人合理的目标。”波音公司的总体目标为：“保持航空技术的领先地位，不断开拓冒险，把自己的一切都交给航空业。”

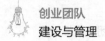

那么，在众多社会行业中，哪一个行业可以成为创业团队一显身手的目标领域？创业团队在总体目标选定方面应遵循哪些依据？

（一）以社会需求为导向

社会是创业的大舞台，要想在社会大舞台上获得一席之地，就必须急社会发展之所急，供社会发展之所求，使创业目标与社会需求保持一致。只有这样做，才能更好地把握市场机会，社会才能支持创业者的创业行为，认同创业成果。

拓展阅读3-1

瑞特健康

瑞特健康产业集团位于山西长治，是曾做过矿工的郭瑞平在一个破产的小自行车厂的基础上组建而成，经过短短10来年的发展，现在年产值已有上亿元。郭瑞平成功的秘诀便是顺势而为。本来山西长治是个穷地方，一些人连饭都吃不饱，哪里有心思搞什么健身。在毫无经验的基础上，将创业定位于在本地毫无市场的健身器材，在当地许多人看来等于找死。但是郭瑞平有一个很好用的头脑，他利用了当时国家竞技体育与群众体育两手抓、两手都要硬的政策大势，将创业目标定位于“群众喜欢用、群众乐用的健身器材”，避开了与国内众多专业竞技体育器材生产厂的竞争，又利用国家发行体育彩票，其中一部分收入指定用于群众健身器材投资的机会，基于一直以来精心与国家体育总局官员保持的良好关系，首先将一整套群众性体育健身器材安装在了国家体育总局龙潭湖家属院，然后又从这个家属院走向了中国。现在走到北京街头看一看，很多这种刷成黄色、红色、橙色的健身器上面都标着“澳瑞特”的字样。顺势而为，就是顺水行舟，创业的道理也是一样。观察政府、研究政策，是为了明大势，大势指的就是市场机会。市场上时兴什么，流行什么，人们喜欢什么，不喜欢什么，可能就指明了创业的方向和目标。俞敏洪如果不是赶上全国性的英语热和出国潮，他就是使再大的劲，洒再多的泪，流再多的汗，也不会有今天的成功。

（资料来源：https://www.chtc.edu.cn/cxcy/2016/1202/c1709a49031/page.htm）

（二）选择自己擅长的领域

不同的行业因其性质、特点不同，对创业者的能力、素质、知识水平的要求也不同，而“寸有所长、尺有所短”，任何人都不是全能全知，精于此，往往疏于彼。因此，在选择创业目标时，必须正确地认识创业团队的能力倾向及优势所在，力求与创业领域的具体要求相匹配，扬己所长，避己所短。

(三) 选择切合自己兴趣的领域

兴趣是工作动力的主要源泉之一。兴趣又可分为有趣、乐趣、志趣三个层次。比如，你喜欢科技活动，乐于成为老师的科研助手，参加老师的科研工作，并能完成老师交给的科研任务，这还只是兴趣的第一层次。如果你还主动去收集有关科研资料、构思新的科研课题，并从中获得满足，便是兴趣的第二层次。当乐趣与你的创业意向、社会责任感结合起来时，便进入了兴趣的第三层次。显然，我们所说的根据自己的兴趣来确定创业目标，就是指实现由第二层次的乐趣向第三层次的志趣的转变过程。根据自己的兴趣确立创业目标更容易使自己的创业走向成功。当然，人的兴趣并不是绝对固定不变的。由于诸多原因，有时选定的创业目标与自己的兴趣不完全符合，在这种情况下，就应当尽量从与自己兴趣相近的领域中进行选择，并培养自己的职业兴趣。否则，完全拘泥于自己现有的兴趣，反而会作茧自缚，错失创业良机。

三、创业团队目标的具体内容

创业团队目标是多元化的，既包括经济性目标，也包括非经济性目标；既包括定量目标，也包括定性目标。尽管如此，彼得•德鲁克认为，各个企业需要制定目标的领域全都是一样的，所有企业的生存都取决于同样的一些因素。

(一) 创业关键领域的目标

彼得•德鲁克在《管理实践》一书中提出 8 个关键领域的目标：

(1) 市场方面的目标——表明本企业希望达到的市场占有率或希望在竞争中占据的地位；

(2) 技术方面的目标——对改进和发展新产品、提供新型服务的认知及措施；

(3) 生产力方面的目标——有效地衡量原材料的利用效率，最大限度地提高产品的数量和质量；

(4) 物质和金融资源方面的目标——拓展获得物质和金融资源的渠道，并有效地利用物质和金融资源；

(5) 利润方面的目标——用一个或几个经济指标表明希望达到的利润率；

(6) 人力资源方面的目标——最大限度地获得、培训和发展人力资源，加强管理人员的培养，使其最大限度地发挥个人才能；

(7) 职工积极性发挥方面的目标——完善职工激励措施；

(8) 社会责任方面的目标——注意企业对社会产生的影响。

(二) 创业团队的具体目标

创业团队的具体目标主要包括 10 项内容，如图 3-3 所示。

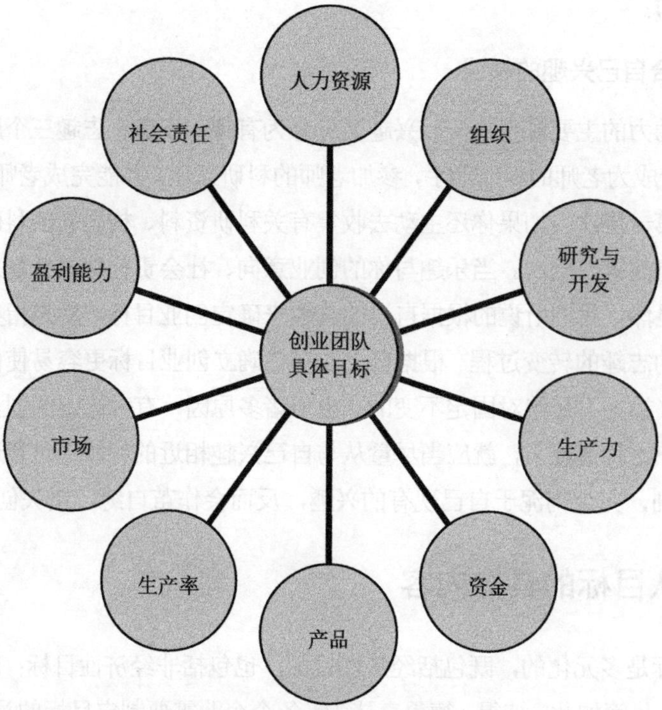

图3-3　创业团队的具体目标

(1) 盈利能力。盈利能力目标可以用利润、投资收益率、每股平均收益、销售利润率等来表示。例如，5 年内利润率增加到 15%。

(2) 市场。市场目标可以用市场占有率、销售额或销售量来表示。例如，4 年内微波炉的销售量增加到 100 万台/年。

(3) 生产率。生产率目标可以用投入产出比率或单位产品成本来表示。例如，4 年内每个工人的日产量提高 10%。

(4) 产品。产品目标可以用产品线或产品的销售额和盈利能力、开发新产品的完成期表示。例如，5 年后淘汰利润率最低的产品。

(5) 资金。资金目标可以用资本构成、新增普通股、现金流量、流动资本、回收期等来表示。例如，5 年内流动资金增加到 100 万元。

(6) 生产力。生产力目标可以用工作面积、固定费用或生产量来表示。例如，5 年内浦东分厂的生产能力提高 20%。

(7) 研究与开发。研究与开发目标可以用花费的货币量或完成的项目来表示。例如，8 年中陆续投资 1 亿元开发一种新型的汽车。

(8) 组织。组织目标可以用将实行的变革或将承担的项目来表示。例如，4 年内建立一种分权制的组织机构。

(9) 人力资源。人力资源目标可以用缺勤率、迟到率、人员流动率、培训人数或将实施的培训计划数来表示。例如，5 年内以每人不超过 8000 元的费用对 200 个员工实行 40 小时的培训计划。

(10) 社会责任。社会责任目标可以用活动的类型、服务天数或财政资助来表示。例如，5 年内对希望工程的捐助增加 200 万元。

当然，还应该意识到，一个企业并不一定在以上所有领域都规定目标，并且创业目标也并不局限于以上 10 个方面。

拓展阅读3-2

惠普公司的发展目标最初发表于 1957 年，从那以后，它们一次又一次地被修改，反映了该行业的发展和社会环境的变迁。具体如下：这个版本代表了我们最新的组织结构和目标。我们希望这些信息对您是有效的，并且将其视为惠普团队的一部分给予高度重视以指导自己的行为。

(1) 利润。获得足够的利润以满足公司发展的需要，并为达到公司的其他目标提供资源。

(2) 客户。为客户提供最高质量的产品和服务以及最高的价值，从而赢得他们对我们持久的尊重和忠诚。

(3) 经营范围。选择我们的技术能力和客户需求相适合的领域，从而获得持续发展和盈利的机会。

(4) 增长。使我们的增长得到利润和发展能力的保障，并生产真正满足客户需求的产品。

(5) 员工。帮助惠普的员工分享他们带来的成功；在工作表现的基础上提供福利保障；保证安全和舒适的工作环境；认可他们的个人成就；帮助他们从工作中获得满足感和成就感。

(6) 管理。在责任明确的前提下，通过允许个人更大的行动自由来激发员工的主动性和创造性。

(7) 社会责任。在我们的业务发展到的所有地方，我们都以能为当地的经济、社会、文化发展做出贡献而骄傲。

(资料来源：杰弗瑞·亚伯拉罕斯. 公司使命陈述——301 家美国顶级公司使命陈述[M]. 黄卓华，刘京，等译. 上海：上海人民出版社，2004.)

四、制定具体创业目标的SMART原则

SMART 原则是由美国马里兰大学管理学及心理学教授洛克根据目标设置理论在实践中总结出来的。SMART 原则的具体内容如下。

(一) 目标必须是具体的

目标必须是具体的(specific)，是指要用具体的语言清楚地说明要表达的行为标准，目标要

清晰、明确，使团队成员能够准确地理解目标。例如，“本企业未来 5 年的目标是成为本行业的领导者。”究竟是市场领先者，还是技术领先者，还是两者兼而有之？不具体。改进后的阐述：“本企业未来5年的战略目标是成为本行业技术方面的领导者。”

那么，如何才能做到具体呢？在这里可以采取“5W2H”分析法，如图 3-4 所示。

- What——做什么？
- Why——为什么做？是否与创业团队长远目标、价值观保持一致？
- When——什么时候完成？
- Who——谁来做？我来做，谁还可以帮助我做？他们是否会帮助我？
- Where——在哪里做？从哪里入手？
- How——如何做？分几个步骤和阶段？
- How much——做多少？用多少资源？这些资源从哪里获得？能否得到？

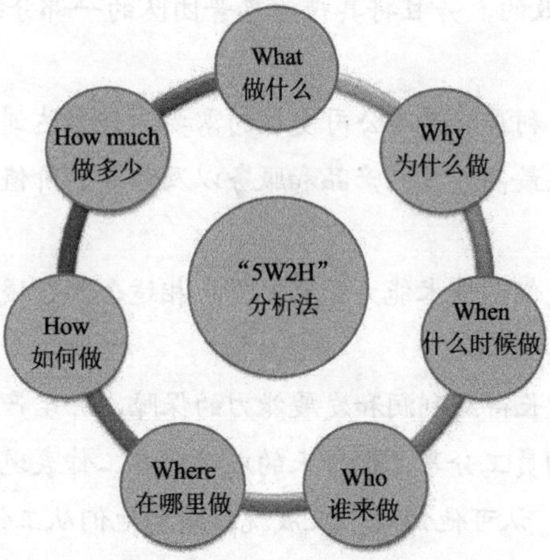

图3-4 “5W2H”分析法

(二) 目标必须是可以衡量的

目标必须是可衡量的(measurable)，是指目标应该是明确的，同时应该有明确的数据作为衡量是否达成目标的依据。例如，“为所有老员工安排进一步的管理培训。”“进一步”是一个既不明确也不容易衡量的概念，到底指什么？是不是只要安排了培训，不管谁讲，也不管效果好坏都叫“进一步”？改进说法：“在某个时间完成对所有老员工关于某个主题的培训，并且在这个课程结束后，学员的评分在 85 分以上，低于 85 分就认为效果不理想，高于 85 分就是所期待的结果。”这样目标就变得可以衡量。

怎样使目标能够衡量？

(1) 尽可能用图表与数字表示。

(2) 不能用数字表示的，要描述清晰。

(三) 目标必须是可以达成的

目标必须是可以达成的(attainable)，是指目标要根据创业团队的资源、人员技能和管理流程配合程度来设计，要保证目标是可以达成的，同时还要能够被执行人所接受。也就是目标是要通过努力可以实现的，可以制定跳起来“摘桃”的目标，不能制定跳起来“摘星星”的目标。

怎样使目标可以实现？

(1) 依据本身的能力和条件。

(2) 依据内、外部可用资源。

(3) 依据当前发展情况和未来可能的形势。

(4) 区分阶段，按步实施。

(四) 与更加终极的目标之间有相关性

与更加终极的目标之间有相关性(relevant)，是指各个目标之间有关联性，相互支持，符合实际。实现此目标在一定程度上能够影响到其他目标的实现，目标和工作都要有相关性。例如，让一个销售人员在一年内学习专业英语，达到能够与外方正常沟通并且可以无障碍阅读产品相关文件的水平。这时候提升英语水平与销售人员提升销售能力有关联，即学英语这个目标与提升销售水平直接相关。

怎么使目标与更加终极的目标有相关性？

(1) 个人目标与所在公司、部门目标相关联。

(2) 个人目标与家庭目标、期望相关联。

(3) 长、中、短期目标相关联。

(4) 个人发展、经济事业、兴趣爱好、和谐关系四大目标系统平衡且相关联。

(5) 目标之间彼此不冲突。

(五) 达成目标具有明确的时限

达成目标具有明确的时限(time-bound)，是指目标的完成是有时间限制的，要在规定的时间内完成。

怎么设定时限？

(1) 设定目标达到的时间期限。

(2) 在目标执行过程中设定中间检核点。

(3) 强调行动速度与反应时间。

(4) 依据不同期间设定阶段性目标(年度、月份、周别、每日目标)。

具备 SMART 原则五要素的目标示例：一个准备体育期末考试的人定下目标说要在 2 个月后的考试中将 1000 米跑步成绩从原来的 3 分 30 秒提高到 3 分 20 秒，并为此每天安排两次 1000 米跑步训练以及配套力量训练。这是一个具备 SMART 原则五要素的目标：具体的——提升 1000

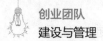

米跑步成绩；可衡量的——提升 10 秒；可以实现——每天安排两次 1000 米跑步训练以及配套力量训练；与自己相关——体育期末考试；有时间限制——2 个月后。另外，创业目标的制定是建立在团队成员对于外部环境变化、自身实力和愿望的假设基础之上的，这种假设有可能反映了客观事实，也有可能仅仅是主观认识。同时，环境、实力和追求都会随时间而变化，因此，不能把基于环境、实力和愿望假设基础之上形成的目标变为一成不变必须严格履行的东西。正确的态度是：根据现有的对外部环境变化、自身实力和愿望的分析，制定出相应的目标；根据实施过程中三方面的变化情况，及时修订既定目标，形成新的目标。但不管环境如何变化，在任何时刻都必须有清楚的目标。

第二节　创业团队目标管理

创业者在复杂的市场环境中发现商业机会，并设定一定的目标，从而开始创业活动，组建了创业团队。在创业团队的成长发展过程中，同样需要有相应的目标管理，而创业团队目标管理的各方面工作也正是围绕着目标而开展的。创业团队如果没有明确、系统、合理的目标管理，将会直接导致创业团队执行力不足。因此，目标管理是每一个创业团队必须做好的功课。

一、创业团队目标管理概述

(一) 目标管理的概念

目标管理(management by objective，MBO)是管理大师彼得·德鲁克 1954 年在其名著《管理实践》中最先提出的，其后又提出了“目标管理和自我控制”的主张，其核心内容就是，并不是有了工作才有目标，而是相反，有了目标才能确定每个人的工作。所以，企业的使命和任务必须转化为目标，如果一个领域没有目标，这个领域的工作必然被忽视。因此，管理者应该通过目标对下级进行管理，当组织最高层管理者确定了组织目标后，必须对其进行有效分解，转变成各个部门以及各个人的分目标，管理者根据分目标的完成情况对下级进行考核、评价和奖惩。目标管理理论提出以后，便在美国迅速流传。时值第二次世界大战后西方经济由恢复转向迅速发展的时期，企业急需采用新的方法调动员工积极性以提高企业竞争能力，目标管理的出现可谓应运而生，遂被广泛应用，并很快为日本、西欧国家的企业所效仿，在世界管理界大行其道。

根据《管理学大辞典》，目标管理是指由企业最高层领导制定一定时期内整个企业期望达到的总目标，然后由各部门和全体职工根据总目标的要求，制定各自的分目标，并积极、主动地设法实现这些目标的管理方法。目标管理一方面强调完成目标，实现工作成果；另一方面重视人的作用，强调员工自主参与目标的制定、实施、控制、检查和评价。

(二) 目标管理的特点

(1) 成员参与决策。目标管理中，目标的转化过程既是自上而下的，又是自下而上的，成员通过参与的方式决定目标，上下级共同参与制定各对应层次的目标，包括整体组织目标、部门目标直至个人目标。

(2) 以自我管理为中心。目标管理的基本精神是以自我管理为中心。目标的实施由目标责任者自我进行，通过自身监督与衡量，不断修正自己的行为，以实现目标。

(3) 强调自我评价。目标管理强调自我对工作中的成绩、不足、错误进行对照总结，经常自检自查，不断提高效益。

(4) 规定时限。目标管理强调时间性，要求制定的每一个目标都有明确的时间期限，如一个月、一个季度、一年、五年，或在已知环境下的任何适当期限。

(5) 重视成果：目标管理将评价重点放在工作成效上，按员工的目标完成情况、实际贡献大小如实地进行评价，使评价更具有建设性，并创造一种激励的环境。

阿里巴巴创立初期是如何让团队实现“定目标、抓过程、拿结果”的？当时给中国供应商定的第一个指标是 1 个人 1 年销售额要达到 100 万元，没有人数限制，但是每增加一个人，每年就要增加 100 万元的销售额。所以当时地面推广团队 5000 人，就对应着 50 亿元的营业额。阿里巴巴在贯彻“忠于目标”的时候是怎么做的呢?

每个月月底，各个部门都会把自己下个月的目标写出来，并且细化。目标细化到每个小团队、每个人，也就代表着层层绑定，目标不是一个部门领导的责任，也不是一个区域经理的责任，而是所有人的责任。目标由公司给到区域的时候，区域要分给下面的经理、主管，主管要分给每一个人。一旦目标敲定之后，从下个月的 1 号开始，这个目标就时时刻刻、用各种各样的方式跟在你身边。这些目标全部写下来，贴在专门的板子上，你的目标是什么，每天你的目标完成了多少，还剩多少。不同的组织，列的名单是不一样的。各区域列下面各个主管组、各个团队的目标；而在团队里面，就列团队每一个人的目标。

每天早上开启动会，去看这个目标，今天的目标有多少，你就知道你还差多少，你要做出多少努力。每天晚上回到公司之后，再来开会讨论目标有没有实现，风险点在哪里，目标是时时刻刻印在脑子里的。另外，每个人，谁完成了目标，或者谁离目标是最接近的，会有专门的区域经理来协调搜集信息，做战报，每天晚上都会跟进。每一个在外面奔波的销售，他的手机每天要收到 N 多条短信，这些短信当然有一些是鼓励的内容，有一些是安抚的内容。同时也会有谁又成功了，他的目标已经提前完成了，谁的目标还差多少，今天你可以完成多少等内容。就这样，目标真真正正印在每一个细胞里面，想忘都忘不掉。

(三) 创业团队目标管理的概念

创业团队目标管理是根据创业团队设定的目标，控制创业团队经营活动的全过程，是对创业团队实行全面、综合性管理的一种科学方法，其基本含义是动员创业团队全体成员参与制定目标，并保证目标的实现。具体来说，创业团队目标管理是创业团队最高领导层，通常是核心领导人，根据创业团队面临的形势和市场需求，结合创业团队的具体情况，在充分听取团队成员意见的基础上制定出整个创业团队的总目标，然后围绕总目标，将总目标分解为部门目标和个人目标，并层层落实保证实现这些创业目标应采取的措施，从而形成一个全团队的、全过程的、多层次的创业目标体系。创业总体目标的实现依赖于部门目标和个人目标的完成。每个分目标是总体目标对它的要求和考核的依据。按照管理层次，分目标可使创业团队的所有组成部分和每个员工都明确自己的职责，有助于员工加强责任感，主动、积极地去完成具体目标，从而保证总体目标的完成。

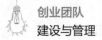

创业团队目标管理体现了系统论和控制论的思想。创业团队目标管理中所说的目标，是把创业团队目标作为一个系统看待，从整体的角度考虑问题。即在确定创业团队总体目标的时候，就充分注意创业团队内部各分目标的确定和落实，形成一个具有有机联系的创业团队目标体系，这就把创业团队内的各个部分、各个环节，创业团队内部和外部的各种因素，都与完成创业团队目标紧密结合在一起。创业团队可以通盘考虑，准确、有效、完整地掌握创业企业总体目标的进程。

二、创业团队目标管理原则

(一) 目标制定必须科学、合理

目标管理能不能产生理想的效果、取得预期的成效，首先取决于目标的制定。科学、合理的目标是目标管理的前提和基础，脱离了实际的工作目标，轻则影响工作进程和成效，重则使目标管理失去实际意义，影响团队的发展。

(二) 督促、检查必须贯穿始终

目标管理的关键在于管理。在目标管理的过程中，丝毫的懈怠和放任自流都可能贻害巨大。作为团队中的一员，必须随时跟踪每一个目标的进展，发现问题及时协商，及时处理，及时采取正确的补救措施，确保目标运行方向正确、进展顺利。

(三) 考核、评估必须执行到位

任何一个目标的达成、任何一个项目的完成，都必须进行严格的考核、评估。考核、评估、验收工作必须选择执行力很强的人员进行，必须严格按照目标管理方案或项目管理目标，逐项进行考核并做出结论，对目标完成度高、成效显著、成绩突出的团队或个人按章奖励，对失误多、成本高、影响整体工作的团队或个人及时进行鞭策。

(四) 明确具体目标到团队成员

抗美援朝时期，“打到三八线”的目标几乎每一个战士都知道。红军建军后的基本行为准则“三大纪律、八项注意”编成歌曲，每个战士都会唱。如果大多数团队成员都不清楚自己的职责或本团队的目标，能把这个团队建设成为一个优秀团队吗？所以，要让大家清晰地了解团队的整体发展状况和总体目标。

三、创业团队目标管理过程

(一) 制定目标

制定创业团队总体目标是创业团队目标管理的关键，其前提是进行科学的调查、预测，以及创业团队内部自上而下、自下而上的反复协商。在总体创业目标确定之后，创业团队目标需要进行层层分解，确定更基本、更具体的目标，形成创业团队目标体系。此外，还需要在每个层次上都制定实现目标的具体对策和措施，并落实到创业团队的每个部门和每个团队成员。美国贝尔电话公司的前总裁西奥多·韦尔称，“我们的企业就是服务”。一旦主要目标明确后，企业中各不同领域的目标也就易于确定了。例如，某高校图书馆管理目标体系如表 3-1 所示。

表3-1　某高校图书馆管理目标体系

部门	部门领导目标	部门员工目标				完成期限
		员工A	员工B	员工C	员工……	
采编	1.领导部门员工完成编目目标，编目控制错误率； 2.根据学校要求，领导部门完成采购图书册数； 3.对相关单位和个人进行咨询，采购教职工需要图书； 4.对本部门工作进行合理安排，定期举办工作座谈会，采纳员工意见； 5.做好对相关业务的统计，配合学校工作	1.采购图书册数，合格率； 2.完成相关业务的统计和保存工作，正确率	1.加工图书册数； 2.中文编目册数，数据合格率	1.加工图书册数； 2.外文编目册数，数据正确率	1.加工图书册数； 2.期刊签收册数，数据错误率	一学期

(续表)

部门	部门领导目标	部门员工目标				完成期限
		员工A	员工B	员工C	员工……	
信息	1.做好自建数据库与购买数据库的维护，保障数据传递顺畅、网络通畅； 2.馆内计算机设备等维护； 3.图书馆主页维护及开展一些网络读者活动和服务	自建数据库数量	收录文章数量，每日更新数量	馆内设备维护，问题解决时间	1.图书馆主页更新贴数； 2.开展读者活动项目数量	一个月
查新等读者服务部门	1.对单位、个人及教职工进行查新服务； 2.控制查新的质量、效率； 3.有无微笑服务； 4.定期举行读者培训活动，邀请专家进行讲座； 5.开展馆际互借服务； 6.解决读者投诉问题	不同级别的查新时间	1.举办读者培训次数； 2.邀请专家人次	1.馆际互借图书数量册数； 2.馆际互借时间	网络、电话或当面投诉解决的时间	一个月
图书馆总目标	开放时间、学习设备、文献的有效性、馆际互借服务、咨询参考服务、用户培训、图书馆员工的服务态度以及图书馆整体服务					

(资料来源：宁琳，孙艳红，刘迎春. 基于SMART原则的高校图书馆工作目标管理[J]. 图书馆学刊，2011，05.)

(二) 实施目标

所谓实施目标，就是在分解落实创业团队目标的基础上，按照创业目标体系的要求，创业团队内部各个方面分工协作，努力实现创业目标的过程。举例来说，如果创业团队销售目标是每年100万元，创业团队需要讨论如何完成目标，同时针对不同的部门以及成员设定完成具体目标的实施措施并进行分工协作。比如，为了完成目标，研发部门成员需要保证产品的质量，销售部门成员需要负责开拓市场，宣传部门成员需要保证宣传效果等，这样，从创业团队核心层到每个普通成员，都清楚需要去实现什么目标，怎样分工去实施目标。此外，在实施创业目标的过程中，需要及时进行信息的沟通、检查、控制等活动，以保证各项目标的顺利实现。具体来讲，一是进行定期检查，利用团队成员经常接触的机会和信息反馈渠道自然地进行；二是向下级通报进度，便于互相协调；三是及时帮助团队成员解决工作中出现的困难和问题，当出现意外、不可预测事件严重影响组织目标实现时，也可以修改原定的目标。

华为在发展的过程中采用的是群狼战术，它的业绩增长并不是暴发户式的增长，而是一步一个脚印扎扎实实地走出来的。比如20世纪90年代，任正非提出“农村包围城市”，使得华为慢慢在城市站稳脚跟，接着华为瞄准国内市场，等到国内市场占据大部分市场份额后，开始将目光转向海外市场。而在拓展海外市场时，华为先从俄罗斯入手，然后是非洲、欧美等。华为一步步走来，每个目标都很明确，而且是逐步实现每个目标，并没有进行跳跃式发展，确保了华为在总体战略目标方向上稳步前进。华为的发展有迹可循，而且一直以来都在循序渐进，它的扩张绝对不是一两天内就完成的，它所有的目标也不是一两天内实现的。这种逐步扩张壮大的方式在日常工作中也得以体现，华为的每个员工平时都严格按照“制定目标—执行—完成目标—制定新目标”的方式进行工作。吴军在《硅谷来信》中也介绍了谷歌的目标管理方法：首先，谷歌的员工会在每个季度开始的时候，给自己制定一个或几个不等的目标，除了制定目标，他们还要衡量目标是不是能达成关键结果，其实也就是我们常说的OKR(objectives、key、results)。为了使管理更加透明化，也为了激励员工，每个谷歌员工的OKR都会被放到自己的网页上，大约半页到一页纸，但是保证所有人都能看到。这么做的好处是，谁制定了、谁没制定，一目了然。几乎没有管理者会去催促员工，吴军说，很多时候大家看到自己的网页一片空白，自己会先不好意思。光制定目标肯定还不行，到了季度结束的时候，每个人都要给自己打分。完成是1分，没完成是0分，0到1之间的，是部分完成的。谷歌强调每个人制定的目标都要有挑战性，如果哪位员工完成目标的情况总是1，这不一定说明他工作好，很有可能是挑战性不够。所以，在合理、恰当的情况下，大家完成的目标分值都在0.7~0.8。

(三) 评价目标

要在事先规定的完成时限内对创业目标完成情况进行自下而上的评定、考核、奖励和惩罚，做到赏罚分明，奖优罚劣。同时，通过评价目标，对本期实行目标管理的情况进行全面分析评估，肯定成绩，找出不足，从而确定新目标，为开始新的创业团队目标管理打下良好基础。对创业团队来说，可以在达到目标设定的期限后，下级首先进行自我目标评估，提交书面报告；然后上、下级一起考核创业目标完成情况，进行奖惩；同时讨论创业团队下一阶段目标，开始新的循环。为保持相互信任的团队氛围，在目标没有完成时，应重点分析原因、总结教训，切忌相互指责。在评价阶段可进行绩效考核，具体可采用述职报告制度并制定绩效考核量表。

述职报告制度的流程如图3-5所示。

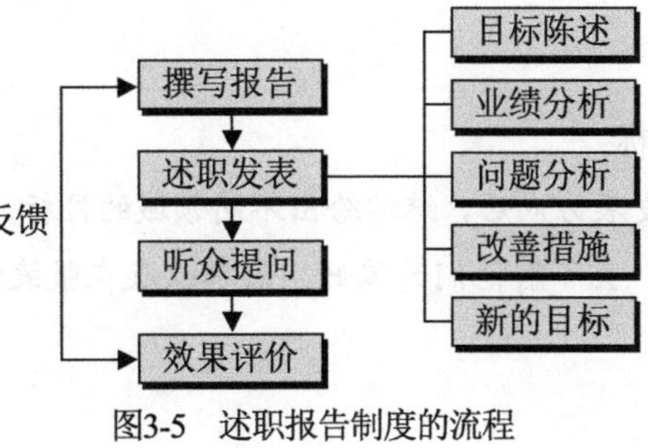

图3-5 述职报告制度的流程

绩效考核量表示例如表 3-2 所示。

表3-2 绩效考核量表

目标计划	衡量标准	完成情况	未完成原因	改善措施	实施时间
1.					
2.					
3.					
新增目标 1. 2. 3.					

拓展阅读3-3

英国马狮公司的发展是成功应用目标管理的经典例证。这家公司的前身是建于 1884 年的一元便利店，专门销售价格为一个便士的商品。到了 1915 年，它已经发展成为一家零售连锁店。今天，它已经成为世界上首屈一指的百货公司之一。回顾它的发展历程会发现一些有趣的现象。1924 年，公司总裁西蒙 •马克斯去美国实地考察了带来营销革命的百货商店的运作情况，回来后对马狮公司进行了大刀阔斧的变革。马狮公司将公司的主要目标定为社会革命，而不仅仅是普通的零售业务，由此造就了马狮公司的增长奇迹。所谓社会革命，是和英国当时的社会现实紧密相关的。人的阶级属性靠穿着来区分，上层社会的人穿着时髦而且精致，而下层社会的人则衣衫褴褛。马狮公司决定靠给下层社会的人提供物美价廉的衣物来帮助下层社会的人突破阶级壁垒。公司一旦采取了此项战略决定后，就将全部精力都集中在这个唯一的目标上。

1. 肩负社会革命重任

看起来很奇怪，一家百货商店肩负社会革命的重任，这一决定首先意味着企业的目的是理解和满足社会的终极需求，如果它这么做了，它就会自动成长，变得繁荣昌盛。这正是马狮公司成功的秘诀所在。企业必须不断努力去理解它的客户需求的变化，并从经济角度来满足客户需求。

2. 确定不同领域的目标

马狮公司确立了战略发展方向后，继续给出不同领域的目标。在营销领域的目标是：将客户定位为工人和低级职员，去了解他们的偏好、好恶以及在服装方面的购买力。

3. 创新目标

公司决定去开发新的织物和漂染原料，提供有吸引力的廉价服装。为了确保提供的衣物的标准能够不断改进，公司成立了质量控制实验室。与此同时，公司不断去开发新款服装。最关键的一步可能是对客户开始进行调查研究，以便更好地了解他们对新款服装的反应，并确认他们的选择。这在那个时代也是一项主要创新。

4. 人力组织

如果要实现目标，有必要建立一个合适的组织，这个组织应该包括不同种类的员工和管理人员。也有必要引入合适的工作方法，并组建一个有效的团队。马狮公司认识到管理是任何组织的关键要素，特别注意招募、培训和发展它的管理人员。马狮公司也因人事管理而出名，它们可能是第一家委派女性经理人来管理女性雇员的商店。女性经理人具备同情心和对事物的敏感性，员工的士气十分高昂，女售货员工作十分愉快。所有这些都使销售额得到了大幅提升。

5. 物质和财务资源

明确物质和财务资源方面的目标尤为必要。马狮公司非常注意原材料的采购，并注重给产品选定合适的品牌，确定商店的地理位置和布局。鉴于城市中的空间有限，商店中留给商品的空间都是有限的。要充分利用空间，必须关注细枝末节，商店的商品摆放要求有条不紊、干净和整洁，而同时又要便于搬动。

6. 简化控制

零售商店必须囤积大量的商品，并且要及时更新存货。正常的控制步骤是以各种形式在账簿中登记。公司总裁马克斯勋爵偶然去一家商店访问时，看到按照传统方法要做那么多的案头登记工作，非常震惊，他命令必须立即停止这种无谓的案头工作，存货的确认被代之以简单的实物确认。这是一项大胆和富有想象力的创新，让员工摆脱案头工作也极大地鼓舞了士气，他们以饱满的热情投入到了工作当中，把以前用在案头工作上的时间花在改善客户服务身上。自然，销售额迅速攀升。

7. 生产力评估

生产力是对组织绩效的真实检测，它是评估管理竞争力的指数之一。马狮公司最初是采用美国通行的一些衡量生产力的手段，后来采用了一个自己开发的衡量指标——商店中每平方英尺销售面积的销售额。销售面积正好是零售商店的限制性因素，这种衡量生产力的手段既简单也有价值，它的计算也一目了然。为了提高生产力，公司采用了若干举措，包括仔细挑选产品、安排有吸引力的产品陈列方式和提供更好的客户服务。马狮公司的高速发展得益于上述的这些举措。

8. 利润要求

马狮公司没有计划达到任何特定的利润目标，但还是取得了远高于行业平均水平的利润率。当然，利润对任何企业的生存和发展都至关重要。德鲁克反复重申利润不是企业的首要目标，目标管理不能仅关注利润，利润只是绩效的副产品。当公司按照顾客的需要提供了价格适中的产品，利润就会源源而来。

9. 社会责任

目标管理是一套非常有用的管理企业的方法，它对责任采取了更广的视角。和大公司的通常做法不同，马狮公司不是去利用和它有供货关系的厂商的弱点，而是特别注重供应商的稳定和增长。结果证明这是一个非常好的决策，能够确保质量优异的原材料的正常供应。

(资料来源：王琳. 德鲁克对马狮公司的分析[J/OL]. 经理人，2002)

本章小结

对于创业团队而言，必须明确创业目标。准确的目标设定是创业团队生存的必要条件，是团队运作的核心动力，也是团队决策的前提。创业团队总体目标需要以社会需求为导向，结合创业者擅长的领域或者团队成员感兴趣的领域设定，在制定具体创业目标时遵从SMART原则。在创业团队发展和成长过程中，同样需要注重目标管理。

关键概念：

目标(target)　　团队目标(team goals)

目标管理(management by objective，MBO)

复习思考题

一、案例分析

新东方创始人、洪泰基金创始人俞敏洪：创业要有服务社会的价值观和踏实的目标

“励志领袖”俞敏洪的故事已经被大多数人耳熟能详，在引领庞大的新东方帝国前进的同时，俞敏洪又成功的联合创立了洪泰基金，转型成为投资人。

“创业者首先要有正确的价值观，除了赚钱以外，还要为社会提供好的服务。正确的价值观是创业的基础，是必不可少的隐形竞争力。正确的价值观，可以让你走在正确的道路上。你跟人打交道时肯定愿意跟一个好人打交道，如果这个人不好，他再有钱，再有才华，你也不敢重用他。任何一个行业，都要做到让老百姓愿意把自己的身家性命委托给你，这样事情才能够做大。”俞敏洪如是说。

价值观决定了创业应该“有所为”也要“有所不为”。俞敏洪坚决反对一心挣钱、只顾利益、投机倒把等行为，他直言不讳：“我讨厌那些利用国家资源或跟国家权贵结合起来创业的所谓企业家，或者利用国家资源和利用权贵来获得企业发展的人，坦率地说，这不是他们的本领，他们是在利用人民的钱做事情。”

所以，在为社会提供好的服务这一价值观下，俞敏洪给出了创业方向的建议：“在选择创业项目的过程中，需要把科技和生活紧密地联系在一起。任何脱离生活和普通老百姓的创业都是不现实的，创业更重要的是改变人民的生活状况，要使人民有所受益，这样的项目才具备成长的土壤。”

“创业者要有踏实的、能够完成的目标，我们要有把事业做大的决心，但设立目标的时候，必须一步一步来。”创业一心争名逐利是不可取的，但另一个大忌是好高骛远。俞敏洪多次谈到，自己成功的部分原因是“有一份农民的踏实”，会做事的人要愿意从小事做起，做小事是成大事的必经之路。“大事业往往也要从小事情一步步做起来，没有做小事打下的牢固基础，大事业是难以一步登天的，创大业者往往都是从小事做起的。”

然而，明白这点的创业者却不多。俞敏洪感叹现在的创业者中异想天开的人太多了，有的完全没有经验，有的拿着商业计划书认为融到钱就大功告成，也有的人希望一蹴而就，他们没有明确的目标，也没有切实地付诸行动，这类人“连做人的基本道理都不懂”。俞敏洪曾举例说，有年轻人找他投资网站，预计两年后网站收入会达到10亿元。目标很美好，大饼很诱人，但这都不过是想象，创业时雄心万丈，想做大做强本无可厚非，但是关键是脚踏实地，一步一步慢慢来。“新东方从来都是一点一滴做事，一步一步把事情做好，做到10个亿用了整整12年。”与之相比，创业者并没有明确的目标和踏实的行动，却希望短期内就得到高额回报，这是心态浮躁和目标不明确的体现。

为此，俞敏洪谆谆告诫年轻的创业者们：“这个世界永远不缺机会，缺的是努力抓住机会、把机会变成大机会的人，所以，一定要有踏实的目标，慢慢做，这世界上最需要的是靠谱的人。”俞敏洪的创业建议：人应该有宏大的理想，但更要知道去实现这个理想的具体的每一步应该怎么去做。

(资料来源：苗绿，王辉耀. 世界这么大，我们创业吧：50位知名创业家谈创业[M]. 北京：中央编译出版社，2016.)

思考：

1. 俞敏洪关于“创业要有服务社会的价值观和踏实的目标”的建议对你有何启示？
2. 如何确定踏实的创业目标？

二、拓展训练

蒙眼障碍

【形式】集体参与。

【时间】45分钟。

【材料】障碍桥、蒙眼布。

【场地】不限。

【应用】团队目标。

【目的】

1. 促进团队成员之间的相互信任。

2. 促进团队成员的沟通与交流。

【程序】

1. 让团队成员两两组队，给每支队伍发一块蒙眼布，每队成员中有一个人要被蒙上眼睛。

2. 安排没有参加游戏的人做监护员。

3. 被蒙上眼睛的队员在同伴的牵引下走上障碍桥，站在起点上，蒙眼队员的同伴后退到各自队友的身后，以简单、明确的口令指挥队友选择合适的路径和方法穿越障碍桥。

【讨论】

1. 你相信团队中的其他成员吗？

2. 怎么做才能实现穿越障碍桥的目标？

【总结与评估】团队要实现目标需要大家的齐心协力，遇到问题一起沟通，一起解决，共同处理，才能打造一个高效率团队。

第四章
大学生创业团队组建的基本模式

学习目的与要求

- 掌握大学生创业团队组建的基本模式
- 掌握不同模式的特点与组建原则
- 了解不同创业团队组建的基本流程

导入案例

从创业大赛走出的“公益创业新青年”

郭昊，北京建筑大学工商管理专业 2015 届毕业生，现为北京安创空间数据研究中心法人代表、理事长兼副主任。北京安创空间数据研究中心是利用非国有资产开设的从事公益事业的民办非企业单位。该中心基于对空间数据的采集、建模、仿真分析，是专业提供行人流安全疏散解决方案、人群组织与设施优化设计、交通基础设施设计与优化方案、密集场所行人流检测技术的交通虚拟现实技术等服务的综合性研究中心。

建平台　重积累　跨学科　创佳绩

2013 年 10 月，在共青团北京建筑大学委员会的支持下，出于对团委工作的热情和情怀，郭昊在大二时创立了北京建筑大学大学生科学技术协会，打造了一个服务大学生创新创业的良好平台，并围绕该平台组织了一大批乐于创新创业的大学生，为后来取得“创青春”全国大学生创业大赛的佳绩打下了坚实的基础。在大学期间，他在做好学生干部的同时，学业也很突出，并多次获得各类奖学金。郭昊注重专业知识的积累并深入学术科技创新活动中，在国内核心期刊发表论文数篇，在学校大学生科学技术协会的平台上积累经验，接触创新创业相关工作并积极投身其中。机会总是留给有准备的人，在机遇到来时，郭昊与土木学院交通系组成团队，在土木学院李之红老师指导下参加 2014 年“创青春”全国大学生创业大赛。团队披荆斩棘，一路闯关，创业计划项目“高密度人流场所安全疏散解决方案”最终在全国决赛中斩获全国银奖，创造了北京建筑大学在全国创业大赛中的历史最好成绩。

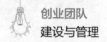

爱公益　乐奉献　学以用　重服务

2014 年 11 月，“创青春”全国大学生创业大赛结束之后，郭昊更认识到“高密度人流场所安全疏散解决方案”项目极其适合公益创业。出于对公益事业的热忱及社会责任感，他决定实践创业竞赛的项目，将就业与创业相结合，扎根公益自主创业，实践公益精神，做到学以致用，服务百姓民生。2015 年 9 月，在多方支持下，刚刚走出校门的郭昊成立了北京市第一家由大学生自主创业成立的研究空间数据并服务于公众安全的科技类民办非企业单位——北京安创空间数据研究中心。中心成立伊始，创业的艰辛使得郭昊深深意识到：创业本就不易，公益创业更是难上加难。只有坚持，挖掘出百姓民生需求，找到正确的切入点，才能使中心有所发展。由此，北京安创空间数据研究中心作为一个先行者，尝试开展了“南锣鼓巷安全屏障”项目，该项目完全从公益角度出发，对南锣鼓巷的建筑保护、文化传承等方面做研究，已经形成了初步成果并报送给北京市相关部门。作为年轻的团队，在情怀和梦想的推动下，在党和政府的关怀与支持下，北京安创空间数据研究中心及郭昊一定会茁壮成长。

(资料来源：http://xww.bucea.edu.cn/jdgs/78794.htm)

青年是国家和民族的希望，创业是推动经济社会发展、改善民生的重要途径。青年学生富有想象力和创造力，是创新创业的有生力量。党的十八大以来，自主创业逐渐成为大学生就业的一种重要方式。大学生创业团队根据组建方式与目的的不同，呈现出不同的团队组建模式，基于不同的组建模式，有的创业团队逐渐成长为企业。

第一节　兴趣小组模式

兴趣小组模式是指在大学校园中以创业实践活动为目标，以服务学生、提高自己为宗旨，由具有共同兴趣、爱好的大学生按照一定组织程序自发组织，通过开展一系列活动来锻炼创业能力、提高就业竞争力、促进和带动全校学生创新创业的学生团体组织，是最初级的创业团队组建模式。

拓展阅读4-1

夏期是 MineFM 的主要创始人。三年前，仅仅是因为觉得“现在的调频广播里广告太多”，他和一群志趣相投的同学利用学校的录音教室，录了第一期有声节目，制成 mp3 文件放到了互联网上。他们没想到这么一件简单、好玩的事情引起了本地媒体的关注，接连几个报道之后，这家“大学生独立网络电台”就火了。

从创办起到2014年5月，MineFM制作并播出了12期节目，集结成“纯粹旅行”系列，在网络广播的圈子里也开始小有名气。因为最初仅仅是兴趣做引，所以他们拒绝了一些找上门来的广告。但由于经济捉襟见肘，夏期和他的小伙伴们时常有“明天也许就要停播”的惶恐。然而，对于夏期来说，比没有钱更可怕的事情是没有梦想。两年来，他一直很迷茫，反复地问自己：我做这件事情究竟是为了什么？可是一直没有答案。2014年5月，电台主创团队成员大学毕业了，各自奔赴他乡，MineFM虽然没有宣布停播，却一直没有制作新的节目，处于停摆状态。

2014年7月，已经步入职场、每天“从早到晚忙成狗”的夏期，发现MineFM 3月份制作的一期节目突然在网上火了！这期名为《纯粹旅行·对话背包客小鹏》的节目，被中国首位职业旅行家、《背包十年》一书作者小鹏在微博上转发后，在荔枝FM网站上的收听率迅速从原本的几千次飙升到20万次，网络排名一天之内从300多名飙升到第1名……然后，有投资人找上门来对夏期说：“我出100万元，买你的电台，你反正自己不干了，不如卖给我。”这是第一次，有人对夏期提出了“买”这个概念。他和主创团队成员沟通之后，大家颇为不舍，觉得这件事情还是可以继续干的。于是，就有了之后许多长沙网友颇为熟悉的“听见长沙”系列节目。节目在网络上播出以后意外爆红，引得投资人纷至沓来，有广电媒体、传媒公司、连锁酒店、KTV，甚至还有建材、家居、食品企业……夏期作为MineFM创始团队的代言人，在接受媒体采访和会见投资人中度过了整个8月。2015年5月，MineFM三岁了，22岁的夏期辞掉了旁人看来非常不错的工作，打算创业。他说：“乔布斯21岁创办了苹果公司，我已经晚了1年。”

MineFM官方网站的标签悄然改成了“MineFM工作室：不止是电台”，这也是夏期创业的方向。他开始招募新的工作伙伴，组建短片工作组，筹备一个互联网公益短视频项目；一个名为“故事交换沙发”的O2O创意，也已经找到了靠谱的合作伙伴；注册公司的事项已经准备就绪，新的公司将在这个月底诞生；新的办公场地也已经选好，很快就要从18平方米的小工作间搬到100多平方米的写字楼；当初一起创办电台的小伙伴，也即将陆续回到长沙一起创业。最重要的是，他已谈妥第一笔风险投资，投资人打算出20万元，作为短视频项目的启动资金，一切，都在悄然变化。

（资料来源：https://www.sohu.com/a/15992607_115052）

像夏期这样从兴趣小组起步组建创业团队的例子越来越多，由此可见，依托兴趣小组进行创业研究与实践被越来越多的有着创业意向的大学生所采用。那么，兴趣小组创业团队该如何组建呢？

一、成员选择

(一) 以专业技能为基础

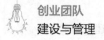

专业是创业的基础资源，也是兴趣小组成员应当具备的基本要素。正所谓“闻道有先后，术业有专攻”，专业如同兴趣小组成立的基石，有了共同的专业知识及专业需求才能在此平台上共筑高楼。当前，高校中的社团主要分为两类：综合社团和专业社团。综合性社团是素质教育的第二课堂，它提供了同学们全面发展自己的机会，如大学生艺术团、文学社等；专业社团是第一课堂的延伸，可以帮助大学生全面了解专业知识及学术研究的前沿动态，如英语协会等，将为大学生的专业学习提供有益的补充。兴趣小组创业团队便隶属于专业社团的范畴，它的学术性与创新性较强，致力于创业实践，意在培养大学生的专业知识及专业素养，促使其能更快、更好地融入该专业领域并灵活地应对复杂多变的职业环境。因此，专业知识是兴趣小组不可缺少的条件，它在根本上指引着兴趣小组的方向。

腾讯公司的主要创始人之一马化腾，毕业于深圳大学计算机系；新东方教育集团创始人俞敏洪，大学时期学习西语；小米科技创始人雷军，毕业于武汉大学计算机系。由此可见，很多创业者的所学专业决定了他们所从事的行业。因此，拥有相关专业学习背景及创业所需专业技能是兴趣小组成员应当具备的基本条件。

(二) 以兴趣为导向

“学问必须合乎自己的兴趣，方才可以得益”，莎士比亚如是说。顾名思义，兴趣小组的建立是以兴趣为导向的。与竞赛团队和科研团队不同，兴趣是兴趣小组组建的重要因素和基础动力，旨在通过建立兴趣小组为大学生搭建一个自主、合作、探究和交流的平台，通过创设与创业有关的一系列活动，让大学生在不断质疑、不断探索、不断交流交互的过程中获得新知；让大学生在了解创业、体验创业的过程中感悟创业的乐趣，充分挖掘大学生的创业潜能，增强大学生的创业信心。

(三) 以技能为依据

很多成功人士的创业经历都不是一帆风顺的，甚至很多人都曾经历过多次创业失败。马云曾在接受采访被问及创业者应当具备哪些要素的时候，曾说：“技能是创业者应当具备的基本要素。”兴趣小组的成立要以技能为依据。一般来说，兴趣小组的人数远少于其他社团组织，但都为该专业的精英。兴趣小组成员的选拔要参照创业人员所需具备的专业能力与职业素养来进行，严格把控入口关，通过基本能力测试，选择一批想创业、能创业、敢创业的大学生来创建团队，为兴趣小组的发展奠定人力资源基础。

二、成员能力

(一) 专业能力

专业能力主要是指创业团队成员具备从事创业领域的工作或者可以处理好创业事项的一种能力。每个职业都需要一定的特殊能力才能胜任。例如，教师必须具备专业的教学能力，总经理必须具备协调管理能力。这种特殊能力可以在每个职业(岗位)的从业过程中学习。具体到创业活动来说，一方面，小组成员应当具备与创业有关的基本能力，能够合理运用知识指导创业团队组建、创业实践等；另一方面，小组成员应当具备与小组所承担的创业项目密切相关的专业知识，将创业与在校专业学习相结合，用专业知识指导创业实践，以创业实践巩固对专业知识的掌握与运用。

(二) 综合能力

选择创业，不仅是对创业者心态的一种挑战，更是对综合能力的考验。创业者在创业过程中会遇到各种各样的问题，某个细节处理不当都有可能导致创业失败，所以创业过程也是个人综合能力不断提升的学习过程，这些综合能力中任何一项的缺失都会阻碍创业团队前进的道路。所谓创业综合能力，实际上就是指创业成员所具备的与创业有关的多种能力。对于创业兴趣小组成员来说，一要具有敏锐的观察能力，只有见多识广，才能开阔创业眼界，有效拉近与成功的距离；二要有实践能力，创业是一个实践过程，小组成员要借助学校创业实训、各种类型的创业大赛等平台，将理论知识转化为创业实践；三要有整合能力，创业过程复杂、流程严密，小组成员要不断地学习、实践，增强资源整合能力，充分依托所学知识、实践经验、校内外资源等，增强自身整合能力。

(三) 创新能力

创新是一个民族进步的灵魂，是一个国家兴旺发达的不竭动力。创新的关键在人才，人才的成长靠教育。创新能力是指在创业实践过程中不断提供具有经济价值、社会价值、生态价值的新思想、新理论、新方法和新发明的能力。如何提高自身的创新能力，从而推动创业实践，便成为创业兴趣小组能够进一步发展的关键。具体来说，一要参加各类创新创业活动，提高自身的创新创业能力；二要加强与专业课教师的沟通，将提升创新素质训练融入平时的专业学习中；三要积极利用学校众创空间提供的服务平台，参加创业实践，增强创新能力。

(四) 自主学习能力

传统课堂中，学生只是教师实施教学计划、完成教学任务的对象，教师是通过学生来实现教学目标的，因此，真正的课堂主体不是学生，学生的学习行为是被动的，无论教师的教学水平如何，学生并不能改变这种教学方式。自主学习是以自我作为学习的主体，通过自己独立地分析、探索、实践、质疑、创造等方法来实现学习目标。小组成员要学会将理论学习与创业实践相结合，让理论学习在创业实践中巩固、升华，进而增进对理论知识的理解与掌握，提高自主学习的意识。同时，通过小组的建立，可形成同学间的帮扶关系，较优秀的同学要在一定程度上帮助暂时落后的同学，形成良好的学风，促进集体间的交流。

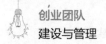

(五) 职业生涯的规划和发展能力

每个人都有自己的职业理想，每个人由于从业经历、教育及家庭环境的不同，职业生涯规划又各不相同。每个人小时候都可能被长辈问到长大了想要做什么？有人说当科学家，有人说当工程师，有人说当飞行员，等等。随着人不断地成长，人的思想也在改变，世界观慢慢地形成了，对世界的看法也有了自己的主张。人只有在世界观成长到一定的阶段，才能对自己想做什么行业或者做什么职业有一个定论。因此，职业生涯规划和发展是指针对个人职业选择的主观和客观因素进行分析与测定，确定个人的奋斗目标并努力实现这一目标的过程。换句话说，兴趣小组成员的职业生涯规划要求根据自身的兴趣、特点，将自己定位在一个最能发挥自己长处的位置，选择最适合发挥自己能力的领域。

三、团队管理

团队管理(team management)指在一个组织中，依成员工作性质、能力组成各种小组，参与组织各项决定并解决某方面问题等，以提高组织生产力和达成组织目标。对兴趣小组的管理主要包括人员管理和活动管理两个方面。

(一) 人员管理

(1) 指导教师。兴趣小组人员基本确定后，当务之急就是要确定指导教师，指导老师可以有一位或者多位，其目的在于对兴趣小组建设初期的管理秩序加以专业指导，从而使兴趣小组平稳度过组建期。对于指导教师的选择，一定要以丰富的专业知识和较强的组织能力为依据，以充分发挥指导教师的作用带动兴趣小组稳定发展为目的，为兴趣小组发展打下基础。

(2) 小组组长。组长是兴趣小组自我管理、自我发展的关键要素，是配合指导教师组织兴趣小组开展活动的实施者。组长主要负责兴趣小组的各项日常工作，包括：招收新的组员，不定期组织成员交流学习大会，邀请老师、专家开展专业讲座，组员日常管理与考核等。

(3) 小组成员。兴趣小组要制定小组考核制度，如果组内成员连续几次考核不合格，就可以考虑将其排除在小组之外。而对于开始没有在兴趣小组中，而后来又有较强烈的愿望想加入的人，如果各方面都符合要求，也可以考虑将其吸收进来。

(二) 活动管理

(1) 提倡和鼓励小组成员积极开展研究性学习，培养学生的创新意识与能力，激发崇尚科学、追求真知、勤奋钻研、锐意创新的热情，比如网站建设兴趣小组可以承担所在组织甚至学院的网站建设及维护工作，进一步增强自身的实践能力。小组的网站建设技术成熟后，可以尝试性地承接校内外的网站建设项目，进行商业洽谈，在锻炼小组成员沟通、交流能力的同时，增强创业实践意识，提高创业实践能力。

(2) 小组要统一制订“创业兴趣小组计划书”，做到定时间、定地点开展活动，认真做好每次活动的文字、图片、实物等资料的收集与归档工作。活动形式要多样，以锻炼小组成员的综合能力、激发组员创业兴趣为主旨。指导教师和组长要依据小组发展实际情况，制定切实可行的兴趣小组考核方案，建立完善的组员考核制度，使成员发展有章可循，促进小组的良性发展。

拓展阅读4-2

南昌学院轻化工程学院创业兴趣小组计划书

一、目标及目的

(一) 目标：端正组员创业态度，增强其通用技能。

(二) 目的：

1. 让组员了解自己是否适合创业，进而坚定组员的创业信念。
2. 学习有关创业方面的知识，了解创业过程中的潜在风险。
3. 在活动过程中，组员通过交流分享彼此为创业所做的准备。
4. 让组员将自己的创业梦想落实到大学生生活实践中。

二、服务对象

资格：西昌学院轻化工程学院大一至大三年级同学。

特点：有创业理想、希望提高创业知识的同学。

三、组织架构

根据年级的不同进行分组管理，使小组工作有条不紊地进行，创业兴趣小组的组织架构如图 4-1 所示。创业兴趣小组设立一个组长，2 名副组长，三个年级分别设立一个分组组长。若组员数量足够多，每个年级内部再自行分组，挑选出小组长。

四、人员管理

为了更好地管理创业兴趣小组，营造组内浓郁的学习氛围，现拟定各管理人员的职责。

(一) 组长

1. 统筹创业组的各项工作；
2. 负责拟订和修改“兴趣小组策划书”；
3. 每学年初期招收新组员；
4. 不定期组织召开组员交流大会；

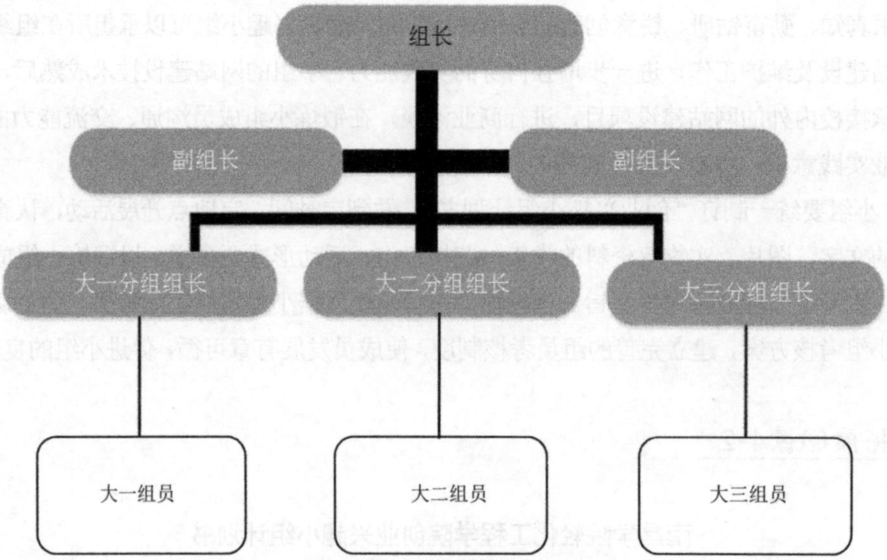

图4-1 创业兴趣小组的组织架构

5. 组织与学生会、团委等部门的交流，邀请老师给组员做讲座；
6. 统筹博客、QQ群以及创业资料的管理工作。

(二) 副组长

1. 协助组长开展各项工作；
2. 分配工作给各分组组长。

(三) 分组组长

1. 根据各年级的特点，自行开展相应年级的创业准备活动；
2. 定期和组长交流本分组的情况，以便召开创业兴趣小组交流大会；
3. 协调各分组的活动，促进小组的和谐发展。

(资料来源：https://wenku.baidu.com/view/32d8a453cd7931b765ce0508763231126edb77b2.html)

四、团队优势

(一) 凝聚力强

凝聚力是指集体或某一社会共同体内部各成员因共同的利益和价值目标结为有机整体的某种聚合力。一个班级如果不能没有凝聚力，就像一盘散沙，这个班级也就没有了它本身的意义。也就是说，班级需要凝聚力，同学们互相帮助，这是凝聚力的一种体现，为了班级去奋斗，也是凝聚力的一种体现。对于兴趣小组创业模式来说亦是如此。兴趣是组建团队的原始动力，小组成员根据同样或相近的兴趣组建团队，权力的配置、归属心理、集体效能感均在共同责任目标上具有统一性，使团队成员具有强烈的归属感和一体性，每个团队成员都能感受到自己是团队当中的一分子，能够把个人目标和团队目标联系在一起。

(二) 能力互补

创业团队的能力互补是指通过组建创业团队来发挥各个创业者的优势，弥补彼此的不足。创业兴趣小组中不同的成员有着不同的性格、不同的专业技能、不同的处事方式等，每个人相互配合，发挥特长，补足短板，可以提高团队整体能力，使每个人的作用最大化。

(三) 经验共享

对于大学生创业而言，缺乏经验是一大障碍。由兴趣小组发展形成的创业团队，不仅可以得到老师的指导和帮助，成员之间的交流与经验分享也有助于个人提高和团队进步的重要优势。同时，团队创业可以更好地集合资金来用于创业初期大量的投入，即使失败或遇到风险也不至于令一人承担过重的责任。

第二节　竞赛项目团队模式

大学生创业计划竞赛发源于美国，又称商业计划竞赛，目的是借助风险投资运作模式，推动大学生创新成果转化。1983 年，美国得克萨斯大学奥斯汀分校举办了首届大学生创业计划竞赛。此后，在此类赛事影响下，一些知名企业得以诞生，如 Excite、Yahoo 等。随后大学生创业竞赛迅速风靡全球，被各国政府和高校效仿。我国的创业竞赛活动最早于 1998 年在清华大学举行。1999 年，由共青团中央、中国科协、全国学联主办，清华大学承办的首届“挑战杯”和讯网中国大学生创业计划竞赛在北京成功举行，开启了该赛事在我国的先河。

一、代表赛事

(一) “挑战杯”创新创业大赛

1999 年，清华大学承办了首届“挑战杯”大学创业计划竞赛。经过 20 年的发展，此项赛事已经成为全国规模最大、最具影响力的大学生创业赛事，被誉为中国大学生创业创新类比赛的奥林匹克盛会，是目前国内大学生创业创新类最热门、最受关注的竞赛。2000 年以来，“挑战杯”被分为两个并列项目：一是“挑战杯”中国大学生创业计划竞赛，另一个则是“挑战杯”全国大学生课外学术科技作品竞赛。这两个项目的全国竞赛轮流开展，每个项目每两年举办一届，是目前最有导向性、示范性和权威代表性的全国竞赛活动。2014 年，团中央对“挑战杯”中国大学生创业计划竞赛的赛事内容进行了调整，名称改为“创青春”全国大学生创业大赛，增加了实践环节，新设了公益创业单项奖。2016 年，“创青春”全国大学生创业大赛下设计划竞赛、实践挑战赛、公益创业赛、MBA 专项赛、电子商务专项赛五类比赛，吸引了全国 2200 余所院校参加，最终从 11 万个项目中产生 399 个获奖项目。

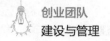

(二) 中国“互联网+”大学生创新创业大赛

2015年，为贯彻落实《国务院办公听关于深化高等学校创新创业教育改革的实施意见》的文件精神，激发高校学生创新创业热情，展示创新创业教育成果，国家教育部组织了一场全国大学生创新创业竞赛盛宴，“互联网+”大学生创新创业大赛应运而生。“互联网+”大学生创新创业大赛在每年6—10月举行，重在创新，旨在以赛促教，把大赛作为深化创新创业教育改革的推动力，引导高校主动服务创新驱动发展人才培养机制，重在提高高校学生的创新精神、创业意识和创新创业能力。

与“挑战杯”相比，“互联网+”大学生创新创业大赛的特点如下。

(1) 参赛对象从全日制学生放宽到毕业5年以内的学生，同时按照参赛项目的发展情况分为创意类和创业类两大类。

(2) 参赛项目主要依托互联网，解决农业、制造业、信息服务业、商务服务、公益创业等六大类问题，参赛团队可以自由选择，精准对接。

(3) 引入社会力量，加大国家部门参与力度，“互联网+”大学生创新创业大赛联合教育部、发改委、中科院等十家单位共同主办，引入教育电视台、高校创新创业教育联盟等多个单位，打造成为全社会参与、各部门联动的全国性创业盛宴。

(4) 后续资源丰富。“互联网+”大学生创新创业大赛依托全国大学生创业服务网，为参赛团队提供项目展示、创业指导、投资对接等服务，利用社会资源，积极促进行业、企业、创投、风投机构与优秀参赛项目对接，提供融资支持和孵化服务，打造“永不落幕”的比赛。

(三) 中国创新创业大赛

中国创新创业大赛是由科技部、财政部、教育部和中华全国工商业联合会共同举办的，以“科技创新，成就大业”为主题的全国性创业比赛。中国创新创业大赛已成功举办五届，秉承“政府主导、公益支持、市场机制”的模式，既有效发挥了政府的统筹引导能力，又最大化聚合、激发了市场活力。中国创新创业大赛虽然也允许学生团队参加，但偏重科技成果产业转化，因此，要求参赛团队拥有科技创新成果，拥有知识产权。中国创新创业大赛更青睐科技型小微企业，相对来说，在校学生参赛优势不大，但高校拥有专利技术的科研人员则有一定优势。中国创新创业大赛在每年6月开始报名，参赛团队要经过初赛、地方赛、国赛三个层面的选拔。中国创新创业大赛由科技部举办，因此，投资资源和奖金设置都是所有全国级赛事中最高的。

当然，目前针对大学生的各级各类创新创业大赛或者科技竞赛越来越丰富，模式越来越多样，为大学生锻炼自我提供了各式各样的平台。

二、团队建设

创业竞赛团队建设是创业竞赛乃至创业成功的保障与关键。创业计划大赛的作品往往都是集体智慧的结晶，在每一届的全国创业类竞赛中都会涌现出一批优秀团队，为创业竞赛项目团队的组建提供可参考和借鉴的经验。一个创业团队要想在创业类竞赛中取得好成绩，首先必须组建一个强有力的竞争团队，需要掌握不同学科知识的成员共同努力。那么，怎样才能组建一个强大的团队？怎样才能管理好一个团队？怎样才能发挥团队的最大优势？是我们应该思考的问题。

(一) 设定目标

一个成功的团队必须有一个明确的目标，不同的人可能有不同的个人目标，有的人是为了得到荣誉和奖项，有的人则是为了在比赛中锻炼自己的能力，增加自己的创业经验，培养创业必须具备的素质。既然组成了一个团队，团队成员必须拥有共同的目标——为团队的成功而努力。

如果团队缺乏统一的目标，可能就会出现很多矛盾，比如有些成员到后期就松懈了，只剩下几个人孤军奋战，这样团队竞争力就显著下降。所以在选队友的时候一定要谨慎，必须选择有共同目标的人作为队友，因此可以看出设立目标对于一个创业竞赛团队的重要性。

获得第十一届“挑战杯”全国大学生课外学术科技作品竞赛特等奖的董晓燃同学说：“我们团队最初的目标就是想通过调查金融危机下的农民工的就业问题，让作为大学生的我们为社会尽到自己的一份责任。”也正是这一目标，使得整个团队在比赛中坚持到最后。

(二) 制订计划

创业竞赛团队必须有一个详细的计划，并把计划落实到每个成员，这样有利于团队参赛有序进行和团队目标的实现。一个团队由谁来领队，团队成员要做什么工作，谁来安排，团队需要多少成员？这些问题在组建团队的时候就应该事前计划好，可以尽量避免比赛后期出问题。

(三) 组织人员

创业竞赛团队成功与否的关键在于人员，因为团队由人组成，确定团队的目标、定位、职权和计划，都是为团队成功奠定基础。

在选队友时一定要注意他们的性格是否能在一起相处，一个创业团队一定要和谐，本来创业就是一个艰苦的过程，需要大家齐心协力，共进退，共同承担责任，如果出现队内不和谐，可能会影响整个团队的士气，降低大家的积极性。

组建团队时，可以借助学校新媒体平台、学校宣传栏等寻找队友，不能仅仅停留在自己的院系或者专业，要走出去，主动与不同专业的同学互相交流，这样才能共建一个优秀的队伍。

(四) 划分职权

参加创业竞赛需要做什么事情？由谁来做？计划书怎么撰写？怎么开展商业实战？每个成员应该承担的责任和享有的职权是什么？这一系列的问题直接关系到团队的目标是否能顺

利实现。因此，必须进行合理的任务分工及职责规划，才能在紧张的比赛中有序地完成各项任务。

(五) 成员选择

一个成功的创业团队必须掌握全面的知识，如科技、营销、管理、法律等知识，一个人不可能具备这么全面的知识，这就需要各个领域的人才聚集到一起，每个人充分发挥自己的专长，共同为团队的成功而努力。

拓展阅读4-3

郑州大学2018年“创青春”全国大学生创业大赛国家银奖团队经验分享

专访人物：2018 年“创青春”全国大学生创业大赛国家银奖得主——“郑州爱山荷文化传媒有限公司”队长，来自郑州大学商学院金融学的 2016 级本科生徐彬。

你觉得团队最需要什么品质和技术的人呢？

徐彬：我认为团队需要的是多方面的综合型的人才，队员人数不必太多。在比赛报名阶段会有一些关于比赛的咨询群、报名群，可以在这些群组中寻找需要的人员组队。当然，如果需要特定方面的队员，也可以到相关院系寻找合适的队员。其实比赛从校级赛到省级赛再到国赛，会不断地淘汰一些队伍，善于从淘汰的队伍里发现人才也很重要。

你是通过什么机遇找到指导老师的？

徐彬：我们团队里有一位商学院的老师是之前一起做调研时认识的，他会对我们进行商业逻辑方面的指导。通过老师的帮助，我们又邀请了行政方面和校外文创传媒方向的老师加入团队。其实大家最先接触的肯定都是自己院系的老师，勇于迈出第一步很重要，老师看到好的项目肯定也会鼓励大家，没必要有心理负担。

比赛过程中遇到过什么困难？最后是怎样克服的？

徐彬：困难非常多，想要参加比赛就必须有思想准备。作为学生团队，学校会有资金支持，但很可能会发生资金紧张的情况，怎么在资金很少甚至没有资金的情况下把项目做得有吸引力，这是很大的挑战。同时，项目也会不断地面临其他挑战。其实在项目已经获得省级特等奖后，我们拿这个项目参加了校级的“互联网 +”，没想到校赛就被淘汰了，这对于我们的自信心来说是很大的冲击，我们也做出了一些反思，重新调整自己的心态。因为要经过很多轮比赛，不同的评委老师会从不同的方向提出问题，有些问题着实把我们难住了。每次了解别人的项目后，就会感觉自己的项目有许多缺点，但还是会彼此鼓励，互相帮助调整心态。

你觉得参加这个比赛最大的收获是什么？

徐彬：收获自然是非常多的，很多东西需要自己亲身去经历才能体会到。我觉得自己最大的收获就是自身吸收了很多新的学科素养，并且自己的专业学科素养也有很大的提升。

（资料来源：https://www.sohu.com/a/312496269_712317）

三、组建意义

（一）提升创业能力

创业竞赛是大学生专业学习的重要延伸和专业实践的重要阵地，为创业者掌握、运用专业知识和技能进行创业实践和开发提供了重要的实践平台。“创青春”全国大学生创业大赛章程中明确指出，竞赛的目的是引导和激励高校学生弘扬时代精神，把握时代脉搏，将所学知识与经济社会发展紧密结合，培养和提高创新、创造、创业的意识和能力，并在此基础上促进高校学生就业创业教育的蓬勃开展，发现和培养一批具有创新思维和创业潜力的优秀人才。因此，通过参加创业类竞赛项目，能够激发学生的学习热情和兴趣，将理论学习自觉转化为专业实践，及时发现理论学习中的薄弱环节，查缺补漏，从而使理论学习与专业实践相互促进。

（二）提高创新能力

创业竞赛的一个重要特点就是具有创新性。竞赛以评选出具备一定的操作性和应用性、良好的市场潜力和社会价值，以及具有良好发展前景的优秀项目为目的，要求参赛团队能够依据选题利用所学专业知识，通过商业运作的方式，运用前期的少量资源撬动外界更广大的资源来解决社会问题，并形成自身可维持的商业模式。学生通过搜集信息、专业学习、思维拓展、思考总结、实践反馈等环节，可以不断提高创新能力。

（三）培养团队意识

新东方联合创始人徐小平先生有一句名言：“创业是九死一生，要有敢死团队。”的确，创业维艰，在创业这条路上，能活到最后、笑到最后的永远都不是一个人，而是一个强大的团队。比如新东方就有俞敏洪、徐小平、王强这“三剑客”，马云有“十八罗汉”，史玉柱有“三个火枪手”……像这样靠团队打天下的例子数不胜数。创业竞赛是一项综合性的创业实践活动，既需要参赛者具有扎实的理论功底、较强的创新能力，又需要参赛者有一定的动手能力和语言表达能力。因此，创业竞赛一般是以团队的形式参与的。在这个过程中，团队成员在性格、兴趣爱好、专业特长等方面能够通过不断的沟通交流得到磨合，成员的团队意识和沟通能力都能得到一定的提高。

第三节　科技研发团队模式

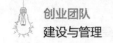

近年来，随着我国支持大学生自主创业政策的不断出台，使得高校学生的自主创业意识有了明显提升，然而我国高校学生的创业成功率不足 5‰。据统计，国内高校每年有大量创新性科研成果产生，但是真正转化为生产力的不足 5%。基于上述现象，我国先后颁布针对性政策措施，将科技研发与转化作为高校发展、促进创业、推动社会进步的重要方式，由此促进我国科研型企业的迅猛发展，使其在国民经济中逐渐占据重要的地位，且在一定程度上影响整个国民经济的发展。

一、相关概念

（一）科研团队

科研团队是一定数量的在知识和能力上互补科研人员，为了实现科研创新目标、承担共同责任而相互协调配合的正式群体。科研团队中，有诸如“两弹一星”科研团队、钱学森“航空航天”科研团队等高端科研团队，也有以专业老师研究项目为依托的由本科生、研究生组成的实验室。

（二）科研型创业团队

科研型创业团队是以技术和智力等为基本特征的新型创业团队，目的是促成由科技研发到成果的转化。2017 年，国家人社部出台《人力资源和社会保障部关于支持和鼓励事业单位专业技术人员创新创业的指导意见》，支持和鼓励事业单位专业技术人员到与本单位业务领域相近的企业、科研机构、高校、社会组织等兼职，或者利用与本人从事专业相关的创业项目在职创办企业，是鼓励事业单位专业技术人员合理利用时间，挖掘创新潜力的重要举措，有助于推动科技成果加快向现实生产力转化。

（三）科研型企业

科研型企业是以技术研发为基础、以技术和智力等为基本特征的新型企业，拥有一个科研型创业团队是科研企业快速成长的根基和动力，科研型创业团队的快速成长对国家和企业有着重要的意义。

二、团队特点

（一）专业支撑

团队成员思维活跃，精力充沛，接受能力、学习能力和创新意识强，经过大学专业知识学习和锻炼，有一定的专利理论基础和实践创新能力，为团队开展创业活动提供重要的专利理论支撑和智力支持。

(二) 创新性强

科研型大学生创业团队是以专业知识、技术和智力等为基本特征的新型创业团队组建模式，专业知识作为知识经济时代的重要生产要素，能够为团队成员的理论学习与创新能力的培养打下坚实的基础。

(三) 专业与技能互补

当前高校学科设置合理且分类广泛，主要致力于培养出具备不同专业知识的技能人才，由大学生群体中专业理论与技能掌握相对完备的人组成的科研型大学生创业团队，对于企业和社会以及大学生自身发展都能起到不可估量的作用。

三、团队发展阶段

(一) 组织引导阶段

科研型创业团队是以专业知识作为载体的，从科研到创业的过渡过程中，团队应当充分利用高校现有资源和条件，接受高质量的创新创业教育，学习创业知识，进行创业实践尝试，引导团队成员由科研向创业的思维转变。

(二) 综合创业阶段

科研型大学生创业团队主要从事技术和产品创新，无论从管理、技术和经验上来说，大学生创业团队都没有优势，容易导致创业失败。科研型大学生创业团队更需要学校和企业的支持，有必要引入企业管理、技术人员和专职高校创业教育指导教师组成的“双导师组”，对创业过程提供指导和帮助。

(三) 团队再造阶段

科研型大学生创业团队要更多地关注知识管理，在知识获取、知识扩散以及知识转化过程中运用管理理论和管理经验达到创业团队再造，构建学习型团队，使队员接受团队学习、全过程学习、全员学习、终身学习的理念，通过不断学习使整个团队的综合素质得到提高、应变能力得以提升，最终实现团队的可持续发展，从而实现创业团队的再造。科研型大学生创业团队成员之间知识相互协同、资源共享、优劣互补，可以弥补个体知识不足的缺陷，如果构建起知识网络平台，将极大促进知识流动和共享，加之深远聚集效应更能吸引各类人才加盟，能够为创业团队再造提供充足人力支持。

拓展阅读4-4

从实验室走出来的创业者

2008 年，黑龙江大学通信工程专业的大二学生郑涵已经和同学一起组建了自己的研发实验室，这在当时学校的历史上还是头一次。说起这次组建经历，郑涵很是怀念："之前就想过建一个学生自己的实验室，只是一直没有机会，后来由于参加'美新杯'，将我们这些热爱电子的人聚集到了一起，才有了这次机会。"

郑涵参加过两届"美新杯"中国大学生物联网创新创业大赛，并在第二次参赛时获得了特等奖，这也为他之后的创业之路埋下了伏笔。"当时通过报道得知，某一届'美新杯'的一等奖得主创业了，很是羡慕，我就想他们可以，为什么我们不可以呢？"

就这样，2009 年 9 月，才上大三的郑涵在黑龙江大学创业科技园创办了"哈尔滨金泰科技开发有限公司"，开始了他的创业之路。公司成立之初，最大的困难就是拉不到项目，没有收入。在问及那段经历时，郑涵却很看得开："虽然很难，但这太正常了，这几乎是每个人在创业之初都会经历的。"后来，在老师的帮助下，郑涵和他的团队接到了创业以来的第一个项目。"项目不大，大约 20 万元，这个项目做下来，我们基本不挣钱。"郑涵回忆道。

随着毕业的来临，郑涵将公司搬到了哈尔滨松北区的一栋办公楼里，此时的公司已经渐入佳境，逐渐在东北地区立住了脚。然而，随着事业的发展，郑涵渐渐察觉到了其中的局限性，由于地理位置的缘故，他们在投标过程中有诸多不便，甚至连采购材料的价格都高于市场价。"不仅如此，最大的问题还是招不到人才，尤其是顶尖的人才。"郑涵如是说。

再三考虑之后，郑涵决定进军北京，拓展全国市场。2014 年 11 月，美斯迪科技公司在北京成立。几经努力，公司在大型展示空间的多媒体总体策划设计实施、新型多媒体互动展示技术的研发与应用等领域积累了丰富的行业经验。美斯迪科技作为互动多媒体行业展示专家，相继在哈尔滨、北京等地设立分支机构、研发基地和专项事业部。

谈起创业感悟，郑涵这个从"实验室走出来的"大男孩的看法与其他人略有不同，他表示创业要理智，不要随波逐流，不能赶热潮，一定要想清楚，创业不是一时的头脑发热。此外，郑涵十分重视学习，在谈及自己当时在校创业的经历时，他回忆道："虽然当时很忙，但是大学四年各科成绩都不错。"说起大学时期的遗憾，郑涵认为主要是学校里其他专业的名师课程听的少，还有就是图书馆去得少。"我现在每天晚上都看一段时间书，但是心境已经和学生时代不一样了。"

(资料来源：http://www.chinadaily.com.cn/micro-reading/interface_zaker/2015-07-05/13928465.html)

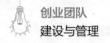

四、提高科研团队创业能力的途径

(一) 申报创业项目

目前，国家不断推出面向大学生的创业类项目，主要包括国家或省级大学生创业项目、“互联网+”创新创业大赛和“挑战杯”全国大学生创业大赛等。上述类别的项目申报过程中，如果以学生个人为单位进行申报，申报项目一旦不成熟，容易造成审批概率相对较低的问题。面对此种问题，如果创业团队依托合适的科研项目，以科研项目为基础，既有理论支撑又有硬件保障，不仅可以将科学研究应用于实践，还能提高创业项目的孵化成功率。在导师指导下，团队中每个学生在项目申报过程中扮演一个或多个具体的角色，完成编制商业计划书、开展可行性研究、模拟企业运行、参加企业实践、撰写创业报告等工作。

(二) 将学生参与科研项目纳入学生创业实训平台建设范畴

团队成员在参与科研项目的过程中会参加各种学术性会议与高端论坛等，使成员迅速了解本专业研究领域的国内外研究现状和发展趋势及科技成果转化情况、社会应用程度。同时，团队成员能够接触更多的校企合作项目，较早地接触企业需求，了解企业的研发模式和运营模式，为自身的创业做好铺垫。可见，科研项目的培养模式是精工实习、生产实习、认识实习、毕业实习等各种实训平台的有益补充，更是联系学生和企业的重要纽带。

第四节 创业拼凑模式

一、创业拼凑模式起源

国外著名学者 Baker(2005)最早在创业理论研究中提出了“创业拼凑”这一概念，为创业者的资源配置的研究增加了“合理性”原则，使创业资源配置领域的理论研究更加具有实际意义。具体而言，控制现有资源并对这些资源用途的重新评估能够深化对所拥有资源潜力的认知，提升易取资源的价值。

Klerk(2015)对新兴产业创业者的创业行为和拼凑行为进行研究，指出创业者或创业团队通过合作拼凑来为自己长期的发展提供保障。合作拼凑是指一种关系，人们彼此合作创造最大可能，但是超越了完成某一具体项目所需工作的短期目标。合作拼凑的关系包括战略上长期的愿景。

二、创业拼凑模式的定义

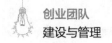

人们常说的拼凑就是把零散的东西集合在一起，创业拼凑从专业角度来解释就是将机会与现有资源相结合起来的桥梁，具有控制现有资源、行动及时性、有方法的资源重组的主要特点。换言之，创业拼凑便是把创业所需的要素全都集合在一起。创业拼凑分为全面性拼凑与选择性拼凑。所谓全面拼凑，是指创业者在物质资源、人力资源、技术资源、制度规范和顾客市场等诸多方面长期使用拼凑方法，在企业现金流步入稳定后依然没有停止拼凑的行为。选择性拼凑，顾名思义，是指创业者在拼凑行为上有一定的选择性，有所为，有所不为。

迅雷早期创业历程是选择性拼凑的一个典型案例。2002 年，迅雷创始人程浩和邹胜龙共同创业，不久公司陷入困境，两人商量转型。程浩发现，在互联网 5 大应用——门户、邮箱、搜索、即时通信、下载中，唯独下载没有主流提供商，但对于大容量文件，例如电影、网络游戏，用户发现后必须有下载的过程。于是程浩和邹胜龙决定研发迅雷。迅雷采用基于网格原理的多资源超线程技术，下载速度奇快。为了使产品能以最快的速度发布，程浩在研发过程中放弃了对产品其他各种细节的考究，只关注目标消费者最关心的特性。早期版本虽然漏洞不断，但凭借速度优势，迅雷在市场上抓住了先机。

产品发布是一回事，有没有用户使用是另一回事。2004 年，程浩找到金山软件总裁雷军。此时迅雷没有名气，雷军只是给了他一次测试的机会。测试显示，迅雷的下载速度是其他工具的 20 倍。于是，金山同意推荐其游戏用户使用迅雷免费下载其热门游戏的客户端软件。获得金山的认同后，迅雷迅速和其他网络游戏厂商达成协议。一两个月后，迅雷的新增用户量就由每天不到三百增加到一万多。半年时间，迅雷拥有了 300 万用户，其中 95%由网游合作伙伴带来。有了可观的用户群后，迅雷很快通过广告、软件捆绑、无线、按效果付费的竞价排名广告等渠道获得了收支平衡。随即，迅雷不断推出升级版本修正软件漏洞。

在这个例子中，一款不完善的产品获得了用户和合作伙伴的认同，企业充分发挥其速度优势，并在后续的工作中弥补产品不足。如果创业者拘泥于产品本身，也许会丧失技术上的先发优势。迅雷和金山的合作也不是买卖的关系，双方的资源通过新的整合获得更多价值：金山需要一个快速下载工具让它的用户更方便地获得软件客户端；迅雷借助金山的名气找到更多用户，下载者也并不需要因此付出费用。金山通过出售游戏内容找到盈利模式；迅雷因其流量获得其他客户的广告收入。迅雷的做法不失为一种成功的创造性拼凑行为。

现实企业界中，很多新企业都是在资源极度贫乏的制约下挣扎产生的，于是白手起家、因地制宜的故事层出不穷。创业者通常利用手边能够找到的一切资源——尽管这些资源的质量也许不是最好的——去构建梦想中的企业帝国的雏形。有许多耳熟能详的例子，如惠普和苹果从车库中诞生，吉利用榔头敲出第一辆汽车。

三、创业资源分类

马克思在《资本论》中说:“劳动和土地,是财富两个原始的形成要素。”恩格斯说:“其实,劳动和自然界在一起才是一切财富的源泉,自然界为劳动提供材料,劳动把材料转变为财富。”据此,资源指的是一切可被人类开发和利用的物质、能量和信息的总称,它广泛地存在于自然界和人类社会中,是一种自然存在物或能够给人类带来财富的财富。对于创业来说,按照资源要素对企业发展过程的参与程度,大学生创业资源可以分为直接资源和间接资源。直接资源主要包括物质资源、资金资源、市场资源、管理资源和人力资源等;间接资源主要包括社会资源、信息资源和技术资源等。

(一) 直接资源

(1) 物质资源:物质资源是创业团队组建及运行的物质基础,分为内在物质资源与外在物质资源。

(2) 资金资源:资金资源指创业者进行创业时,全部的资本来源。当前,国家对大学生创业进行专项资金支持,创业的资金来源主要包括:创业者自筹;申请小额创业贷款;企业资助;参加创业比赛获得资助支持,比如参加大学生创业计划竞赛等。

(3) 市场资源:市场资源指企业所控制或拥有的与市场密切相关的资源要素,主要包括客户资源、营销资源、市场人脉关系等。

(4) 管理资源:管理资源是一种能把潜在生产力转化为现实生产力的无形资源,主要包括管理人才资源、管理组织资源、管理技术资源、管理信息资源。

(5) 人力资源:人力资源的广义定义为一个社会具有智力劳动能力和体力劳动能力的人的总和,包括数量和质量两个方面;而狭义的定义为组织所拥有的用以制造产品和提供服务的人力。

(二) 间接资源

(1) 社会资源:社会资源是为了应对需要,满足需求,所有能提供且足以转化为具体服务内涵的客体,分为有形资源和无形资源两种。例如国家出台的支持大学生创业的政策与制度都属于社会资源。

(2) 信息资源:信息资源指的是信息活动中各种要素的总称。要素包括信息、信息技术,以及相应的设备、资金和人等。创业信息资源包括团队组建及企业创建过程中的信息总和。

(3) 技术资源:技术资源包括两个方面,其一是与解决实际问题有关的软件方面的知识;其二是为解决这些实际问题而使用的设备、工具等硬件方面的知识。

四、团队组建与管理

当前,大学生创业热情高涨,但由于大学生创业经验不足以及创业资源匮乏,很多大学生创业以失败而告终。因此，对于大学生创业来说，面对创业资源相对匮乏的现状，应当对身边的创业资源进行合理拼凑及管理利用，使有限的资源发挥出最大的效用。

(一) 创业拼凑方法

(1) 寻找式资源整合,这主要是团队创业初期采用的资源整合方法。创业团队应当结合自身需要，分析团队创业初期所需资源及存在的不足，制定创业初期资源整合方案，并以此为依据通过多种渠道积极寻找创业资源，为创业团队的组建服务。

(2) 累积式资源整合,这主要是团队创业中期采用的资源整合方法。在企业初创及团队组建发展过程中，根据团队发展需求及企业成型需要，对当前团队所拥有的创业资源进行二次整合、分析，进一步了解团队创建及企业发展过程中的资源需求，充分发挥资源的最大效能，达到物尽其用的效果。

(3) 开拓式资源整合,这主要是企业取得初步发展之后采用的资源整合方法。此时，创业团队及创业项目运营已相对成熟，处于为创业项目寻找新的增长点的创新性阶段。

(二) 创业资源的科学管理

对于一个新的创业团队，合理配置人力资源的数量与质量是创业资源合理利用的关键，否则就有可能造成人员冗多或人手短缺，这样势必会造成创业成本的增加、工作效率的降低，甚至会使创业夭折。因此，科学管理创业资源尤为重要。

(1) 对现有创业资源进行优化配置。创业者需要对创业资源进行分类、整合并排序，要明确不同创业阶段所需要的创业资源是什么，从而做到重点突出，资源利用合理、有序。

(2) 在创业团队组建及创业过程中，要对资源进行合理分配和管理，在对重点资源进行合理利用的同时，要做到未雨绸缪，考虑创业项目还缺乏哪些资源，充分做好预案，使不同资源在不同阶段实现合理、有效地配置及使用。

第五节　准企业模式

一、相关概念

(一) 企业模式

企业模式是指以营利为目的，运用各种生产要素(土地、劳动力、资本、技术和企业家才能等)，向市场提供商品或服务，实行自主经营、自负盈亏、独立核算的法人或其他社会经济组织的商业模式。

(二) 企业管理模式

企业管理模式是指在较长的实践过程中，企业逐步形成并在一定时期内基本固定下来的一系列管理制度、规章、程序、结构和方法。为适应经济和社会及企业的发展，企业的管理模式也不断调整和改变。在不同国家、同一国家的不同企业里，企业管理模式均存在着社会背景的不同和企业规模、技术构成、产品特点、生产方式、组织结构、职工构成、领导作风、企业传统的不同。

(三) 企业经营模式

企业经营模式是企业根据企业的经营宗旨，为实现企业所确认的价值定位所采取某一类方式、方法的总称，其中包括企业为实现价值定位所规定的业务范围，企业在产业链的位置，以及在这样的定位下实现价值的方式和方法。由此可以看出，经营模式是企业对市场做出反应的一种范式，这种范式在特定的环境下是有效的。

(四) 准企业模式

准企业模式是指有着共同创业理想的大学生，在其价值观、创业目标基本一致的前提下，把握商业机会，按照企业模式，以营利为目的，形成团队来创建和领导企业的创业模式。受益于当前国家政策的支持与创业的良好环境，越来越多的大学生创业团队逐渐走向成熟与成功。

拓展阅读4-5

南京邮电大学大二学生陈峰伟正在仙林大学城内建一个500平方米的IT卖场，这个名为“华盛电器”的大卖场将投入300万元，所有投资都来源于陈峰伟个人的投入和融资。目前，这个由大学生自己投资、自己策划，甚至连所有工作人员都是大学生的企业已经完成了工商注册，预计明年年初开业。虽然南京家电业巨头云集，但陈峰伟这个年轻人已经把竞争对手锁定为苏宁、五星等巨头。“第一年的销售目标是4000万元，5年后，我希望能达到2亿元，抢到仙林地区80%的市场份额。”

陈峰伟在同学眼中是个能人，来南京不过一年半时间，却一直没有停止自己的创业之路。他自称卖过图书、卖过手机。在新生军训时，学校只发了衣服，却没配鞋子，他立即从外面购进鞋子向新生推销。今年暑假，陈峰伟先到太平洋建设集团实习，回到河南老家后又做起了一些高校的招生代理，“我两个星期就赚了两万元”。陈峰伟的声音里透着些许自豪。陈峰伟最早接触IT销售也是在大学中，除了向同学们推销手机、MP3等IT产品外，他还在仙林大学城的各个学校内发展代理，有的学生代理一天就能卖出两部手机。陈峰伟没有透露自己在校一年半到底靠这些方式赚到了多少钱，但他称此次华盛电器注册的 30 万元资本全部来自于自己的资金。在向同学们推销手机和其他数码产品时，他发现了巨大的商机：仙林地区有 12 万大学生，却没有一个专售数码、手机产品的店铺。“仙林地区手机、笔记本电脑和数码产品的年市场份额达 3.6 亿元之巨，每天仅手机就产生 300 部的需求。”陈峰伟称这一结论来自他组织的 3 次市场调研。陈峰伟向大学生们做的另一个问卷调查的题目是：如果我在仙林开一个大卖场，你会不会来我这边买？70%学生的答案是“不会”，他们选择如苏宁、国美这样的大店，一部分会选择去珠江路，在问卷上选择到他店里去买的占 18%。但这 18%也给了他很大的刺激，3.6 亿元市场总需求的 18%就是 6400 万元，陈峰伟决定动手，开这个大卖场。

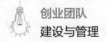

陈峰伟称，华盛电器所需的数十名员工已经招聘完毕，全是来自仙林地区各高校的大学生。“核心管理团队 4～5 人，有南邮也有其他高校的学生。”陈峰伟称伙伴们都是各校的创业主力，也有本校的院学生会主席。基层员工则以按时计费为主，每小时 3～5 元，陈峰伟称华盛电器的启动资金全靠自己，没向家里要一分钱，家里甚至还不知道他在做这事。“其他的钱，我主要是在融资，就是向一些企业借贷。”他称自己不久前获得了江苏一家知名企业的担保，已成功从北京一家企业获得融资，但他没有透露具体数额，只称正逐步到位。华盛电器总投资为 300 万元，其中 200 万元为流动资金。“我们已经与海尔、TCL、诺基亚等 10 多个厂商达成了协议，广东一带生产 MP3 的企业也已经同意免费铺货进场。”

(资料来源：http://m.njupt.edu.cn/2012/0103/c231a99789/page.htm)

二、需求分析

(一) 建立共同的创业目标

建立共同的创业目标是大学生创业团队能够长期生存和发展的首要条件。大学生创业团队组建及创业项目孵化直至发展的过程当中，由于创业经验和创业资源的不足，很容易出现难以预料的困难和挑战。因此，在团队创建过程中，应当明确团队的目标，使创业方向与创业目标相统一，不断增强团队抵御风险的能力。

(二) 形成高认同度的团队文化

团队文化是指团队成员在相互合作的过程中，为实现各自的人生价值，并为完成团队共同目标而形成的一种潜意识文化。团队文化是社会文化与团队长期形成的传统文化观念的产物，包含价值观、最高目标、行为准则、管理制度、道德风尚等内容。团队文化以全体员工为工作对象，通过宣传、教育、培训和文化娱乐、交心联谊等方式，最大限度地统一员工意志，规范员工行为，凝聚员工力量，为团队总目标服务。大学生准企业模式团队创建初期必须经过不断地学习和实践，凝聚创业共识，形成积极向上、充满活力、凝聚力量、与团队目标高度契合的企业文化，促进创业团队及企业的长足发展。

华为非常崇尚“狼性文化”，认为狼是企业学习的榜样，要向狼学习“狼性”，狼性永远不会过时。作为最重要的团队精神之一，华为的“狼性文化”可以用这样的几个词语来概括：学习、创新、获益、团结。用狼性文化来解释，学习和创新代表敏锐的嗅觉，获益代表进攻精神，而团结代表群体奋斗精神。

戴尔企业文化——戴尔灵魂：客户第一、戴尔团队、直接关系、全球公民、致胜精神。它描述了戴尔是一个怎么样的公司，它是戴尔服务全球客户的行为准则，它也最终成为戴尔“致胜文化”的基础。在戴尔，管理层与员工之间建立一种直接互动、开诚布公的交流关系，以便悉心听取员工的反馈，不断完善管理，从而为公司在市场上的获胜打下坚实的基础。

(三) 使职位安排与性格和能力相匹配

创业初期的团队成员需分别承担首席执行官、产品经理、销售总监、财务总监等职务。团队成员在性格特点、专业背景、学习能力、知识结构、管理能力等方面各有特长，这就需要根据成员自身特点为其分配岗位，从而达到人尽其才的效果。

(四) 为团队协作创造条件

团队协作能力是指建立在团队的基础之上，发挥团队精神、互补互助以达到团队最大工作效率的能力。对于团队的成员来说，不仅要有个人能力，更需要有在不同的位置上各尽所能、与其他成员协调合作的能力。

三、组建要素

(一) 合理构建创业团队

团队成员主要分为领导成员及非领导成员两类。创业团队的领导成员既要具备创业的专业能力，又要具备人员统筹协调的管理能力，在团队中起到平衡和协调的重要作用，能够兼容并蓄，合理利用不同的人员与资源；团队中的非领导成员应当具备创业的基本技能，具有自身专长，同时还应当拥有创新意识和能力，将自己视为团队重要组成部分，具有奉献精神，能够为了团队的组建与发展而做出个人牺牲。创业团队的组建过程中，成员的选择除依据自身能力及创业需求外，还应当充分考虑成员的性格的兼容性与创业能力的差异性。因此，这就需要创业团队的发起人在平时细心观察，根据日常的交往状况判定其性格、人品和能力。在企业发展过程中，根据企业的需要，也要采用高薪或情感攻势等方法挖掘或者留住企业必须的人才。

(二) 构建合适的创业团队制度体系

当前，高校环境相对宽松自由，由于大学生没有经历过社会的洗礼和严苛的企业制度约束，部分大学生存在自律能力不强、自制性差等问题，从而容易对创业团队的组建甚至团队运营效率造成严重的影响，降低了整个团队的运行效率。因此，应当依据团队实际需求及发展需要，构建合理的团队制度体系，对团队成员进行约束与激励，使团队成员形成良好的自律观念，为创业活动的良性发展奠定基础。

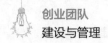

团队制度体系主要包括了团队的管理制度和激励制度。管理制度是对一定的管理机制、管理原则、管理方法及管理机构设置的规范，是实施一定的管理行为的依据，是社会再生产过程顺利进行的保证。合理的管理制度可以简化管理过程，提高管理效率。激励机制是指通过特定的方法与管理体系，将员工对组织及工作的承诺最大化的过程。激励机制是在组织系统中，激励主体系统运用多种激励手段并使之规范化和相对固定化，而与激励客体相互作用、相互制约的结构、方式、关系及演变规律的总和。激励包括精神激励、薪酬激励、荣誉激励、工作激励。创业团队制度体系的创建主要遵循以下原则。

(1) 支持原则：团队成员之间寻求和提供协助与支持；

(2) 沟通原则：团队成员准确、及时的信息交换；

(3) 协调原则：团队成员根据团队绩效要求整合个人行动；

(4) 反馈原则：团队成员之间对他人的绩效提供、寻求并接受建议和信息；

(5) 监控原则：团队成员观察他人的规则，在必要时提供反馈和支持；

(6) 团队领导原则：对团队成员的组织、指导和支持；

(7) 团队导向原则：团队成员对团队规则、默契、凝聚力、文化等的认同和支持。

(三) 明确创业目标

创业不是盲目行为，而是在深思熟虑、考察调研的基础上进行的。创业团队组建完成并进入创业的实质阶段后，团队成员必须在充分的市场调研基础上发现创业商机。同时，应当对创业相关产业进行深入分析，确定行业规则和技术，了解行业信息，最终确定创业目标及方向。创业团队的创业目标包括企业的发展前景、业绩预期、总体规划等。

(四) 制订相应的创业计划

创业计划就是创业的战略规划，包含创业定位、营销计划、财务计划、组织管理等，它引导着创业者朝着拟订的方向奋斗。创业的总体目标确定之后，为了激励团队最终实现预期目标，可以将总目标进行分解，根据不同的发展阶段，细化形成子目标，并根据子目标，结合创业企业的实际状况和市场的现状制订详细的创业计划。创业团队只有做好了创业计划，才能使团队成员知道该做什么，怎么做，从而完成每一个阶段性任务。

本章小结

高校学生自主创业是深化高等教育教学改革，培养学生创新精神和实践能力的重要途径；是落实以创业带动就业，促进高校毕业生充分就业的重要措施。在大众创业、万众创新的热潮中，大学生作为受教育程度较高的社会群体，是创业的“生力军”，要根据自身特点，充分了解创业团队的运行机制和组建与管理方法，积极研究并大胆尝试组建创业团队，充分发挥高校自身的突出优势，努力成为社会创业的中坚力量。

复习思考题

一、案例分析

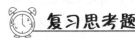

装修学生宿舍有市场 大学生做起宿舍家居生意

在这样一个强调个性的时代，大学生无疑是当中最具代表性的，他们并不满足于单调和平淡的生活，从吃、穿到住、行都要体现自己的个性，就连千篇一律的大学宿舍，也被一个个“牛人”改造成了功能齐全兼具美观的“秘密基地”。各种“最牛宿舍改造”的帖子也被他们在网上疯传。哪里有市场，哪里就有商机。有这么一群广东外语外贸大学的大学生看到了“宿舍家居”的潜在市场，针对大学生宿舍改造做起了宿舍家居的电商项目。

创业故事

大学生宿舍应该更有生活味道

打开 Dormi 的网页，清新的网页设计马上就吸引了眼球。Dormi 是由几个广东外语外贸大学的学生共同创办的宿舍家居区域性电商。创始人余梓熔对记者说，Dormi 的意思就是“dormitory and I”，即“宿舍与我”之意，主要的消费群体是在校大学生，主要是为广州大学城的在校大学生提供宿舍家居、装饰用品等服务。

装修宿舍带来市场

余梓熔对记者说，去年 5 月份的时候，他和几个同学出于相同的兴趣运营了这个创业项目。而他们几个人的共同点就是喜欢捯饬自己的宿舍，有的人因为抽奖得到了一个鱼缸就在宿舍养起了鱼；有人因为有那么点“考据癖”而把宿舍的书架填得很满；有人因为喜欢周杰伦所以将宿舍桌面的每个角落都放满了 CD。余梓熔说，“在 Dormi 的概念里，大学生活应该更有生活的味道，不是中学的三点一线，宿舍也不再是只剩下门牌和方位来标识，它是属于自己的小天地”。

仔细琢磨后，他们发现同样不愿趋于平凡而有装饰自己宿舍想法的大学生并不在少数，这个市场充满了商机，于是几个志同道合的人就办起了这样一个平台。他们的初衷是“不希望被格式化和快节奏淹没”，让宿舍有一种家的归属感，这或许有些理想化，但并非不可实现。

8人小组各有分工

最初的团队里有 8 个人，他们分别来自不同专业，有学国际贸易的，也有学计算机的。他们针对大学生的喜好，建立了一个颇具小清新风格的简洁而有趣的网站，在上面放上自己的货品和宿舍家居的设计方案。他们的货品主要以一些组合式的简易家居为主，如组合式收纳盒、书架、相框、宿舍床门帘等，这些产品的特征就是满足宿舍空间狭小的特点，最大限度地利用这些组合家居打造出简洁、实用又美观的宿舍环境。这些货品大多是团队中的成员从批发市场中精挑细选而来的。余梓熔说，除了广州市内，他也去到过佛山、东莞等地去寻找货源。

余梓熔介绍，他们主要的目标消费群体是广州大学城内的在校学生。广州大学城位于广州番禺区新造镇小谷围岛及其南岸地区，总共入住了广东省 10 所高校，在这个不到 18 平方千米的区域内生活着近 20 万在校大学生。而大学城内的学生购买 Dormi 的产品后，Dormi 还提供相应的免费送货上门服务。送货的工作由团队成员承担，同时与快递公司合作，由于大学城的区域相对较小，这部分的成本也并不高。

每月都有一笔收入

经过一段时间的发展，Dormi 在学生中也获得了不少的支持。在网站流量很难达到预期的情况下，他们在网购平台上开了一间网店，这对销售情况有很大的提升，尽管目前项目整体还未能盈利，但网店发展起来之后每个月都能有一笔收入。

和许多大学生创业一样，Dormi 的团队也遭遇到了毕业这个坎，由于团队成员都到了大四的阶段，一部分人决定选择先就业，Dormi 这个项目目前不得不面临一个搁置的阶段。不过，余梓熔对宿舍家居的未来充满信心，他觉得目前又多了类似微信商城这种移动互联网方面的创业机会，在对项目进行一定调整后，认为今后应该还有其他机会。

创业思维

抓住学生创业的身份和地域优势

“伟大的事业都有一个微小的起点”，就像 Facebook 始于哈佛校园的一个学生社交网络，“饿了么”也是起源于上海交大的一个针对校园的外送订餐网络，大学生基于校园的创业思维从不缺少成功的案例。Dormi 也是源于校园的创业项目，学生的身份和大学城这样一个相对人口密集且面积不大的区域，给校园创业提供了不少优势。

抓住市场空缺

就记者的观察来看，尽管家居行业满足了不同人的需求，但针对学生群体的宿舍家居在目前广州的市场上尚属空缺，而宿舍环境相对比较特殊，能够满足学生需求的产品并不多。许多学生发现，校园里的超市尽管有不少符合宿舍环境的家居产品，但又不够美观和个性化，如果需要购买美观的产品，又不得不到市区购买，成本很高。例如广州大学城的学生要到宜家去购买家居产品单程至少需要 1 个小时，因此，Dormi 尽管定价并不能算是低廉，但具有地域上的接近性，且产品较区域内的竞争对手更加美观和实用，使得他们能够获得自己的市场。

另外，大学生创业除了缺乏经验，资金也比较缺乏。在学校里，通过参加学校组织的创业大赛，一定程度上能够帮助团队缓解资金上的困难，就如“饿了么”就曾通过参加创业大赛来筹得启动资金。Dormi 也参加了学校组织的创业大赛，并获得了相应的奖项和奖金。

贴近目标群体

余梓熔对记者说，Dormi 最大的竞争优势就是对学生群体的需求和消费心理的了解。他们自己就是学生，因此懂得学生在装饰自己宿舍时遇到的困难。例如很多家居卖场或者网店并没有提供与宿舍相适配的产品，特别是宿舍空间狭小、床位宽度较窄、桌面的空间也不够多，这些特殊要求使得学生在选择宿舍用品的时候不得不花费大量的精力进行搜索，并且收获甚小。Dormi 则切入了这个市场空白点，提供与宿舍相适配的产品，并提供相应的组合设计方案，甚至成员亲自送货上门，通过这些较为细微的产品体验，很容易就能够获得学生的欢迎。

借助校园人际传播

Dormi 也积极地利用学校组织的“宿舍装饰大赛”和“交换空间计划”等项目，与学生合作参与这些校园活动，通过学生之间的口耳相传，从而达到口碑传播的目的。他们也在微博上进行推广，设计一些与产品相关的话题进行话题传播。不少学生在购买他们的产品后会自觉地到微博上晒单，这也一定程度上帮助他们的品牌做了推广。不过比较遗憾的是，微博传播的效果不太理想，由于推广时恰逢微博的衰退时期，所以微博推广不如预期。

(资料来源：https://www.sohu.com/a/132061880_355090)

思考：

1. 案例中成功创业的要素有哪些？
2. 你认为创业起步阶段最重要的环节是什么？

二、拓展训练

写给团队的一封信

【形式】集体参与。

【时间】约 40 分钟。

【材料】纸、笔和信封。

【场地】不限。

【应用】团队沟通。

【目的】

1. 成员对团队的实力和发展机会的认识。
2. 成员的需要。
3. 成员如何看待自己的个人贡献。

【程序】

1. 介绍游戏。主持人可以说：“为了团队的发展，公开我们的实力和发展机会是十分必要的。我希望你们每个人都给团队写一封信。”向参与者说明，主持人将会收上每个人写的信，并且把信大声读出来。

注：预先决定是否在读信时公开作者的姓名。如果信中有任何关于团队气氛、信任的问题

或个人自我宽慰的内容，就隐匿作者姓名。

2. 给参与者 10～15 分钟的时间写信。强调不用着急，应该仔细思考后再提笔。

3. 让参与者把信折好，装进信封。

4. 大声地把信读出来，并将要点写在有如下标题的挂纸上：团队实力、发展机会、成员贡献。

5. 认识团队的实力。

6. 讨论团队的发展机会。

7. 引导团队总结出为抓住机会发展而应付出的行动。

【讨论】你们认为这种沟通的方法如何？

【总结与评估】这个游戏可用于促使成员更好地了解队友们的需要以及他们对团队的认识，如团队的实力和发展机会，也可作为团队建设的一部分，收集成员关于团队的实力、发展前景和存在问题的认识，以及收集成员对自己所做贡献的认识。创业团队领导者可以根据此信息来规划团队的建设工作。

第五章
大学生创业团队组织结构设计

学习目的与要求

- 了解组织结构的概念和组织结构设计的基本原则
- 掌握职能型组织结构、事业部组织结构、矩阵式组织结构及虚拟组织结构的典型示例
- 了解职能型组织结构、事业部组织结构、矩阵式组织结构及虚拟组织结构的优点、缺点和适用条件

导入案例

美的集团组织结构的演变

美的集团创立几十年来，经历了非常频繁的组织结构变革。每一次组织转型，基本上都是与当时企业的外部经济环境、内部战略规划相匹配的。美的集团组织结构演变包括四个阶段，即创业阶段、主导业务阶段、业务增长阶段和高速发展阶段。

美的集团一直在顺应发展的需要做出相应的变化，试图寻找到最适合企业发展的战略，从变更主营产品、推出主导产品，再到相关多元化战略和进入客车、房地产、水电站建设等不相关多元化项目，美的集团一直在进行战略调整。相应地，为了配合主体战略和外部环境的变化，美的集团组织结构也从松散无形式、直线结构、直线职能结构、事业部制职能结构发展到事业部制改造结构，对下属企业部门进行不断的合并或拆分，使得组织结构有利于企业经营。可以看到，“革自己的命”存在于美的集团的企业基因中。

美的集团在小工厂时期，企业处于起步阶段，组织结构较为简单，企业内部尚未出现职能分工和进行分工合作的职能部门，因此采用直线结构进行垂直、灵活的管理。企业领导者处于直线结构的顶端，此时企业内部决策往往由领导者直接做出，领导者的能力决定了企业的发展前景。在直线结构下，美的集团的领导者高度集权，能够对企业“一竿子管到底”，对市场的

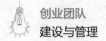

反应非常灵敏，但企业对外扩张的速度和规模却受到了限制，同时领导者的权力和责任太大，非常容易造成决策失误。随着美的集团的进一步发展，原有的直线结构演变成了直线职能结构，在对企业进行垂直管理的同时，加入了职能部门、职位等级及其相互之间的分工协作，权力被逐渐下放给了职能机构，美的集团建立了初步的企业职能体系和管理制度。

随着美的集团发展壮大，横向的职能部门和纵向的职位不断增加，原有的直线职能结构已经不能适应企业的多元化产品、庞大的员工队伍和日益扩大的企业规模了。为了提高企业对市场的反应速度，增强企业的运行和管理效率，此时的美的集团将直线职能结构又调整为事业部制职能结构，在组织内部设立能够独立核算、自负盈亏的事业部，领导者管理事业部，运营着企业的一个或几个产品领域，领导者权力进一步下放。

在实行事业部制职能结构之后，美的集团依靠这种高效的组织架构快速扩张。然而，过去我国的家电行业处于大规模、低成本的模式中，做到一定的规模才对上下游拥有话语权，才可以获得较大的市场份额。简言之，只有低成本，才有竞争力。过去中国市场也提供了这种大规模、低成本模式的基础。但从 2010 年开始，美的集团规模过千亿之后突如其来地面临了行业寒冬，旗下主要的企业——美的电器的业绩尤其出现了大幅度下滑。一直采取高速扩张战略的美的集团发现，未来不可能再依靠这种模式了，高速扩张战略已经不再适合企业发展，因为这一模式是建立在低要素价格的低成本基础上，而并非由效率驱动的低成本。习惯于根据外部环境变化和企业战略规划改变组织结构的美的集团，选择了一场空前的大变革，对事业部制职能结构进行进一步的改造，使得职能结构更适合美的集团的管理情境。随着经济新常态的出现、移动互联网的兴起以及全球化经营趋势的不断推进，为了配合企业外部环境的变动和战略规划的转型，美的集团在组织结构上进行了事业部分拆。

采用事业部制职能结构的美的集团有非常多的管理层级，不包括管理部门的经营主体就有集团总部、二级集团、事业部和产品公司四个层级，每个层级都有自己的职能部门管理，相对独立地管理着运营、财务、资产和品牌，整个集团的组织规模非常庞大。较多的组织层级和经营主体使得美的集团的企业文化不甚突出，内部资源整合较为困难，事业部和职能部门之间的事务难以协调。随着何享健卸任，美的集团宣布实施组织结构转型，使集团结构趋于扁平化，撤销集团下面的四大二级集团——美的地产、美的电器、日用家电集团、机电集团，四大集团的原有职能归属集团总部和下属产品事业部，对制冷、二级集团的部分资产进行打包。美的集团进行事业部分拆，为集团的整体上市做好准备。美的集团变革的主体思路，是从强调规模变为强调产品，突出产品的三大能力——品质能力、结构能力和创新能力。美的集团将主导业务集中在白电产业，并坚决退出其他产业，清理了一系列产品线和渠道商，裁减了 1/3 的员工，关闭和卖掉了一批产业园区。例如，在美的集团规模达到高峰的 2011 年，美的集团已经建立起包括 70 多种小家电的国内最全的产品线，员工和管理人员总数接近 22.5 万人。2012 年，美的电器的产品型号从 2.2 万种下降到 1.5 万种，亏损和利润贡献率低的产品线都被关闭。2014 年，美的集团的员工和管理层缩减到了 14.5 万人。家电下乡政策后期，每县都设置代理商导致代理商冗余情况严重，美的集团由此将渠道整合为五个大县设置一名代理。这样的规模“减法”

虽然有利于快速的企业战略转型，但是遭到了产业园、产品线、工厂和工人的反对。

因此，在提出改革后的2012年，美的集团遭遇了产能削弱、销售遇阻、旺季缺工、淡季动荡等情况，最困难的时候，工厂平均开工率不到50%，资产大量闲置，为美的集团带来了大量的成本耗费。2012年，美的集团的营业收入仅有2016.5亿元，同比下降27%，利润仅为34.77亿元，同比下降6.3%。但是，战略转型的总体方向是正确的，因此，2014年美的集团的收入和净利能够再次创下新高。相比2011年，尽管美的集团的员工总数减少了1/3，但是利润水平却极大提升，资产结构也得到了优化。美的集团不再依靠低要素成本占有市场份额，而是依靠效率的提升来创造企业绩效。

(资料来源: 李奕轩. 基于权变视角的企业组织结构演变研究——以美的集团为例[J/OL]. 中国人力资源开发，2016，06:78-82)

根据系统论的观点，结构决定功能，同样的物品，结构不同，所产生的功能可能迥然相异。例如金刚石和石墨，虽然都由碳原子组成，但由于碳原子的组合方式不同，其性质也就截然不同。金刚石由于碳原子分布均匀、结合紧密，是一种无色透明、外形为八面体的硬质晶体。石墨的碳原子层之间的间距大、结合力弱，是一种软质鳞片状晶体，其强度、塑性和韧性都接近零。结构的重要性由此可见一斑，组织结构对创业团队的影响同样如此。没有组织架构的创业团队将是一盘散沙，组织结构不合理也会严重阻碍创业团队的正常运作，甚至导致团队经营的彻底失败。相反，适宜、高效的组织结构能够最大限度地释放团队的能量，使组织更好地发挥协同效应，达到“1+1>2”的合理运营状态。

第一节　组织结构设计概述

组织结构是进行团队流程运转、部门设置及职能规划等最基本的结构依据，也是一种决策权的划分体系以及各部门的分工协作体系。组织结构的设计需要根据创业团队总目标，把创业团队管理要素进行合理配置，确定其活动条件，规定其活动范围，形成相对稳定的科学的管理体系，在组织结构设计时也需要遵循一定的原则。

一、组织结构的概念

所谓组织结构，是指规定组织内部不同部门、不同层次、不同业务单位的职责权限，以及它们相互之间的分工协作关系和信息沟通方式的一种框架性结构，表现为一个由众多的部门组成垂直的权利系统和水平的分工协作系统的有机整体。组织结构必须与创业团队设定的目标相协调，创业团队设定的目标或者战略不同，就需要不同的组织结构与之对应。组织结构是实现创业团队目标的一项重要工具。例如，早期杜邦这样的公司倾向于建立集中化的组织结构，这种结构非常适合生产和销售有限种类的产品。随着增加新的产品线，收购上游原材料供应企业，建立分销系统等，高度集中化的组织结构就显得过于复杂。为了保持组织的有效性，公司需要将组织结构转变为分权式的事业部组织结构。显然，公司战略的改变会导致组织结构的改变。

二、组织结构设计的基本原则

组织结构设计是管理学领域中一个古老的问题。19 世纪末，德国的组织理论学家马克斯•韦伯就曾对组织形态进行了区分，但是没有提出具体的原则；亨利•法约尔是最早提出组织管理“原则”观念的学者之一，提出 14 条管理原则；管理学家哈罗德•孔茨(Harold Koontz)在总结前人研究成果的基础上，归纳总结出一系列的组织工作基本原则，主要内容如下。

(1) 目标一致的原则。组织结构如果能促进个人在实现企业目标中做出贡献，它就是有效的。

(2) 效率原则。组织结构如果有助于使意外事件降到最低限度，或用尽可能低的成本来实现企业目标，它就是有效的。

(3) 管理宽度原则。每一个管理职务有效地管理下属的人数是有限度的，但是确切的数目则因情况与要求的不同，以及对有效管理时间要求的影响而异。

(4) 分级原则。从企业的最高主管部门经理到每一个下属职务的职权，划分得越明确，就越能有效地执行职责和进行信息沟通。

(5) 授权原则。授予经理的职权必须适当，以便确保他们能够胜任。

(6) 职责的绝对性原则。下属有绝对执行上级指示的责任，而上级也不可以推卸组织其下属活动的职责。

(7) 职权和职责对等的原则。所承担的责任不可以大于或小于授予他或她的职权。

(8) 统一指挥原则。个人只对一位上级汇报工作的原则贯彻得越彻底，在上级指示中发生矛盾的问题就越少，而个人对最终成果的责任感也就越大。

(9) 职权等级的原则。维护所授予的职权要求由该级经理在其职权范围内做出决策而不应将问题上交。

(10) 分工原则。组织结构越能反映为实现目标所必需的各项任务和工作的分工以及彼此间的协调，委派的职务越能适合担任这一职务的员工的能力与动机，组织结构就越有效。

(11) 检查职务与业务部门分设的原则。如果某些业务工作要委任一些人来对它进行考核检查，而这些检查人员又隶属于受其检查评价的部门，那么负责检查的人员不可能充分地履行其职责。

(12) 平衡原则。平衡原则的应用必须根据组织结构是否符合企业目标整体效果来全面权衡。

(13) 灵活性原则。所建立的组织结构越灵活，越能充分地实现其目标。这一原则更证明，组织结构的设计必须考虑到可能的环境因素的变化、对变化做出的各种战略等。

(14) 便于领导原则。组织结构及授权越是有利于领导者去设计和维持为完成其任务所需要的某种环境，这种结构就越有助于提高他们的领导能力。

在应用以上原则进行组织结构设计时，应有一定的灵活性。实际上，对于最佳结构的选择，并不存在绝对的准则，没有一种组织结构适用于一切情况。

三、组织结构类型的选择

在工业经济时代，企业在分工、专业化的基础上形成垂直一体化系统，通过标准化、大批量生产和持续的市场与组织扩张，形成与之相适应的科层组织结构，典型的组织结构有简单结构、职能型组织结构、事业部组织结构和矩阵式组织结构等。这种高度结构化的垂直型组织结构在工业社会占有主导地位，对企业运营产生了深刻的影响。从信息流上看，企业按等级对信息流进行垂直控制，信息以纵向流动为主；从权力结构上看，纵向信息流导致企业权力高度集中和纵向权力结构；从组织边界上看，不仅企业与外部边界分明，而且企业内也形成清晰的条块分割。

然而，对特定战略或特定类型的企业而言，不存在一种最优的组织结构设计。适用于一家企业的组织结构，未必适用于另一家类似的企业，尽管特定产业中成功的企业倾向于采用相似的组织结构。例如，生产消费品的公司倾向于按产品设置组织结构；小企业常按职能设置组织结构(集中化的)；中型企业一般实行分部式的组织结构(分散式的)；大型企业则采用战略业务单元(SBU)或矩阵式组织结构。

为了有效地实现创业目标，必须根据创业团队的特点、要求、环境、技术和企业规模等特点来选择相应的组织结构类型。下面将分别讨论职能型组织结构、事业部组织结构、矩阵式组织结构及虚拟组织结构四种典型组织结构的特点及其适用的具体条件。

第二节　职能型组织结构

职能型组织结构是企业团队的基本组织结构，职能型组织结构起源于 20 世纪初法约尔在其经营的煤矿公司担任总经理时所建立的组织结构形式，故又称“法约尔模型”。它是按职能来组织部门分工，即从高层到基层，均把承担相同职能的管理业务及其人员组合在一起，设置相应的管理部门和管理职务。这是最古老，也是最常见的市场营销组织形式。它强调市场营销中各种职能如销售、广告和研究等的重要性。

一、典型的职能型组织结构示例

职能型组织结构按企业各单位所执行工作的性质来构造，将任务和活动按业务职能划分，管理者根据专业负责一个特定职能部门，不同的职能彼此相对独立。对大多数企业来说，有市场营销、生产、研发、财务、人力资源管理等职能部门，如图 5-1 所示。

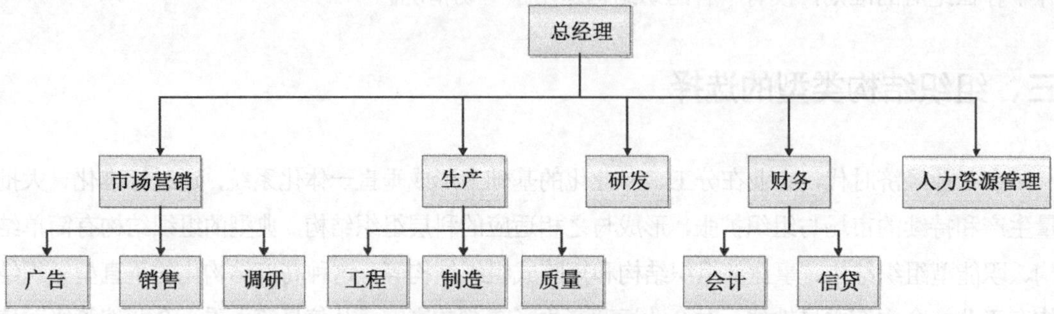

图5-1　典型的职能型组织结构

企业创办初期一般采取简单结构(又称直线制结构)，其所有者兼经营者直接做出所有主要决定，并监控企业的所有活动，如图 5-2 所示。这种结构涉及的任务不多，分工较少，规则也较少，结构简单。简单结构适合提供单一产品、占据某一特定地理市场的企业。我国多数民营企业在创办初期都曾采用这一组织结构，因为这些企业在创办时只有几个人，多是亲朋好友，采用这种结构不仅提高了工作效率，而且降低了管理费用。

绝大多数大公司不会采用职能型组织结构，而是重视实施分散化管理并强化责任，然而，仍有一些采用职能型组织结构的知名公司，例如 20 世纪 90 年代的戴尔公司。

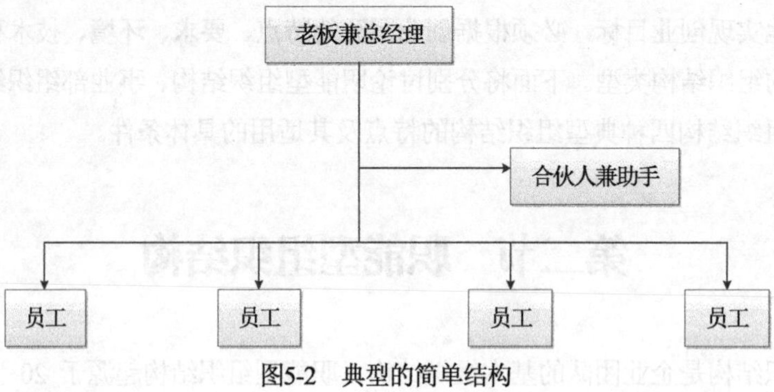

图5-2　典型的简单结构

拓展阅读5-1

松下电器的组织结构

松下电器产业公司(以下简称松下电器)是世界最大的家用电器公司之一，该公司成功的主要因素之一是拥有合理的组织结构。松下电器采用分级管理、分级核算，实行事业部制组织结构。公司经营管理分为两级，即总公司一级、事业部一级。总公司的最高领导层是董事会，董事会设会长(即董事长)一人，在会长主持下，由社长(总经理)、副社长、专业董事参加的经营战略会议是公司的最高决策机构。在董事会之下，由社长主持，副社长和常务董事参加的常务会议是公司的最高经营管理部。

在总公司一级设有一套健全的职能机构，包括总务部、人事部、资料部、经理部、技术本部、生产技术部、制品检查本部、法规管理本部、海外事业本部、营业本部、宣传事业部、经营计划室、环境管理室、中国室等几十个部门，有研究人员、技术人员、管理人员2000多人。

总公司下面按产品设立事业部，如电视机事业部、录像机事业部、电子零件事业部、电池事业部等。事业部设部长一人，对事业部的经营管理负总责。事业部部长定期召开事业部各职能部长和工场长参加的部务会议，研究决定事业部经营管理方面的重大问题。事业部也设有一套职能机构，包括总务部、人事部、经理部、技术部、品质保证部、财务部、采购部、营业部等。

松下电器创立之初，总裁松下幸之助集中四个主要功能来平衡分权之举：第一，设立严格的财务制度，由财务主管直接向总公司报告财务状况，并且订立了严格的会计制度；第二，建立公司银行，各部门的利润都汇总于此，同时各部门增加投资时，必须向公司银行贷款；第三，实行人事管理权的集中，松下认为人才是公司最重要的资源，每位超过初中学历的员工都必须经过总公司的仔细审核，所有管理人员的升迁都必须经过总公司的仔细审查；第四，采取集中训练制度，所有员工都必须经过松下价值观的训练。这样就形成了一种分权与集权的结合。

二、职能型组织结构的优点和缺点

职能型组织结构是一种简单、经济的组织结构形式，主要优点如下。

(1) 职能内部的专业化可以推动劳动力的专业化分工，有效地使用和管理技术人才。

(2) 最大限度地整合企业资源，使每个人充分发挥各自的专业优势提高组织效率。

(3) 减少对复杂系统的控制，使决策权掌握在最高管理者手中并迅速做出决策，特别是对于所执行的是例行公事的重复工作时，这种结构很有效率。

但职能型组织结构也存在很多缺点，具体如下。

(1) 职能部门各自为战。部门成员重视所在部门目标而忽略企业整体目标，严重依赖组织高层的计划和决策，部门经理之间的摩擦和分歧只能在组织最高层得到解决。例如，研发部门可能超要求设计产品和零件以达到完美，而制造部门则会支持低要求的产品从而更容易实现规模生产。对工程师来说，营销意味着产品开发；对产品管理者来说，营销意味着市场调研；对销售人员来说，营销意味着推销。

(2) 无法公正评价各业务部门的工作绩效。在销售部门所实现的利润中，无法确定生产部门和开发部门对利润的贡献有多大，在应对市场快速变化及满足产品个性化需求方面表现出效率低下和力不从心。

(3) 随着企业壮大，高层决策迟缓。随着企业的发展壮大以及竞争条件的不断变化，管理层次增多，相互协调和内部信息沟通变得困难。

三、职能型组织结构适用的条件

选择职能型组织结构的企业必须有较高的综合平衡能力，各职能部门按企业综合平衡的结果，为达到同一个目标进行专业管理。职能型组织结构主要适用于中小型、产品品种比较单一、生产技术发展变化较慢、外部环境比较稳定的企业。具备以上特性的企业，其经营管理相对简单，部门较少，横向协调的难度小，对适应性的要求较低，因此职能型组织结构的缺点不突出，而优点却能得到较为充分的发挥。当企业规模、内部条件的复杂程度和外部环境的不确定性超出了职能型组织结构所允许的限度时，不应再采用这种结构形式，但在组织的某些局部，仍可部分运用这种按职能划分部门的方法。例如，在分权程度很高的大企业中，组织的高层往往设有财务、人事等职能部门，这既有利于保持重大经营决策所需要的必要的集权，也便于让这些部门为整个组织服务。此外，在组织的作业管理层，也可根据具体情况采用设置职能部门或人员的做法，以保证生产效率的稳定和提高。

根据以上职能型组织结构的特点，可将职能型组织结构所适用的条件概述如下：

- 不确定性低的、稳定的企业环境；
- 各职能部门的技术的独立性较低；
- 企业规模为小型或中等规模；
- 企业的目标集中于内部效率和产品或服务的质量。

第三节 事业部组织结构

事业部组织结构又称多部门结构，最早是由美国通用汽车公司总裁斯隆于1924年提出的，故有“斯隆模型”之称。事业部制是一种高度(层)集权下的分权管理体制，具有集中决策、分散经营的特点，集团最高层(或总部)只掌握重大问题的决策权，从日常生产经营活动中解放出来。事业部本质上是一种二级经营单位的模式。

一、典型的事业部组织结构示例

事业部组织结构是仅次于职能型组织结构而普遍采用的组织结构形式。随着企业成长，在管理不同市场中的不同产品和服务时，遇到的困难越来越多。为激励员工、控制运作以及在不同地区的竞争，适当分权成为必要，事业部组织结构则是分权式组织结构的典型代表。所谓事业部组织结构，就是将生产和销售某类产品或服务所必需的所有活动，都集中于一个单位或事业部内，企业拥有的事业部数目与互不相关的多样产品相关，如图 5-3 所示。

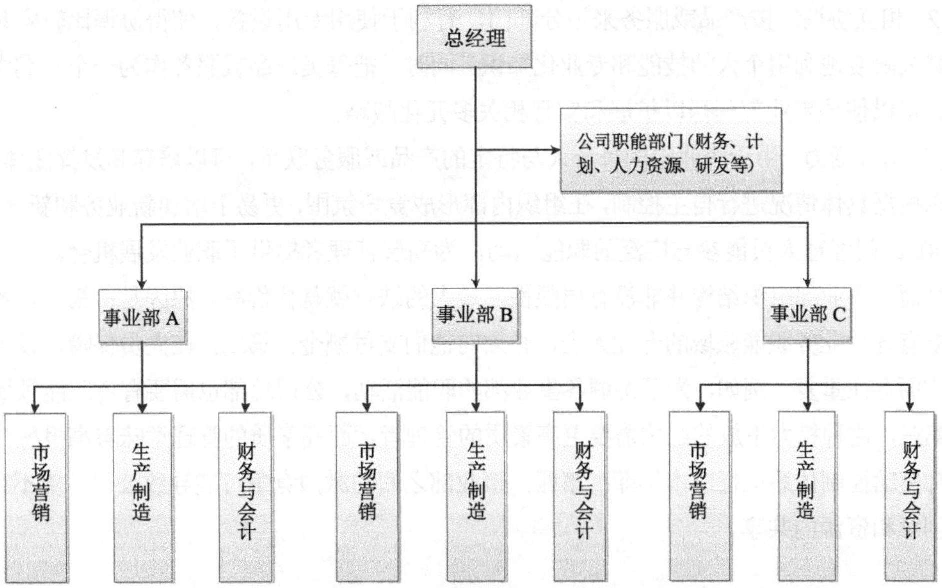

图5-3　典型的事业部组织结构

拓展阅读5-2

2001 年年初，外研社在原有的工作室的基础上成立“大学英语部”“中小学英语部”等八大事业部。经营理念和管理模式的改变，带来了巨大的经济效益，外研社利润从 2001 年的 6855 万元跳跃增长到 2002 年的 1.6 亿元。事业部是在出版社的统一领导下，依据规定的出版范围和方向，以市场为中心，以编辑业务为主体，责权利相统一的授权经营实体，其基本模式是：按出版范围或专业出版方向设立事业部，如外语事业部、法律事业部等；在纵向上，按照“集中决策，分散经营”的原则，由领导层研究和制定发展战略、经营目标，把管理权最大限度地下放各事业部，充分发挥自身的积极性和主动性；在横向上，各事业部均为利润中心，各事业部分设账户，实行独立核算，与出版社分账结算。出版社高层和事业部内部实行职能型组织结构。出版社事业部制有利于建立市场导向的生产理念，可以有效降低内部协调“交易成本”，形成规模经济和品牌效应，增强出版社整体活力，增强竞争力；有利于激发人才潜力，发挥各类人才的综合优势，管理层集中精力研究战略性问题，培养混合型管理人才，储备干部；有利于绩效管理，控制成本，建立以业绩为中心的考核指标体系，促进出版社多元化发展。

(资料来源：王琳. 事业部制：出版社组织结构新探索[J/OL]. 出版参考，2005，18)

二、事业部组织结构的优点和缺点

事业部组织结构的优点如下。

(1) 责任清晰。事业部组织结构基于充分授权，管理者和雇员很容易看到自己业绩的优劣，员工的士气往往比集中式组织中高。

(2) 相互协调。按产品或服务来划分部门，有利于使用专用设备，使得协调比较容易，并允许最大限度地利用个人的技能和专业化知识。同时，把每类产品或服务作为一个利润中心来管理，可以使该事业部门得以扩展和实行相关多元化战略。

(3) 增强活力。由于企业中的每个人与特定的产品或服务联系，可以培养和发挥团体精神，还可以根据具体情况进行自主控制，在组织内部形成竞争氛围，更易于增加新业务和新产品等。

(4) 部门经理人员能参与广泛的职能活动，为高层管理者提供了职业发展机会。

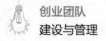

然而，事业部组织结构并非没有局限性，最大的缺点就是代价高。原因是：第一，各事业部都要有各种业务职能领域的专业人士，必须向他们支付酬金；第二，在人员保障、设施和人事等方面存在重复，例如，为了协调各事业部的职能活动，公司总部也需要有各职能领域的人员；第三，这种权力下放的结构需要更高素质的管理者，而高素质的管理意味着高报酬，复杂的总部驱动控制体系运行成本不菲；第四，事业部之间的激烈竞争可能导致公司内部不和谐，限制创意和资源的共享。

三、事业部组织结构适用的条件

企业中，事业部可以按照地区、产品或服务项目、用户和生产过程四种方式进行设置，依据不同方式设置的事业部组织结构，适用的条件也不同。

(一) 按照地区进行设置的地区型事业部

地区型事业部组织结构适合需要适应不同地区用户的不同需求和特性的公司，尤其适用于在分布广泛的区域有类似分支设施的企业。该结构可以使当地管理者参与制订决策和改善区域内的协调。例如，好时食品公司采用的就是地区型事业部组织结构，它的分部设在美国、加拿大、墨西哥、巴西及其他地区。

(二) 按照产品或服务项目进行设置的产品或服务型事业部

产品或服务型事业部组织结构是需要对特殊产品或服务给予特别关注时，最有效的战略实施方式。此外，这种组织结构也适用于企业只提供少数几种产品，或者企业的产品和服务差异很大的情况。该结构可以对产品线进行严格的控制和监督，但它也要求有较高的管理技能，同时可能削弱最高管理层的控制。通用汽车公司、杜邦公司和宝洁公司都采用产品事业部组织结构实施战略管理。

(三) 按照用户进行设置的用户型事业部

当企业拥有非常重要的用户并向这些用户提供多种服务时，用户型事业部组织结构对战略实施最为有效，这种结构可以使企业有效满足被明确划分的用户群体的需求。例如，图书出版商经常针对大专院校、中学和私立商业化学校组织业务活动。很多航空公司有两个主要的事业部：客运服务和货运服务。摩托罗拉公司的半导体芯片事业部也是因顾客而设置的，该部包括三个细分市场：汽车和工业市场、手机市场、网络数据市场。汽车和工业市场做得很好，而另外两个市场进展缓慢，这也是摩托罗拉公司试图让出手机市场和网络数据市场的原因。

(四) 按照生产过程进行设置的生产过程型事业部

生产过程型事业部组织结构与职能型组织结构类似，其业务活动根据实际运作过程而被分类组织。然而，生产过程型事业部组织结构和职能型组织结构的不同之处在于职能部门不对赢利或收入负责，而生产过程部门则要核算各项指标。按生产过程设置事业部的一个例子是，某制造公司按工序——电气、玻璃切割、焊接、磨光、上漆及铸造分设6个事业部，凡是与某工序相关的业务活动都归入对应的事业部。各工序事业部独立核算收入和赢利。当特定生产工序成为产业竞争焦点时，生产过程型事业部组织结构对于实现企业目标尤为重要。

总体来说，适用事业部组织结构需要具备按专业化(地区化)原则划分事业部的条件，并能确保事业部在生产、技术、经营活动方面具有充分的独立性，以便能承担利润责任。事业部之间应当相互依存而不是互不关联地硬拼凑在一个公司中，这种依存性可以表现为产品结构工艺功能类似或互补，或用户同类，或销售渠道相近，或运用同类资源和设备，或具有相同的科学技术理论基础等。此外，还需要保持事业部之间的适度竞争，使其相互促进，竞争可能使公司遭受不必要的损失。公司要有管理各事业部门的经济机制(如内部价格、投资、贷款、利润分成、资金利润率、奖惩制度等)，尽量避免单纯使用行政手段。当世界经济景气，国内和行业经济呈增长势头，具有良好的外部环境时，企业可考虑采用事业部制组织结构。

根据事业部组织结构的特点，它所适用的条件可概述如下：

- 不确定性为中等程度的企业环境；
- 各部门技术独立，但要求不高；
- 企业规模较大；
- 公司注重对顾客需求做出灵活反应。

第四节　矩阵式组织结构

矩阵式组织结构是指把按职能划分的部门和按产品(项目)划分的小组结合起来组成一个矩阵，一名管理人员既同原职能部门保持组织与业务上的联系，又参加项目小组的工作。职能部门是固定的组织，项目小组是临时性组织，完成任务以后就自动解散，其成员回原部门工作。现代企业管理提倡从金字塔模式走向扁平化模式，矩阵式组织结构也随之逐渐发展起来。实际上，美国众多大型企业在过去的50年里不断进行组织结构方面的调整，从高度集权的功能组织结构转向权力下放的事业部制组织结构，重新组建战略业务单元(SBU)，最终成立结合产品事业部和地区机构的矩阵式组织结构。

一、典型的矩阵式组织结构示例

矩阵式组织结构最为复杂，它同时依赖纵向和横向的权力关系与沟通，而职能型和事业部组织结构主要依靠纵向的权力关系与沟通。矩阵式组织结构是将职能管理人员沿纵向排列，同时将负责产品或独立经营单位的管理人员按横向排列，这样形成一个矩阵式的组织结构，如图5-4 所示。可以看出，矩阵式组织结构集中了职能型和产品或服务型事业部两种组织结构的特点。在矩阵式组织结构中，经营单位或产品经理与职能部门经理都享有独立的职权，员工需要在制订计划时充分参与，需要接受培训，需要对彼此的角色和责任明确理解，同时需要充分的内部沟通和相互信任。因为广泛追求增加新产品、新用户群和新技术的战略，所以产生了更多的产品经理、职能经理和地区经理，他们都负有重要的战略责任。矩阵式组织结构是近年来一些大公司，如 IBM、通用电气、惠普、迪士尼等，所采用的组织结构。

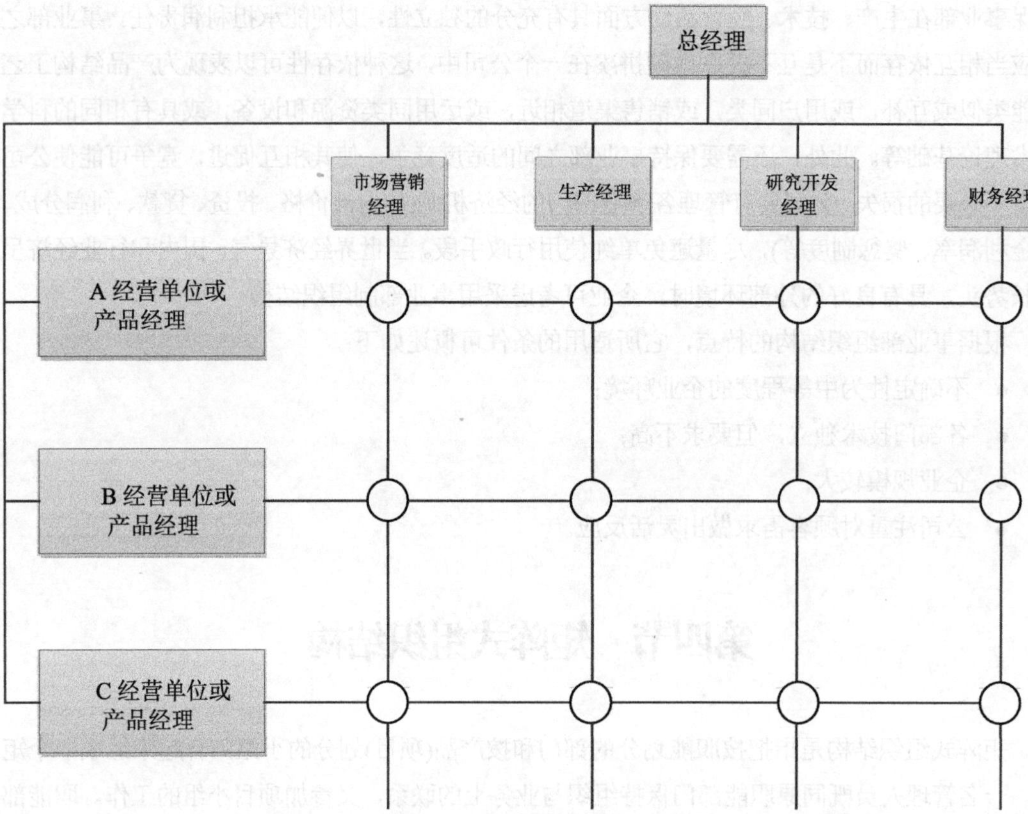

图5-4 典型的矩阵式组织结构

拓展阅读5-3

华为公司的组织结构可以说是矩阵式组织结构的典型实例。华为公司的组织结构的发展历程，大致上可以分为四个阶段。

第一阶段，从成立到1995年，直线型/直线职能型组织结构

1987 年，任正非与五位合伙人共同出资 2 万元成立了华为公司。这一时期，华为先是代理香港公司的产品，随后自主开发产品并实施集中化战略。在市场竞争中采取单一产品的持续开发与生产、农村包围城市的销售策略，通过低成本迅速抢占市场，扩大市场占有率和公司规模。

华为成立之初只有 6 个人，无所谓组织结构。1991 年，公司发展到 20 几个人，采取的是非常简单的直线型组织结构，所有员工直接向任正非汇报。1994 年，销售额突破 8 亿元，员工人数 600 多人，华为组织结构开始从直线型组织结构转变为直线职能型组织结构，如图 5-5 所示，除了有业务流程部门，如研发、市场销售、制造外，也有了支撑流程部门，如财经、行政管理等。

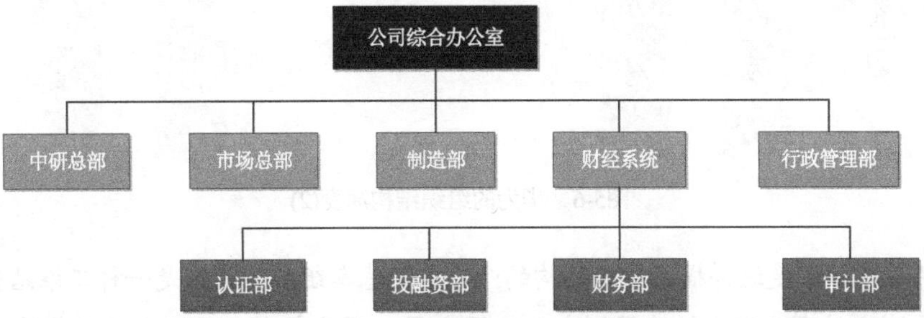

图5-5　华为的组织结构演变(1)

这一时期，华为与其他大多数公司一样，产品单一，销售上采取低价策略。组织结构简单，权力集中，能够迅速统一调配资源参与竞争，并对市场做出快速反应。直线职能型组织结构也与公司当时的战略发展是相匹配的。在这种结构下，所有的市场营销策略都可以第一时间从公司高层直接传导给一线，从而完成营销任务。再比如，公司产品开发策略，由于通信设备产业是技术密集、资金密集、人才密集型企业，直线职能型组织结构就可以集中调度公司任何资源，并在第一时间内形成对研发战略的支撑。

第二阶段：1996—2003年，二维矩阵式组织结构

1995 年，华为公司销售额达到 15 亿元，员工数量达到 800 人，在全国电子行业民营企业排名第 26 位。2000 年，销售额突破 200 亿元，连续 5 年以 100%的速度增长。华为从单一产品领域逐渐进入移动通信、传输等多类产品领域，开始朝着多元化方面发展，成为一个能提供全面通信解决方案的公司。直线型组织结构的优势演变成劣势。华为开始进行管理变革，从划分小经营单位开始，建立了事业部与地区部相结合的二维矩阵式组织结构，如图 5-6 所示。事业

部的职能：一是在企业宏观领导下充分授权，拥有完全独立的经营自主权、实行独立经营、独立核算；二是作为产品责任单位或市场责任单位，对产品的设计、生产制造及销售活动的一体化，负有统一领导的职能。

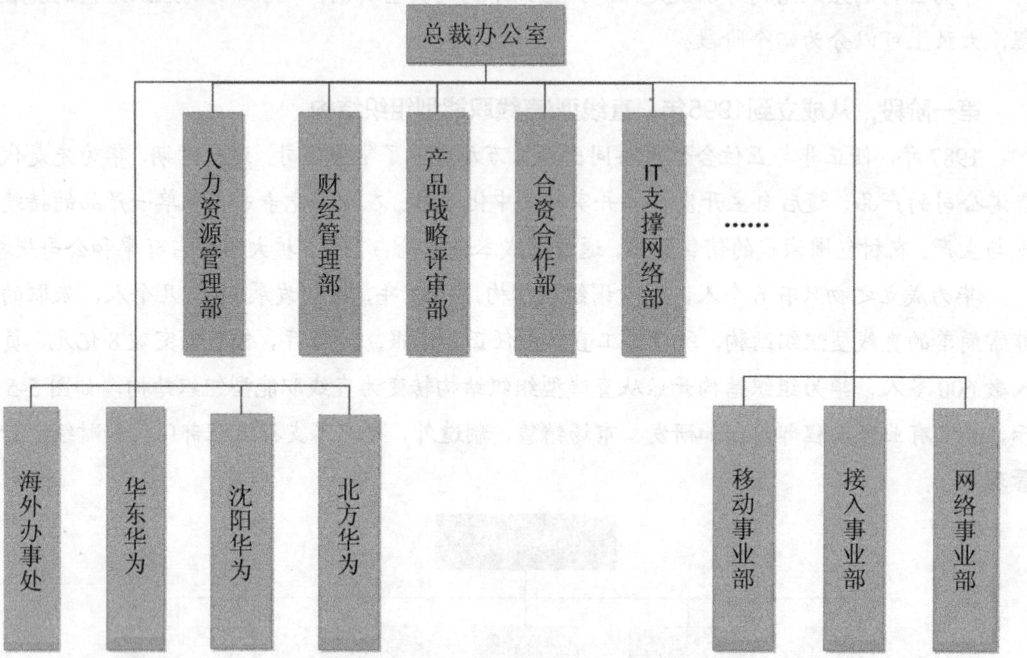

图5-6　华为的组织结构演变(2)

《华为基本法》是这样描述组织结构的：公司的基本组织结构将是一种二维结构，包括按战略性事业划分的事业部和按地区划分的地区公司。事业部在公司规定的经营范围内承担开发、生产、销售和用户服务的职责；地区公司在公司规定的区域市场内有效利用公司的资源开展经营。事业部和地区公司均为利润中心，承担实际利润责任。事业部分为：按产品领域建立扩张型的事业部，实行集中政策，分权经营，是利润中心；按工艺过程建立服务型的事业部。地区公司是按地区划分的、全资或由总公司控股的、具有法人资格的子公司。地区公司在规定的区域市场和事业领域内，充分运用公司分派的资源和尽量调动公司的公共资源寻求发展，对利润承担全部责任。在地区公司负责的区域市场中，总公司及各事业部不与之进行相同事业的竞争。各事业部如有拓展业务的需要，可采取会同或支持地区公司的方式进行。

事业部和地区公司是华为经济利益的主要来源，公司总部对公司公共资源进行管理，对各事业部、子公司、业务部门进行指导和监督。总部主要做重大决策控制和服务，以集中优势资源和精力突破市场难点。当按照职能专业化原则划分的部门与按某一对象专业化原则划分的部门交叉运作时，在组织上就形成了矩阵式组织结构，为了市场目标，地区部和事业部会采取会同作战的方式，事业部之间也会采取联合作战的方式。

第三阶段：2004—2012年，以产品为主导的矩阵式组织结构

2003 年，华为销售额突破 300 亿元，保持了超过 50%的增长。2012 年，销售额超过 2000 亿元，员工人数从 2004 年的 3 万人，增长到 13.8 万人。正式成为通信业的老大。2009 年，在金融风暴等极端困难的外部环境下，任正非开始酝酿新改革，华为成功经受住了考验，业绩逆市飘红。

华为在内部开展了组织结构和人力资源机制的改革，确定了“以代表处系统部铁三角为基础的，轻装及能力综合化的海军陆作战式”作战队形，培育机会、发现机会并咬住机会，在小范围内完成对合同获取、合同交付的作战组织以及对中大项目支持的规划与请求。“铁三角”的精髓是为了目标而打破功能壁垒，形成以项目为中心的团队运作模式。这为华为组织变革和分权提供了一条思路，就是把决策权根据授权规则授给一线团队，后方仅起保障作用。相应的流程梳理和优化要倒过来做，就是以需求确定目的，以目的驱使保障，一切为前线着想，共同努力控制有效流程点的设置，从而精简不必要的流程，精简不必要的人员，提高运行效率，为生存下去打好基础。

华为将权力分配给一线团队，逐步形成“拉”的机制，准确地说，是“推”“拉”结合、以“拉”为主的机制。在拉的时候，看到哪一根绳子不受力，就将连在这根绳子上的部门及人员一并剪去，组织效率就会有较大的提高。权力的重新分配促使华为组织结构、运作机制和流程发生彻底转变，每根链条都能快速、灵活的运转，重点的交互节点得到控制，自然也就不会出现臃肿的机构和官僚作风。华为组织结构从事业部与地区部相结合的组织结构，转变成以产品线为主导的组织结构，如图 5-7 所示。华为虽然引进多家咨询机构进行流程再造，但其主体结构依然是以市场和客户需求为导向的产品线制的组织结构，以化小利润中心的模式，加快决策速度，适应快速变化的市场。

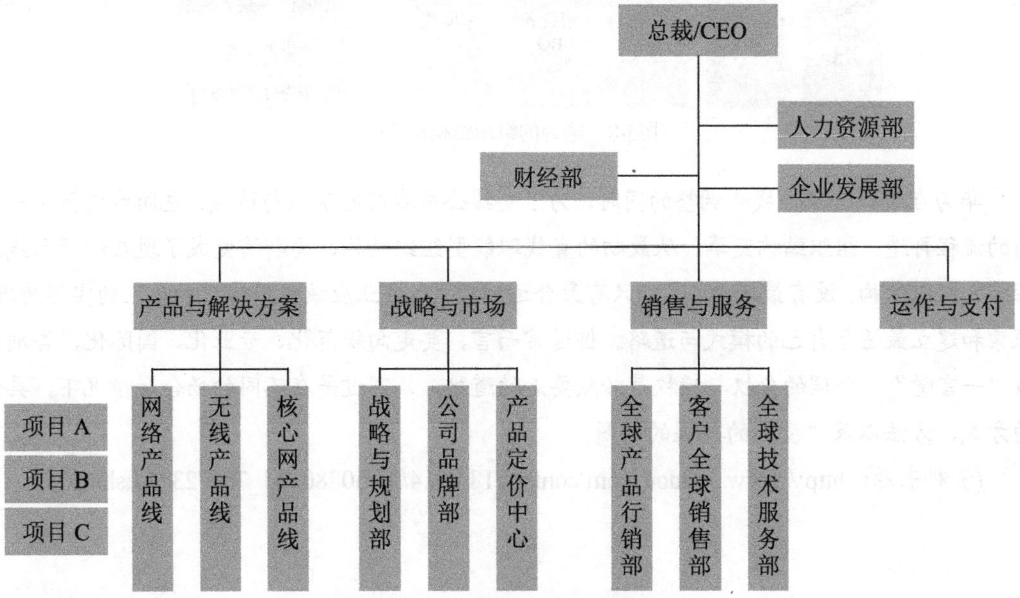

图5-7　华为的组织结构演变(3)

产品线形式的采用能够更有效地和顾客就产品展开广泛的交流，并及时发现和满足客户需求，从而有力增强了华为的国际市场竞争力。

华为公司通过几年的变革调整，慢慢地由全面通信解决方案电信设备提供商向提供端到端通信解决方案和客户或市场驱动型的电信设备服务商转型。

第四个阶段：2013年到现在，动态的矩阵式组织结构

目前，华为已经是一家多元化企业，形成了运营商业务、企业业务、消费者业务三大业务体系，组织结构在未来依然还会保持这样一种矩阵式组织结构。这个巨大的矩阵式组织结构是动态的，随时会跟随战略调整而调整，如图 5-8 所示。当企业遭遇外部环境挑战时，这个网络就会收缩并进行叠加，即进行岗位、人员的精简；而环境向好需要扩张时，这个网络就会打开，并进行岗位与人员的扩张，但其基本的业务流程却是会保持相对稳定的。

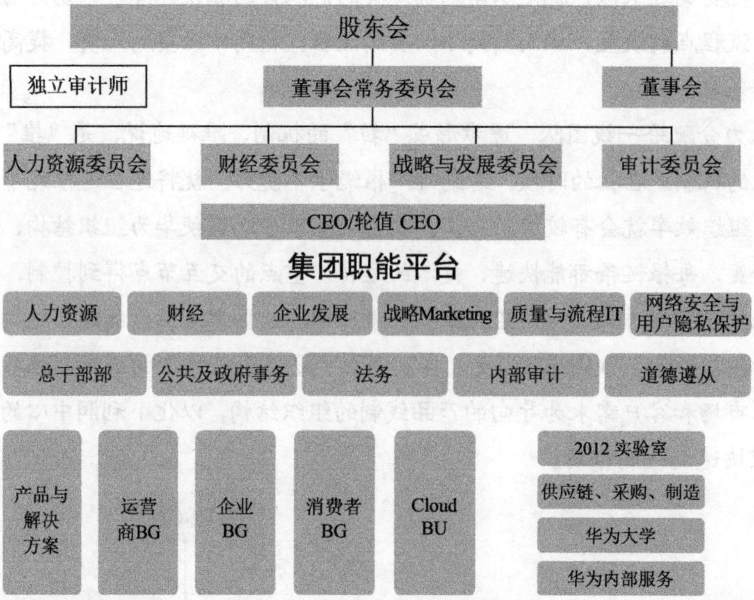

图5-8　华为的组织结构演变(4)

华为在进行阶段性战略调整的同时，为了支撑公司战略的实施与达成，也同步进行了一系列的流程再造、组织结构变革，从最初的直线职能型组织结构，逐渐演变成了现在的产品线的矩阵式组织结构。没有最好的模式，只有最合适的模式，企业应该根据行业和自己的实际情况，探索和建立最适合自己的模式与道路。但通常而言，要走向规范化、专业化、国际化，告别老板“一言堂”，合理的分权与授权是必然要走的道路，只不过是在不同的场合和情况下，具体的方式、方法以及“度”的把握的问题。

(资料来源：http://www.360doc. com/content/18/0914/21/50880104_786723734.shtml)

二、矩阵式组织结构的优点和缺点

矩阵式组织结构的优点如下。

(1) 灵活机动性和适应性较强。矩阵式组织结构按照产品、经营单位或者某项目的要求，将具有各种专长的有关人员调集在一起，项目目标清晰、沟通渠道众多、员工可以看到自己的工作成果，便于沟通意见、集思广益、接受新观念和新方法，有助于解决难题。同时，由于所有成员都了解整个小组的任务和问题，便于把自己的工作与整体工作联系起来。矩阵式组织结构还有利于把管理中的垂直联系与水平联系更好地结合起来，加强各职能部门之间，以及职能部门与各经营单位之间的协作。

(2) 可以促进专业人员、设备和设施的充分利用。功能资源在矩阵式组织结构中可以得到共享，而不像在事业部组织结构中那样需要重复配置。在矩阵式组织结构中，具有高度专业知识的人员可以按项目所需来灵活分配时间，从而有助于在完成项目的过程中提高自身的技能和竞争力。

矩阵式组织结构的主要缺点如下。

(1) 职能经理和经营单位(或产品)经理具有重叠的而且经常是互相矛盾的权力和责任，这就使成员可能要接受双重领导，当两个部门意见不一致时，就会使他们的工作无所适从。因此，在实践中，应该注意规定两类经理的决策权限。一旦出现争执，总经理应出面解决。

(2) 由于设置了更多管理职位，矩阵式组织结构的管理费用很高。

(3) 提高了企业的复杂程度，如双重预算授权、双重奖惩系统、权力共享、双重报告系统以及多维沟通系统等。

尽管存在上述缺点，矩阵式组织结构仍广泛应用于众多产业，包括建筑、国防等。

三、矩阵式组织结构适用的条件

矩阵式组织结构看起来很复杂，实际运作起来更复杂。彼得斯和沃特曼建议，在采用矩阵式组织结构时，要以某一个方面为主，或是产品，或者是地域，或是职能，哪一个占有优先地位要非常清楚，避免平均看待。矩阵式组织结构适用于一些重大攻关项目，企业可用来完成涉及面广的、临时性的、复杂的重大工程项目或管理改革任务，特别适用于以开发与实验为主的单位，例如科学研究，尤其是应用性研究单位等。

根据上面的讨论，将矩阵式组织结构所适用的条件概述如下：

- 不确定性高的和比较复杂的企业环境；
- 各部门的技术独立性较强；
- 具有几种产品类型或项目的大企业；
- 以产品创新和技术专业化为企业目标。

第五节 虚拟组织结构

20 世纪 90 年代以来，在全球化、知识化、信息化三大时代潮流的冲击下，企业外部环境瞬息万变，市场环境变化的一个重要特征是不确定性增强，逐渐由一种清晰的、缓慢的、线性变化的状态转变为一种混沌的、快速的、非线性变化的状态。技术和市场的变化速度远远超过了以往任何时代，面对这样一种复杂多变的环境，企业的快速响应能力、学习能力和知识生产能力显得更加重要。在这种背景下，企业生存和发展的关键在于如何对顾客需求的变化、市场和竞争的变化，以及科技的变化做出迅速的反应。于是，许多企业开始了对新的组织结构模式的探索和创新，或对原来的组织结构模式加以变革和完善。企业不再按照固定模式来构建，而是围绕核心任务，形成高度分散化、网络化的组织。组织结构变革的总趋势是向非层级制的方向发展，具体表现为组织结构的扁平化、柔性化、分立化和虚拟化四大趋势。在这样的国际大环境下，企业的结构形态也变得更加多样化，出现了诸如虚拟组织结构、蚁群组织结构、学习型组织结构等新的组织结构形式，其中最为流行的是虚拟组织结构。

一、典型的虚拟组织结构示例

20 世纪 90 年代后，企业发展的一个重要趋势是，一些企业决定只限于从事自身擅长的活动，而将剩余的部分交给外部专业机构或专家来处理，这种做法称为资源外取。信息技术的发展使传统的等级链组织结构迅速演变为水平开放式的虚拟组织结构。与 20 世纪金字塔形的组织结构相比较，21 世纪的组织结构就好像一张扁平、纵横交错的网，将伙伴、雇员、签约人、供应商和不同公司的客户紧密地联系在一起，参与者越来越互相依赖。正如曼纽尔·卡斯特(Manuel Castells)所指出的那样，在技术快速变迁的情况下，网络而非公司才是实际的运作单位。

虚拟组织结构又称网络组织结构，是指由若干相互独立的组织通过外包、分立、联合、并购等途径形成的，成员不断变动的网络状组织结构，如图 5-9 所示。顾名思义，虚拟组织即组织中的许多部门是虚拟存在的，管理者最主要的任务是集中精力协调和控制好组织的外部关系。企业主体由两部分组成，一部分是中心层，另一部分是外围层。企业保留核心资源，即中心层由单个企业家或企业家群体组成，直接管理一支规模较小、灵活而又精干的办事人员队伍，主要任务是从事企业战略管理、企业形象设计、筹资和管理控制等工作；而非核心业务被分包给其他组织完成，即外围层由若干独立的公司组成，这些独立的公司与中心是一种合同关系，这种合同关系经常变更，呈现出极大的不稳定性，各公司与网络中心之间的关系在紧密程度和优惠待遇上也有较大的差异。中心层与外围层之间主要通过电话、传真机、计算机网络和律师等手段进行联系。虚拟组织以市场的、契约式的组合方式替代了传统的纵向层级组织，实现了企业核心优势与市场资源优势的有机结合。

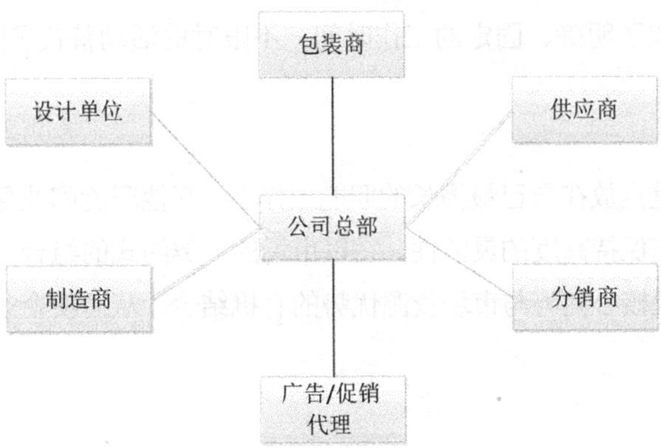

图5-9　典型的虚拟组织结构

耐克公司本身不生产任何产品，公司总部只是将设计图纸交给负责承包的生产厂家，让他们严格按图纸式样进行生产，然后贴上耐克的牌子，再将产品通过公司的行销网络销售出去。就这样，耐克公司不用一台生产设备，却缔造了一个遍及全球的体育用品王国。每双耐克鞋，其生产者获得的收益只有几美分，而凭借全球的营销网络，耐克总公司却能从每双鞋中获得几十甚至上百美元的收入。耐克公司没有堆积如山的原材料，也没有庞大的运输车队，甚至没有一间厂房、一条生产线和一个生产工人，因为它不需要这些。耐克公司所拥有的是非凡的品牌、卓越的设计能力、合理的市场定位以及发达的营销网络，有了这些在传统企业眼中"虚"的东西，就可以选择市场上最好的制鞋厂家作为供应商，按照自己的设计和要求生产耐克运动鞋。并且，因为没有有形资产的束缚，耐克公司可以随时根据市场环境和公司战略的需要转换生产基地。这种模式充分体现了虚拟经营的优势。

虚拟组织结构与传统的层级结构相比，具有以下显著特点。

(一) 虚拟组织中心的特殊性

虚拟组织中心不同于传统的层级制组织中的公司总部，它几乎没有直属的职能部门，通常只是一个小规模的经理人员团队。传统的职能部门工作一律采用市场运作方式，分包给其他公司完成；中心经理人员不直接从事生产经营活动，而是对制造、销售和其他一些主要职能组织相互之间的关系进行协调，通过外围层提供的职能和服务来开展各种业务。

(二) 结构和流程纬度上的特殊性

结构和流程纬度上的特殊性体现在：由按顺序操作模式变为平行操作模式；程序运作转变为目标定向运作；聚集式运作及其结构转变为离散式运作及其结构；稳定性结构转变为动态性结构；分级体系转变为网络体系。

(三) 时间纬度上的特殊性

时间纬度上的特殊性体现在：由某一时点上的同步活动转变为不同时的异步活动；自我调

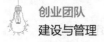

整的弹性工作时间取代了明确、固定的工作时间；不限时的活动替代了限时活动。

(四) 灵活性

虚拟组织中心将重点放在自己最擅长的职能工作上，其他职能和业务一律交给外围组织去完成，从而使组织结构保持高度的灵活性。它以市场的、契约式的组合方式替代了传统的纵向层级组织，实现了企业核心优势与市场资源优势的有机结合，从而使企业更具敏捷性和快速应变能力。

(五) 虚拟性

虚拟组织可以把许多并不一定隶属于组织中心的独立经营的公司或单位纳入自己的网络，具有虚拟化的功能。通过这种虚拟功能，可以突破资源的约束，在短期内将组织的规模和能量扩大若干倍。

虚拟组织结构在企业经营管理中得到了广泛应用，美国 1998 年建立了世界上最大的医疗网 VHAseCure.net，将 1600 多家营利性的药店、诊所、护理中心、外科中心与 350 多家非营利性的医院联结起来。在医疗网内，上游成员间可以联合研发新药和推进药品销售，大幅度降低了新药研发与销售费用。目前，美国等发达国家正以每年递增 35%的速度组建跨行业、跨地区的网络组织，形成 2 亿美元左右的生产规模。近年来，随着电子商务的发展以及外部合作竞争的加强，更多的知识型企业依靠因特网等信息技术手段，以代为加工(OEM)、代为设计(ODM)等网络合作方式取得了快速响应市场变化的经营绩效。在一些快速发展的行业，如服装或电子行业，这种结构甚为流行，在诸如钢铁、化工等行业中，一些企业也在向这个方向转变。

随着信息技术进步，虚拟团队这一虚拟组织也逐渐呈现。这种虚拟组织是由依靠笔记本电脑、智能手机、计算机辅助设计系统以及全球视频电话会议互相联系的人员构成的，他们很少甚至根本没有见过彼此。只有需要他们的服务时，他们才会加入该组织。例如，软件专家和管理咨询顾问将他们所获得的知识集中起来创造一个综合数据库，便于公司所有员工便捷地获取信息。

全球管理咨询公司埃森哲走在利用 IT 技术变革组织架构的前沿。管理者认为，既然只有各领域的咨询专家能够诊断和解决问题，公司设计的组织架构就应该为他们创造性地、及时地做出决策服务。为了达到这个目标，埃森哲决定用精细的 IT 系统创建一个虚拟组织，取代原先的权力等级制度。它将组织等级制度进行扁平化改革，如去除管理层，建立共享的内部 IT 系统向咨询顾问提供解决客户问题的必要信息。如果这个咨询顾问缺乏解决问题的特定知识，则可以通过系统得到公司其他咨询顾问的专业帮助。为了执行这一变革，埃森哲为咨询顾问配备了顶级的智能手机，这些手机能够连接公司网络，进入公司大数据库获取大量相关信息，还可以与其他顾问通过电话或者视频联系，以最快的速度解决问题。例如，如果项目涉及安装特殊 IT 系统的问题，咨询顾问可以以最快的速度联系擅长安装系统的其他咨询顾问。埃森哲公司发现虚拟组织有效地提高了咨询顾问的创造力，促进了其业绩表现。电子沟通方式使得公司员工之间的沟通交流更加便利，咨询顾问更加自主地制定决策，公司业绩更加突出，使埃森哲成为全球最知名的咨询公司之一。

同样，IBM 也选择利用 IT 系统建立咨询顾问虚拟团队。IBM 建立了由共享相同特定 IT 技能的员工组成的全球技术中心，设立在有最多客户、最多业务的地区。为了最有效地发挥员工的才能，IBM 让内部专家开发了精细软件。通过这个软件，咨询顾问能够成立解决特定问题的自主管理团队。为此，IBM 的软件工程师首先对咨询顾问的技术和经验进行了分析，并将这个分析结果输入到软件里。而后，工程师对客户问题进行了分析和编码。通过这些信息，IBM 系统对两者进行匹配，从而识别出最合适的员工。高级经理审核完名单后指定自主管理团队的负责人。团队一旦建立，成员都将在第一时间到达客户所在国，共同开发软件解决问题。这种新的 IT 系统创建了为全球客户提供服务的动态全球自主管理团队。

二、虚拟组织结构的优点和缺点

虚拟组织结构不仅创新了企业内部结构，而且重塑了企业与外部的联系，与其他组织建立起新型的关系，企业疆界从有形的物理地点向无形的网络空间延展，组织接近替代了地理接近，组织边界摆脱了传统上狭隘的物理边界，转变为网络化的开放边界，使得企业空间结构发生重大变化。

首先，虚拟组织用一种分布式平行网状的信息流动方式来替代传统组织纵向等级的信息流动方式，大幅度减少了信息传递层次和信息时滞、失真和漏损现象，并通过虚拟环境的组织接近，打破了企业在地域空间上的限制，成为知识和信息节点的集合，从而大大增进了信息流动的速率和范围，提高了创新的可能性。

其次，在传统组织中，当存在信息上的差异的时候，一个组织中的各个成员不可能在地位平等的基础上相互合作，因而妨碍了他们去探索新知识。在虚拟组织中，组织成员迅速而彻底地分享信息，使平等地相互合作成为一种可能，从而促进了知识与管理诀窍的动态学习、分享和互补，增强了企业的创新能力。

最后，虚拟组织是一种开放性的自组织结构，超越了传统上由产权架构的组织边界，能够根据市场环境变化、组织目标和任务，迅速、灵活和有效地整合各种社会资源，从而在很大程度上解决了工业社会企业合作成本过高的问题。

但虚拟组织结构自身也存在以下缺点。

首先，加剧了企业资源规划的难度。虚拟组织结构中的每一个组织单元都可以自主管理，但又要接受核心权力的控制。而且，由于组织单元的自主经营，如果不能正确规划权利、分清权责，容易发生管理混乱的局面。

其次，企业的管理风险增加。在虚拟组织内部，各个节点相对独立，如果某些节点发生问题，这种网络型组织的扩散非常快，而且不容易受管理层的控制。因此，在虚拟组织结构中要有更为明确的“协议”对网络中的节点进行协调、控制。另外，虚拟组织结构所取得的设计上的创新很容易被窃取，要对创新加以严密的防卫是很困难的。信息源汇集到一起容易导致信息过载的风险。在这种情况下，信息和将数据转化成信息的工具也可能会失效；人为的破坏、欺诈，记录的篡改和偷窃的风险也较传统组织结构大大增加。

再次，虚拟组织结构的管理活动缺乏传统组织所具有的那种紧密的控制力，其供应的商品质量也难以预料。

最后，在这种组织结构下，工作效率的提高存在着瓶颈。高速信息处理过程中可能无法对全过程进行检测和控制，导致信息的采集、决策的制定和业绩的评价都无法进行。

三、虚拟组织结构适用的条件

虚拟组织结构并不适用于所有的公司，它比较适合需要相当大的灵活性以对时尚的变化做出迅速反应或者那些制造活动需要低廉劳动力的公司。

虚拟组织结构是小型公司的一个可行选择。例如，马吉公司(Magicorp)只有一个小车间制作图形拷贝，它依靠其他公司从事其他经营活动。在个人PC上使用图形软件的客户，可以通过网络将数据传送到马吉公司设在俄亥俄州威尔明顿的办公室，为什么马吉公司要设在威尔明顿？因为那里是航空快运的中心，这使得快速交货成为可能。马吉公司自己并不进行营销，而依靠图形软件经销商来促销其服务，付给这些经销商一定的提成费。

虚拟组织结构也可以为大型公司所采用。耐克公司、埃斯普里特公司(Esprit)、埃默森无线电设备公司(Emerson Radio)和利兹·克莱本公司(Liz Claibome)就是这样一些大型的公司。这些公司自己不拥有或只拥有少量的制造设施，只配备几百名员工，每年就可以售出几百万美元的产品，挣得相当富有竞争力的收益。这些公司所做的就是创设一个关系网络，与独立的设计者、制造商、代理销售商联系，按照合同执行相应的职能。

本章小结

所谓组织结构，是指规定组织内部不同部门、不同层次、不同业务单位的职责权限以及它们相互之间的分工协作关系和信息沟通方式的一种框架性结构，表现为一个由众多的部门组成垂直的权利系统和水平分工协作系统的有机的整体。组织结构必须与创业团队设定的目标相协调。组织结构设计应遵循目标一致，效率、管理宽度、分级、授权、职责的绝对性，统一指挥、组织结构设计优化等原则。为了有效地实现创业目标，必须根据创业团队的特点和要求、环境、技术和企业规模等要素的特点来选择相应的组织结构类型。经过几十年的管理实践，人们已经总结设计出了若干个可行的组织结构类型。典型的是职能型组织结构、事业部组织结构、矩阵式组织结构以及虚拟组织结构四种组织结构形式，本章主要介绍了这四种组织结构的典型示例、优点和缺点，以及所适用的具体条件。

关键概念：

组织结构(organizational structure)　职能型组织结构(functional organization structure)
事业部组织结构(multidivisional structure)　矩阵式组织结构(matrix structure)
虚拟组织结构(virtual organization structure)

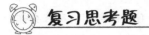

复习思考题

一、案例分析

戴尔公司的组织结构设计

戴尔公司是20世纪90年代发展最快的计算机公司之一，它的股票价格每年以100%的速度上涨，使得其股东欣喜不已。对于迈克尔•戴尔而言，取得如此高的回报一直以来都是一项挑战，而其中最大的挑战莫过于在其公司的成长过程中，管理和变更戴尔的组织机构、控制系统和企业文化。

1994年，戴尔19岁时，他用仅有的1000美元购买计算机零件，然后亲自将这些零件组装成个人PC机并通过电话销售。仅仅过了几个星期，持续增长的需求就使他需要雇人帮忙了。很快，他自己就要监督3个聚在一张六英尺长的桌子旁组装计算机的雇员，同时还有两名雇员负责接听电话接收订单。

1993年，戴尔已经雇用了4500名员工，而且为了满足客户对于PC机的需求，每个星期还要雇用100名新员工。当他发现自己每天需要工作18个小时去管理公司时，他意识到自己不可能独自一人领导整个公司，公司的成长需要管理，他知道他需要招募并聘用那些战略管理者，即那些有管理市场、财务和生产制造等领域经验的人。他从IBM和康柏公司招募行政人员，并在他们的帮助下建立了一个职能型的组织结构。在这个结构里，按照雇员共同拥有的技能或他们所执行的任务进行分组，例如销售或制造，以此来组织将PC机送到顾客手中的价值链活动。作为这个组织程序的一部分，戴尔的组织结构也变得更庞大，即管理层有更多的层级，以保证他和其他管理者能够充分支配业务增长过程中的各种不同活动。戴尔授予各层管理者控制公司价值链活动的权力，这就使得他有时间来完成作为一个企业家的任务，即为公司寻找新的商机。

戴尔的职能型组织结构运行良好，而且在这个管理团队的管理下，公司飞速发展。1993年，公司的销售额超过20亿美元，是1992年的两倍。此外，戴尔的组织结构以及给予职能管理者压缩成本所需的控制权，使得戴尔成为成本最低的PC机制造商。分析者也指出，戴尔发展了一种更为高效、更具竞争力的组织文化，即雇员形成新的规范和价值观，强调努力工作、彼此帮助，寻找途径来制造产品以保持低成本，同时提高了雇员之间的信任程度。事实上，由于顾客的投诉最少，戴尔成为顾客最满意的PC机制造商，而在PC机买主遇到装机问题时，他的雇员也因能提供出色的客户服务而闻名。

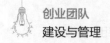

然而，迈克尔·戴尔意识到，各类不同的问题正接连不断地出现。戴尔现在正向各类客户(例如家庭、公司、教育类客户以及政府的不同部门)出售大量的计算机。由于消费者现在要求计算机具有各自特色或不同的计算能力，公司的生产线迅速地拓宽了。对于雇员来说，由于每个雇员需要关于所有产品的特征或那些成千上万的涵盖其所有产品范围的销售订单信息，有效满足这些不同消费者的需求开始变得更加困难。

1995 年，戴尔进一步变革为一个市场导向的组织结构，并创建了独立的部门：顾客分部、业务分部等，各部门负责不同消费群体的要求。在每个部门里，雇员团队专注于服务某个消费群体。这种做法进一步推动公司建立了一个更为复杂的组织结构，这个结构使每个部门形成了特有的、适应完成其任务的子文化，而雇员能够获得关于市场需求的深层知识，以帮助他们更好地回应顾客的需要。这种机构和文化的变革是如此成功，以至于戴尔的年收入从 1984 年逐年增长，到 2000 年已经超过了 350 亿美元，利润也超过了 30 亿美元。

20 世纪 90 年代，戴尔继续调整公司的组织结构以适应消费者持续变化的需求，促进了公司独特能力的提升。例如，戴尔意识到，他能够通过更为宽泛的计算机硬件产品平衡公司在物料管理、制造和网络销售方面的实力，所以他决定开始装配服务器、工作站和信息存储设备来与 IBM、太阳公司和康柏公司竞争。网络的重要性日益显现，他将市场部门分割成 35 个更小的子业务单元，各自更专注于更有针对性的消费群体，且都通过网络管理其大部分业务。举个例子，如今戴尔能够按要求向不同规模的公司和私人购买者提供个性化的计算机产品、工作站和信息存储设备的定制服务。

为了有助于协调其持续增长的业务活动，戴尔越来越多地借助公司局域网，并使用信息技术使部门间的活动标准化，以使其不同职能相整合。因为雇员完全可以通过信息技术获得管理者每天分配给自己的任务，也能够通过信息技术提供出色的客户服务，所以戴尔的管理层正在减少。为了降低成本，戴尔也已将其大部分客户服务活动外包给印度。这些举措的结果是，戴尔的工作人员更加致力于维持其低成本优势，而这种成本导向的企业文化已经成为竞争优势的重要资源，并且已被惠普和苹果效仿。

(资料来源：查尔斯 WL 希尔，加雷思 R 琼斯. 战略管理概念与案例[M]. 10 版. 薛有志，李国栋，等译. 北京：机械工业出版社，2017.)

思考：

1. 简述戴尔公司组织结构调整所遵循的原则。
2. 分析戴尔公司应用过的组织结构各自的优点和缺点。

二、拓展训练

分析你身边熟悉的或你感兴趣的企业的组织结构

这项练习旨在要求大学生走出学校、进入企业，去搜集相关信息，通过讨论、研究探索出研究对象在发展的过程中，其组织结构的设计情况。

1. 通过访问、访谈研究对象的组织结构信息，对研究对象进行阶段性分析，了解该企业过去和当前的组织结构，将其列出并进行分析。

2. 通过信息搜集和访谈，了解研究对象应用过的组织结构各自的优点和缺点。

3. 对以上信息进行归纳、总结，为研究对象的组织结构得出你的结论和建议，并准备一份1页纸的报告。

第六章
大学生创业团队成员配备

学习目的与要求

- 掌握核心领导人遴选四步法
- 掌握创业团队成员配置的互补性
- 了解创业团队岗位成员配备的特点
- 掌握进行岗位设置的方法

导入案例

北京红孩子信息技术有限公司

在创业大军中，曾经有这样一个“孩子”，他是人人夸赞、前程似锦的“优等生”，但是短短几年间，竟然变成了人人不看好的“落后生”。这一切，皆因团队成员。这个“孩子”就是曾经红极一时的“红孩子”。

(一) 成也创业团队成员

2003 年，一位叫王爽的母亲在北京开了一家母婴用品零售店，借助目录销售的新型方式，很快便实现赢利。见妻子的零售店经营得有声有色，军人出身的丈夫李阳关掉自己的广告公司加入进来。不仅如此，他还找来自己的三个朋友杨涛、马建阳和徐沛欣搭起台子。2004 年 6 月，北京红孩子信息技术有限公司(以下简称红孩子)正式成立。李阳、杨涛分别出资 60 万元，马建阳、徐沛欣分别出资 40 万元，四个志同道合的合伙人，没有上下级，没有人占控制权，就是聚在一起做事情。2004 年，红孩子实现营业收入 600 万元，2005 年升至 4000 万元，2006 年增长到 1.2 亿元，2007 年飙升到 4 亿元，2008 年突破 10 亿元大关，红孩子与京东商城、当当网成为当时垂直电子商务市场的“三驾马车”。

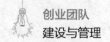

在一家创业企业“疯涨”的过程中，资本往往不会缺位，红孩子也不例外。2005 年年底，北极光创投和恩颐投资为红孩子注资 250 万美元，让红孩子成为母婴渠道领域第一个拿到风险投资的企业。一年后，红孩子又获得北极光创投和恩颐投资追加的 300 万美元；又一年，红孩子拿到凯鹏华盈第三轮 2500 万美元投资。投资人的乐观，不仅仅出于对中国零售服务市场的看好，更有对红孩子团队的信任。连红孩子创始人徐沛欣也不否认，“与我们的核心团队成员见面后，北极光和恩颐马上就决定和我们签约了”。今天已经成为国内最大的母婴产品销售服务机构之一的爱婴室，虽然成立于 1997 年，比红孩子还要早，却在“遭遇”红孩子时，选择避开目录销售的方式，原因之一就是忌惮红孩子强大的团队。爱婴室掌门人施琼坦言：“红孩子最初的管理团队很合理。”客观来说，由李阳、杨涛、马建阳和徐沛欣四人组成的红孩子团队，的确堪称理想团队。

四人是相识多年的老友。在创建红孩子时，除杨涛之外，其余三人的孩子都在 0~3 岁，他们经常为孩子购买婴儿用品，又都受困于没有婴儿用品一站式购物场所。遭遇同样的困境，促成了他们合作创业：决定从母婴用品入手，希望给中国的零售业做出个新东西来。他们四人性格各异，奠定了协同作战的能力。李阳为人乐观，具有开拓性，所以分管公司的产品事业部；马建阳比较稳重，做事踏实，分管新事业部的拓展；杨涛行事谨慎，能够预见各种问题，分管公司客服；徐沛欣则是理想主义者，负责制定公司战略规划。对于四个人的分工，徐沛欣有一个形象的比喻：好比四个人在开同一辆车，自己管方向盘，李阳负责踩油门，杨涛会管好刹车，马建阳则负责操作系统。创始人性格互补，为红孩子的发展消除了死角；而合伙团队执行能强，则为红孩子的发展抢占了更多市场先机。还有一个不可忽略的细节是，即使在获得两轮融资并实现赢利后，红孩子四人创业团队仍然在同一间大办公室中办公，这种安排无疑更加公开、透明，任何一个环节出现问题都可以随时沟通。核心团队能够配合默契、协同作战，红孩子的车轮自然也就滚滚向前。

(二) 败也创业团队成员

用了 4 年时间，红孩子成为行业冠军；同样用了 4 年时间，红孩子走入穷途末路。有人说，红孩子不算创业失败，最起码“卖”了 6600 万美元。先不说价格与其营业收入相差甚大，2012 年之前，红孩子的营业收入就已经超过 10 亿元了。还有，自 2004 年创建以来，红孩子先后引入 6 轮投资，共融资 12 亿美元，还不包括创业团队私下向股东的借款，从资本的角度来看，这个价格难道还不算亏“血本”？

关于红孩子的落败，有人充满疑问：身处高成长的风口，还有资本的扶持，更有理想团队，2007 年之后的红孩子发生了什么？自 2007 年开始，红孩子创业团队就走向分崩离析。先是 2007 年郭涛离职，而后 2008 年李阳夫妇离开，2011 年杨涛离职。尤其是李阳的离开在红孩子引发更大震动。李阳是红孩子的发起人，红孩子最初脱胎于李阳和王爽夫妇的母婴用品商店。在夫妻俩经营商店生意时，李阳就建立起对母婴产品的理解，就此来说，他也是公司业务的灵魂。而有投资经历和视角的徐沛欣，视野比较开阔，擅长资本运作。按理来说，如果李阳和徐沛欣强强联手，红孩子会有不一样的结局，红孩子创建之初的发展势头也证明了这一点。自 2006 年红孩子完成第二轮融资后，擅长与资本打交道的徐沛欣出任 CEO，介入公司具体运营，之后他在公司战略和企业文化上与李阳产生重大分歧。李阳坚持做母婴业务，贴牌生产红孩子自有母婴产品，追求高利润；徐海欣则追求提高销售额，主张扩大产品种类，向日用品、化妆品、IT 产品、3C 产品方向延伸，甚至还要进军传媒、金融和物流领域。在企业文化方面，看重创始人之间的感情与义气的李阳，与推行职业经理人文化的徐沛欣，也是格格不入。其实，两人的战略无所谓对错，错就错在，两人谁也说服不了谁，造成了红孩子的左右摇摆，也就耽误了红孩子的成长。就当时的状况来看，无论红孩子坚持生产母婴用品，还是向电商延伸，都是可以大有所为的。做母婴产品的乐友，在进军二线和三线城市后，实体店迅猛发展；做电商的京东商城，发展势头更是迅猛，在 2012 年时营业收入已经超过 600 亿元。对资本来说，红孩子是一次典型的风险投资大败局，只是失败的原因，不是选错了项目，而是选错了人。对红孩子团队来说，何尝不是一次失败的创业，只是失败的原因不是资本的“始乱终弃”，而是“祸起萧墙”。

(资料来源：艾诚. 创业的常识[M]. 北京：中信出版集团，2016.)

大学生创业到底什么最重要？是产品、市场、运营、商业模式、组织结构，还是团队成员？抑或还有其他？以上因素都很重要，其中任何一个环节出现差错都可能导致创业失败。细究这些决定创业成功与否的至关重要因素，相互之间其实并非独立，而是有一个灵魂贯穿其中。产品由它而生产，市场由它而发现，商业模式和组织结构由它来设计，企业由它来运营，“它”就是团队成员。

通常来说，一个优秀的团队既能够生产出优秀的产品，也能够发现市场风口，还可能设计出独特的商业模式，建立符合企业发展的组织结构，更可以将企业运营得风生水起。换一种角度来看，如果产品出现瑕疵，可以通过创新技术和改进生产来扭转；如果商业模式出现问题，也可以换一种模式重上“战场”；如果组织结构出现问题，可以进行组织结构调整……但是，一旦创业团队成员出问题，创业之路可能行不通，也就注定了创业失败的命运。

当前，创业高度白热化，京东商城创始人刘强东，走过近 20 年创业路，历经艰辛，也练就了今天的霸气和犀利。面对前赴后继的创业者，面对创业失败者口中的各种理由，他语出飞刀：“创业失败的根本原因只有一个——团队不行，其他都是借口!”团队或者团队成员配备的重要性由此可见一斑。找对了人，创业就成功了 90%。那么，对大学生创业团队来说，什么是对的人？按什么标准选择对的人？到哪里去寻找对的人？如何配备对的人？这便是本章所要介绍的内容。

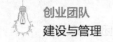

第一节 大学生创业团队核心领导人遴选

创业团队只有几个人，每一个人都要独当一面甚至好几面，任何一个人拖后腿都将直接影响整体进程，每一个创业伙伴都至关重要。所以，大学生创业团队务必要在人选的问题上谨慎再谨慎、斟酌再斟酌，尽最大可能去寻找合适的人作为团队的核心领导人。随意地决定一起创业小伙伴的人选，无疑就像一开始就在企业安放了一个滴滴作响的“定时炸弹”。大学生创业团队的核心领导人是创业团队组建初期最开始招募或者配备的核心创业者，他们决定了企业的发展方向，确定了企业文化的走向，是初创企业的核心领导层和管理层，因此，这些人应该是精挑细选的。

一、核心领导人在大学生创业团队中的重要地位

在创业活动中，资金、人、精力和能力永远都是不够的。大学生进行创业的条件是有限的，初次创业既没有太多的资金周转，也没有太多的技术与经验，因此，合伙创业是大学生创业者初期创业的最优选择。这时候，需要选择合伙人作为创业团队的核心领导人一起进行创业。核心领导人在创业过程中共同投资从事创业活动、出谋划策、解决问题、享受创业乐趣、分担创业的压力和痛苦，一起为实现创业团队的目标共同努力。核心领导人在大学生创业团队中的重要地位主要体现在以下方面。

（一）核心领导人是一切问题的根源

大学生创业的成功不是靠勇气就能取得的。创业的逻辑只有创业团队核心领导人才能构建。创业团队核心领导人一个失误的决策、一个自相矛盾的命令、一个错误的价值观，都会把创业引入歧途。因此，可以说创业团队核心领导人是一切问题的根源。

（二）核心领导人决定了“努力是否有价值”

没有一个团队是不想做成事的，但是却不是所有的团队都创造了价值。现在已经不是单凭个人努力就能创造价值的阶段，只有核心领导人确定的项目确实有价值，团队的努力才有价值。

（三）核心领导人决定了“团队是否有价值”

迪士尼的崛起并不是因为沃尔特·迪士尼找到了当时最好的动画精英，苹果的崛起也不是因为乔布斯找到了当时最好的科技精英。任何一个创业团队的核心领导人都很难在创业一开始就汇聚最优秀的一群人，那么他们为什么又取得了成功呢？答案有两点：一是核心领导人构建的创业项目本身足够优秀，创业项目逻辑清晰、执行有力，是击溃传统竞争对手，赢得用户的前提；二是核心领导人锻造和培养了一批潜在的优秀人才，通过创业活动把他们打造成了行业

最优秀的人。对此，最具有说服力的无疑是福特，福特通过流水线的构建，在100年前，让每一个员工都可以轻易地参与到汽车的制造和生产之中，福特让整个团队创造了更大的价值。

拓展阅读6-1

2014年8月12日，在一次国际创新峰会上，真格基金合伙人徐小平发表演讲，也阐述了合伙人机制对于初创企业的意义。他说："合伙人的重要性甚至超过了商业模式和行业选择，比你是否处于风口上更重要(此处的风口指的是小米雷军所说的'站在风口上猪也能飞起来'之意)。对于一个初创公司的团队而言，是否拥有合适的合伙人是投资的重要指标。如果一个企业只有一位创始人，常常会遭到投资者的排斥。"因为一个人的事业是做不大的，一个创业公司，如果没有联合创始人一定成功不了。创业到一定阶段，应该有多位创业伙伴。

(资料来源：朱少平．朱教授讲当前形势与"双创"战略[M]．北京：中国经济出版社，2016.)

以上创业者和投资人的案例与心得充分表明了创业合伙人对创业的重要意义。所有创业者都必须认真对待创业合作伙伴的选择这个问题，找到合适的合伙人，可以说创业活动就成功了一半。从上述论述中也可以发现，核心领导人是一切问题的根源，也是一切希望的所在。核心领导人之所以能在管理、决断中运筹帷幄，最根本的不是创业者当老板的权力，而是他们弄清楚了创业项目存在的价值，并且带领团队一起去实现。核心领导人必须为项目所有的问题承担100%的责任，任何其他人承担的责任都不能免除核心领导人自身的责任。如果核心领导人意识不到这一点，就容易误入歧途，最终创业就会陷入困境。

既然创业团队核心领导人直接关系到创业的成败和企业能否做大做强，那么合伙人的选择就是创业初期的一项最重要的工作，创业者必须花大力气，通过深入观察了解，选择最适合自己、彼此能长期合作下去的创业合伙人。如同发展一段私人关系，寻找合适的合伙人，不仅应该在金钱、工作、生活的平衡、大目标等方面具有相同的价值观，还需要从技能上互补。只有这样，大家才能每天专心做好自己喜欢而且擅长的事情。管理顾问维克曼认为，寻找合伙人应该像寻找未来的另一半那样，通过你的人际关系网和职业猎头来寻找人，但也不要遇到一个看似不错的对象就做出选择。"不要急于确定关系或只考虑一个候选人，"维克曼说："曾有太多创业者还没有仔细研究过所有人选就匆匆做出了决定。"这样你也可能错过了真正属于你的"蔡崇信"。

二、搭建强有力的核心领导人班子

无论多么优秀的个体，必须融入一个合适的创业团队，才能发挥最大价值；无论多少个优秀的个体，必须同方向、有共识、懂协同，打磨成一支强有力的核心领导人班子，才有机会成大事。现实情况常常是，企业不缺方向、不缺机遇，缺的恰恰是可以把愿望落地变成现实的强有力的核心领导人班子。那么，该如何搭建一支强有力的核心领导人班子？

(一) 强有力的核心领导人班子的构成

首先，要有一个强有力的领军人物CEO。这是搭建强有力的核心领导人班子的最大前提。柳传志曾经说过：“领军人物好比是阿拉伯数字中的1，有了这个1，带上一个0，它就是10，两个0就是100，三个0是1000。”这句话很好地概括了公司里核心领导人的重要性。每一个初创团队都必须有一个核心领导人(大部分情况下是CEO)。关键在于如何理解“强有力”这三个字，“强有力”需要综合勇敢、决绝、无私和担当等品质，然而勇敢是第一位的，也是一个合格 CEO 最宝贵的精神品格。因为任何一支创业团队都会不断面临新目标、新问题以及新挑战，尤其在创业初期，很少人能看清未来，找到真正可持续的赢利点。在这种巨大的不确定性面前，其他创业团队核心领导人甚至包括 CEO 本身都难免会彷徨、挣扎、犹豫。所以，CEO 必须足够勇敢，关键时刻能够站出来打破僵局，选定方向后带领团队成员严格贯彻落实。勇敢之后便是决绝，朝着目标不动摇，将执行做到位。除此以外，一个合格的 CEO 还需要无私与担当，对团队负责才是对创业公司最大的负责。

其次，应有达成充分共识的核心成员作为创业团队核心领导人。目前来看，几乎所有成功的创业团队都有 3～5 个核心成员作为绝对支撑。最近几年也逐渐流行分工更为明确的阐述，CEO 懂战略、CTO 懂技术、COO 懂运营等。而雷军、周鸿祎、柳传志、乔布斯等，这些被证明过的创业大咖，都曾在不同场合阐述过核心班子的重要性。柳传志一直将“搭班子”放在首位，然后才是定战略、带团队。雷军在做小米的初期，最大的精力就用在招揽7位核心成员了。周鸿祎更是推崇乔布斯的理论：“大部分的成功在于找到真正有天分的人才，不是 B 级、C 级人才，而是真正的A级人才。”早些时候，不少投资人还习惯性地表达为“投项目就是投人”，后来逐渐明确为“投项目就是投团队”，说的都是这个道理。

所以，一旦有条件成为核心领导人并组建一支团队，首要任务是“搭班子”，投入一切能投入的精力去网罗核心人才。这些人才不仅要互补，更要在意愿上达成充分共识。如果时机等不了，而且眼前的团队还能差强人意，那就在创业的过程中不断寻找。但前提是以最快速度完成“换血”，千万不能在核心班子的质量上自欺欺人。多位民营企业家表示，他们在选人、招人上，常常花掉惊人的80%的时间。所以，选择创业，必须真的足够重视人才。

(二) 遴选核心领导人四步法

Step1：找什么样的合伙人作为核心领导人？

首先要讨论核心领导人的“人物画像”。古代官府为了抓捕罪犯，通常会让画师画出罪犯的画像以发布海捕文书，虽然我国古代画风笔法不以写实见长，多以写意为主，但画像的目的是在古代人识字率不高的情况下尽可能说明罪犯的头部特征。古代的模拟画像技术一直流传到今天，并不断被改进以应用到刑事案件侦破中。如果创始人有了宏伟想法之后，紧接着考虑的就是寻找志同道合的合伙人作为创业团队的核心领导人，找合伙人的第一步就是思考要找到什么样的合伙人，什么样的合伙人才能一起把宏伟的想法变成现实，借鉴古代画像找人的方法可以在茫茫人海中寻找到优秀的合伙人，这里的画像即“人才标准”。

亚马逊创始人杰夫贝佐斯曾说：“制定人才聘用高标准，现在是、将来也是公司成功最关键的要素。”世界领先的高管寻访公司亿康先达总结出选才标准的“1+4”潜力模型，如图 6-1 所示。

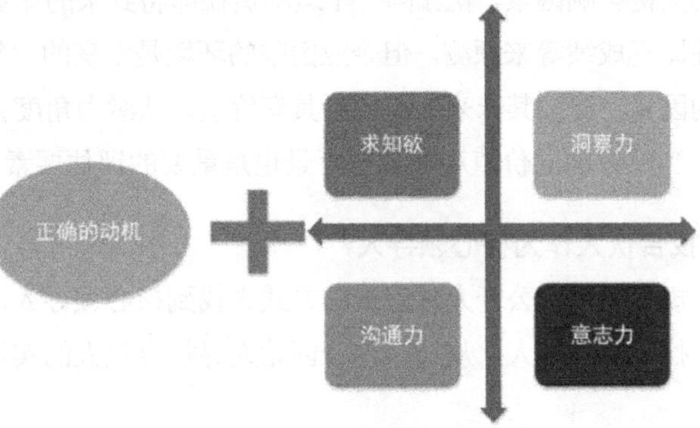

图6-1 “1+4”潜力模型

“1+4”潜力模型中各潜力因素的定义如表 6-1 所示。

表6-1 各潜力因素的定义

潜力因素	定义
动机	以强烈的责任感和极高的投入感去追寻一个大公无私的目标
求知欲	渴望获得新体验、新知识以及别人的反馈，以开放的心态学习和改进
洞察力	收集并准确理解新信息的能力
沟通力	善于运用感情和逻辑进行沟通，能够说服他人并与他人建立联系
意志力	面临挑战或在逆境中受挫时，依旧能为目标不懈努力

沟通力是核心领导人非常重要的能力。对于创业团队来讲，营造积极的内部氛围，尤其是讨论问题的氛围非常重要。因为验证一支创业团队能力的最好的办法就是看其解决问题的能力。沟通涉及方方面面，比如对于如雨后春笋般出现的大批互联网创业公司来讲，做好一款产品就将面临无数个难题，包括商业模式的确立、功能逻辑的梳理、视觉设计的突破等。每一个环节都需要耗费巨大的精力和心力，尤其当团队有很多各领域的“牛人”、高手，这些人大多个性十足，聚在一起更是难上加难。一款产品的设计，过程中可能会有上百个甚至上千个单独看起来都不错的点子，而最终被选中的核心点子可能不超过 5 个。争论在所难免，这就需要核心领导人带头树立积极的讨论态度，即便是否定别人的建议和想法，也一定要尊重别人的思考，同时先想好有没有更好的建议，否则不要轻易否定。具体操作中，一定要鼓励“对事不对人”，多一些类似的讨论态度：这样会不会更好、更棒？如果去掉 A 功能，会影响整体吗？如果没有

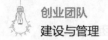

B，用户体验会如何？总之，要带头培养积极的、建设性的内部氛围，尤其是讨论问题的氛围。王石在谈到哈佛留学最大的收获时，也曾提到，“why 的问题必须用 how 的方法，方法论要非常清楚”。当然，最好的办法还是能找到那些敢于提出问题，更善于解决问题的人才。团队最初的讨论氛围将成为企业文化的基因，影响企业的一生。

总之，潜力因素比经验、智商等更能预测一个人的未来发展空间。过去的经验和现在的能力是预测未来成功的关键影响因素，就如同一个运动员在即将到来的比赛中的成绩是通过它过去的训练表现、以往比赛成绩等来预测。但企业面临的环境是多变的、复杂的、难以预测的，因此除了考察以往的因素，评估其未来的潜力更具有价值。从潜力角度去评估，更易发现具备合伙人潜质的人才，当然共同的价值观和教育背景也是重要的评估要素。

Step2：去哪里找合伙人作为核心领导人？

创始人不可能大规模地采用公开人才筛选的方式去找到核心领导人，创始人面对茫茫人海最困惑的就是去哪里找核心领导人，从知名企业创始人寻找合伙人的实例中也许能找到答案。

拓展阅读6-2

● 新东方合伙人团队：“三驾马车”

20 世纪 80 年代，以俞敏洪、徐小平、王强为主的创业新星将新东方做成了中国教育第一股，而这三位被称为新东方“三驾马车”。新东方昔日“三驾马车”中，俞敏洪和王强于 1980 年一同考进北京大学西语系英语专业，两人风格完全不同，王强多才多艺，后来成为北大艺术团团长，是绝对的“风云人物”；而俞敏洪出身农村，对城市生活充满陌生感。因为都喜欢读书，两个人交往密切。1983 年，徐小平来到北京大学团委担任艺术团的指导老师，3 人随后产生交集。徐小平以亲身经历告诉大家一个答案：“俞敏洪当年的创业伙伴是北大英语系的同学，还有谁比北大英语系的同学更适合做俞敏洪的创业合伙人呢？”即使徐小平和王强离开新东方后，这样的校友关系使三个合伙人仍然保持着同志般的友谊。

● 携程合伙人团队：“四君子”

携程创业“四君子”中，除 CEO 梁建章是复旦大学毕业的，沈南鹏、范敏、季琦均是上海交大校友。早在 1982 年中学生计算机竞赛上，沈南鹏和梁建章这两个数学“神童”同时获奖，从此产生交集。1999 年春节后的一天，梁建章与季琦、沈南鹏等上海交通大学校友聚会，几个年轻人就互联网话题热烈地讨论了一夜。最后的结论是：一起做一个向大众提供旅游服务的电子商务网站。因此，交大校友关系是联结携程合伙人团队的纽带。

● 腾讯合伙人团队：“五虎将”

1998 年秋天，马化腾和同学张志东、曾李青、徐晨晔、陈一丹合资注册深圳腾讯计算机系统有限公司。他们 5 人组合共同经历了腾讯由一只“企鹅”成长为一个“帝国”的过程，且在过程中保持了超级稳定的关系。腾讯的 5 位创始人在创业前最主要的关系是同学和同事，其中马化腾、张志东、许晨晔和陈一丹是从中学到大学的校友，前三位在深圳大学里甚至是一个系的(计算机系)，而曾李青本科毕业于西安电子科技大学，是马化腾的姐姐的同事，也是许晨晔的同事。马化腾认为，这样的关系在心态上会好很多，可以相互吵架不记仇，而在外面萍水相逢的人，遇到争执的话很容易出问题。

- 百度创始合伙人团队："七剑客"

百度最早创业的7大创始人分别为李彦宏、徐勇、刘建国、雷鸣、崔姗姗、郭眈、王啸，被业内称为百度"七剑客"，百度早期合伙人与李彦宏的关系如表6-2所示。

表6-2 百度早期合伙人与李彦宏的关系

合伙人	与李彦宏的关系	备注
徐勇	校友	徐勇是李彦宏刚刚从美国东部闯荡到硅谷的时候认识的，当时徐勇在一家制药公司做销售。后来，徐勇和一帮在硅谷的中国人拍摄的纪录片《走进硅谷》在北京电视台和其他电视台播出。有一天，徐勇邀请李彦宏到斯坦福大学参加《走进硅谷》的首映式，李彦宏便约好第二天与徐勇谈回国创业的大事
刘建国	校友	李彦宏与刘建国结缘是在1998年夏天。当时，李彦宏打算在清华大学做一个有关搜索引擎的讲座，从技术上来说，天网是当时国内搜索做得最好的，作为天网的主要开发者的刘建国自然成为李彦宏邀请的对象。不过，后来由于种种原因，刘建国没能参加那次讲座。虽然没有机会见面，但是李彦宏心里已经记下了这个人。 1999年年底，在回国创业前夕，李彦宏想起了刘建国这个名字。于是，他按照天网上留的E-mail地址给刘建国发了封邮件，介绍了自己的计划和对中文搜索引擎的一些看法，并邀请刘建国与他一起来做这个项目
雷鸣	校友	北京大学计算机系2000届硕士毕业生，在学校里就小有名气，他曾编写了百度第一代程序的大量代码，并被李彦宏称为"中国最好的工程师之一"。在加入百度前，参与了刘建国的天网的建设与维护
崔姗姗	公开招聘	百度在创业初期为了招聘第一批工程师，他们在清华和北大BBS上发了一条招聘信息。崔姗姗当时还在中科院读研究生，看到这个帖子后，被其中的描述所吸引，并通过面试成为公司7位创始人员中的一位。与她同时进入的还有北大的一名学生、北邮的一名学生和交大的一名博士生郭眈
郭眈	公开招聘	—
王啸	公开招聘	—

(资料来源：https://maker1212.kuaizhan.com/ 7/85/p3572194203c25e)

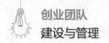

因李彦宏美国留学和工作的背景，百度的合伙人构成与新东方、携程、腾讯的合伙人构成有很大的不同，有校友关系的是3位，而且不是直接的校友关系，是通过妻子和行业、专业交流认识的，有3位是通过公开招聘渠道加入的。李彦宏没有国内积累的人脉，因此没有较亲密的同学、朋友资源，作为在外企工作的顶尖技术专家，通过公开招聘寻找合伙人便是可行的选择方式，但有校友关系的合伙人仍然占比达到50%。

电影《中国合伙人》中有句广为传播的台词："千万别和最好的朋友合伙开公司。"然而，基于大量企业的合伙人团队构成实证研究，发现基于创始人的同学、同事、同志(好友)、同行、同乡等亲密关系的圈子才是合伙人人选的关键来源，不是所有的同学、同事、同志、同行(简称"五同")都可以做合伙人，但是从"五同"圈子中选到合适的合伙人是创始人寻找合伙人的最靠谱、最高效的方式，如果基于亲密关系的圈子都不能合伙创业，那么公开寻找的陌生人更难组成能共渡难关的合伙人团队，并且在创业前期，在陌生人中寻找到优秀合伙人的成本也是非常高的。

基于大学生创业主体以及环境的特殊性，在选择合伙人作为核心领导人时可以重点考虑同学。为什么选择与同学一起创业?不用太费脑筋就能想出很多理由——相互之间熟悉、专业背景相近……还有一个原因，但凡选择创业的人，大多自信满满，最起码不会认为自己差劲。选择和同学一起创业，最起码是找了和自己相差不太大的合伙人，这样，联合创业的稳定性更大一些，成功的概率也会更高一些。这里讲的同学，其实指的是相互熟悉的人。实际上，创业团队核心领导人选的范围也不仅仅限于同学，还有老师、同事、朋友等。例如，史玉柱的巨人团队，其中大多是他的大学同学；陈天桥的盛大合伙人，大多是同学、同事、亲人……创业者的人脉圈子，往往决定了其事业的高度。血缘、地缘、业缘，同乡、同学、同僚、战友等都是形成人际交往圈子的重要因素。在这些圈子里，同学圈子又显得比较特别，有人说，世界上能够产生最好的朋友的地方是学校和战场。目前，国内商务社交最有效的关系正是同学关系。细数那些成功的创业公司不难发现，这些创始合伙人往往都有校友、同学组合，甚至有些团队在大学时代便是最亲密的合作搭档。所以，关于选择创业团队的核心领导人，最合适的人就在你的周围。当创始人要寻找合伙人的时候，不妨列出基于亲密关系的"五同"圈子的人的名单，按画像找人，依据人才标准进行一一对照，寻找合适的合伙人作为核心领导人。雷军表示，当年在选择创办小米时，从来没有硬件创业的经验，因此要选择硬件工程师其实非常困难，而雷军当初的做法就是："用Excel表列了很长的名单，一个个地确认。"

Step3：如何评估核心领导人？

找到有可能是核心领导人的人选之后，如何评估是否是创始人需要的合伙人？这一难题困惑了很多人。

2002年，获得诺贝尔经济学奖的著名心理学家卡尼曼，在其21岁时曾作为以色列国防军的一名中尉接受了一项艰巨的任务：在全军建立面试系统。卡尼曼想出了与战斗相关的6种特质，包括责任心、社交能力，甚至还有男子气概等。针对每个要素，他就每个候选人的生活提出问题，这些问题深入考察他们之前做过的工作、是否守时、和朋友互动的频率、对体育的爱好和参与度，还有其他一些方面。面试官要按指导提出问题，倾听回答，然后对每个特质按1～5 分进行评分，这种把 6 种测评分数加起来的简单办法最终证明能很好地预测士兵们的表现，效果远远超过以前的评估模式，之后的 40 年，以色列军队一直在使用卡尼曼的方法，基本没有变化。卡尼曼的面试评估方法就是基于画像特征，如图 6-2 所示。

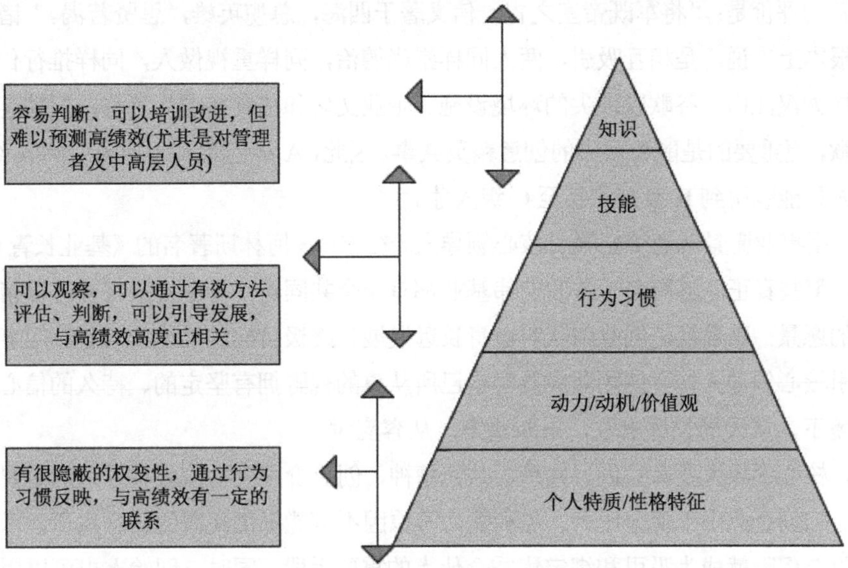

图6-2　卡尼曼的面试评估方法

把人才标准列成菜单式的清单，通过提问考察实际表现，并进行评分，评估清单上的合伙人，最终选择优秀的合伙人。

不过，价值观、潜力等素质、能力很难像知识一样直观地观察或评估到，在评估的时候不仅要听其言更要观其行，关键是评估行为表现。如果创始人没有太足的底气和自信严格地去评估合伙人，在有一些疑惑比如动机、背景的真实性等还没搞清楚的情况下去决策，往往合伙人加入创业团队后，这些困惑会变成合作的阻碍，也增加了团队创业风险。

在难以采用科学工具进行理性评估的时候，基于感性的判断也许有利于帮助做出人才选择决策，创始人可以多问自己几个问题：

(1) 这个人是你理想的人选吗？如果不是，他与你理想的选择还有多大差距？

(2) 我想让这个人成为我的左膀右臂吗？

(3) 我能从这个人身上学到更多的东西吗？

(4) 如果这个人成为我的竞争对手，那会怎样？

(5) 这个人能给我们的创业团队带来更大的价值吗？

回答以上的问题后，也许创始人对人才的决策会更决断和精准。

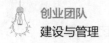

Step4：如何吸引核心领导人？

首先，用创始人的人格魅力吸引核心领导人。有时，即使能找到想寻找的核心领导人，但往往没有那么容易说服他加入合伙人团队，卓越的人才倾向加入卓越的团队，要吸引到卓越合伙人，创始人必须是能得到合伙人拥戴的，能够相信创始人描绘的事业愿景，被创始人的人格魅力所吸引。诸葛亮为什么选择了当时实力最弱的刘备？在三国志《隆中对》里面可以看到，孔明对刘备的评价是："将军既帝室之胄，信义著于四海，总揽英雄，思贤若渴。"诸葛亮选择刘备，从根本上来说，是相互吸引，两人同样崇尚德治，同样重视做人，同样推行仁政，同样致力于匡扶大汉江山。谷歌以顶尖的环境设施、企业文化和福利待遇而著称，但精英人才之所以选择谷歌，更重要的是能和顶尖的创意精英共事。因此，A 级创始人才能吸引到 A 级合伙人，B 级创始人只能吸引到 B 级人才甚至 C 级人才。

其次，用事业愿景或者梦想吸引核心领导人。在吉姆•柯林斯著名的《基业长青》一书中，作者指出，那些真正能够留名千古的宏伟基业都有一个共同点：有令人振奋并可以帮助员工做重要决定的愿景。愿景就是创业团队对自身长远发展和终极目标的描述和规划。用事业愿景或者梦想吸引核心领导人，会使团队成员对自己所从事的视野拥有坚定的、持久的信心。在复杂的创业环境下，从大局长远出发，果断决策，从容应对。

最后，核心领导人要有共创、共享、共担精神，创业阶段吸引核心领导人的重要法宝就是股权激励。初创企业由于现金压力、盈利能力等原因不可能提供高额的薪资水平，以股权为代表的未来收益保障就成为吸引和绑定优秀合伙人的重要手段，同时，创始人也可以用股权来使合伙人有更强的企业认同感、归属感，传达共创、共享、共担的精神。

(三) 核心领导人的数量

核心领导人的数量并没有一个统一的标准，比如新东方合伙人团队是"三驾马车"，携程合伙人团队是"四君子"，腾讯合伙人团队是"五虎将"，百度合伙人团队是"七剑客"，阿里巴巴合伙人团队是"十八罗汉"。对于大学生团队来说，需要充分考虑创业团队在初创时期的稳定性、创业工作进行的有效性以及沟通的顺畅性，基于实际情况合理配备核心领导人。

创始人按照遴选核心领导人的四步法，并注意基于感性进行判断，相信会降低组建团队的难度，并搭建起强有力的核心领导人班子，那么创始人的创业便已成功了一半。

第二节　岗位分析与成员配置

创业不是孤胆英雄入虎穴得虎子，创业是团队精诚合作、众志成城、打配合、攻防守，技术、市场、融资等各个方面都需要有一流的合作伙伴才能够成功。游久时代创始人兼 CEO 刘亮曾在清科创业投资俱乐部(Z-Club)沙龙上表示，任何一个团队要想成功，都必须在合适的岗位上安排合适的人。"如果真能做到这一点，那可能就只有爱，没有痛；反之，则只有痛，没有爱了。”因此，在合适的岗位配置合适的人才，让创业团队成员各自发挥自身优势，形成优势互补，从而能顾及创业涉及的既庞杂又广泛的方方面面就显得尤其重要。

一、成员配置的互补性

创业不允许有软肋，如果创业团队成员的软肋一致，而优势相同的话，即使优势再“优”，也无法产生“1+1>2”的效果。比如，团队成员都擅长技术，谁去做市场？团队成员都擅长做市场，谁又去做技术？团队内部讨论的时候，如果两个人的意见总是一致，说明其中至少有一个人是多余的，可以去掉。然而在组建初创团队的时候，不少人一味地根据喜好和认同感吸纳团队成员，现实中不乏主要成员来自同一个学校或同一个地方的情况。团队核心成员的背景太一致，容易形成“核心圈子”，圈子之外的人，能力再强、位置再高也会觉得自己是外围。更重要的是，太封闭的团队，其生命力和适应性是有限的。歌曲《光辉岁月》中有句歌词非常经典：“缤纷色彩闪出的美丽，是因它没有，分开每种色彩”。每一个初创企业需要组建背景多样化的团队，形成兼收并蓄、开放、平等、自由的文化。SOHO 中国创始人潘石屹也曾有这样的表述：“找公司合伙人的时候，不能是一个班的同学，你会的他也会，你不会的他也不会，经历和知识结构是差不多一样的，而要做合伙人，最重要的是互补，你会的他不会，他会的你不会，这样的话才是一个很好的合作人的基础。”潘石屹的说法不无道理，大家志同道合，却可能因过于相似，无法顾及创业涉及的既庞杂又广泛的方方面面。创业团队成员之间的关系，徐小平认为要做到互相认同、互相欣赏，还有互补。比如创立新东方时，俞敏洪会管理；徐小平管媒体，做出国留学咨询；王强基础硬，管教学，负责出国考试培训。他们三人在精神层面和业务层面都是极其完美的互补，同时又是北大的好朋友。又如，马云不懂技术，也不懂互联网，但是他的 17 位合伙人中不乏技术高手、市场高手、运营高手，这就是阿里巴巴团队中合伙人之间的互补。

拓展阅读6-3

英国剑桥大学的贝尔宾教授首次提出了团队角色理论，该理论出现在他的著作《管理团队：成败启示录》中。团队角色理论认为，一个团队必须具有 9 种角色，分别是协调者、推进者、创新者、监督者、凝聚者、信息者、完美者、完成者和专家，这 9 种角色在团队中的作用是不同的。

1. 协调者的角色分析

协调者具有较强的感召力与影响力，是大家心中的领导而不一定是实际中的管理者，这类角色信守承诺，处理事情得当并且公平，很容易得到员工的信任。由于协调者处理事务具有成熟的一面，同时又善于理性思考，所以协调者是较有影响力的角色。

协调者的角色特征：冷静、自控能力很强；协作能力高于管理能力；能处理复杂的关系；乐于贡献；个人目标与企业目标能很好的结合；管理创新能力差。

协调者在团队中的作用：时刻想着团队的大目标，明确团队的目标和方向；对需要决策的问题做出选择，并明确它们的先后顺序；帮助团队成员进行角色分工、责任和工作界限的确定总结团队的感受和成就，综合团队的建议。

2. 推进者的角色分析

推进者是一个具有极强挑战性的角色，这类员工言出必行、办事效率非常高，工作态度自动自发，工作积极性高，目标明确。推进者与人交往的方式相对粗糙，并且不善于聆听别人的意见，有时工作时提出自己的意见后，就执意执行，不愿意融入其他人的建议，因此，与其他人和平相处并给员工带来快乐是推进者最大的难题。

推进者的角色特征：性格外向，善于口才；工作有信心，有责任感；工作热情容易受打击，容易发火；喜欢挑战较难的工作，行动力较强，敢于面对困难。

推进者在团队中的作用：寻找和发现团队讨论中可能的方案。推进者一旦找到自己认为好的方案或模式，就会希望团队都跟从这一方案或模式，因此他会强力地向团队成员推销自己认为好的方案或模式，使团队内的任务和目标成形，推动团队达成一致意见，并朝向决策行动。

3. 创新者角色分析

创新者是一个具有创造性的角色，这类员工想象力丰富，思维敏捷，往往能提出让人吃惊的主意，但现实性和可操作性有待考察。创新者往往不善言谈，性格内向，与人打交道的能力与热情都有待提高。

创新者的角色特征：个人主义；不喜欢遵守规则，不考虑别人的感受；具备丰富的知识，有天分。

创新者在团队中的作用：提供建议；提出批评并引出相反意见。

4. 监督者角色分析

监督者是冷静型员工，表现比较严肃，按规则工作，对一件事情，监督者往往不会表现出过分的热情，但工作认真。监督者善于分析事物的发展规律，决策能力很强，并且对事情的把握能力很强，所以往往能够做出正确的决策。

监督者的角色特征：对人冷淡，与人交往有距离；冷静，善于批判；辨别能力非常强；缺乏鼓舞他人的能力和热情；容易批评人，不爱鼓励员工。

监督者在团队中的作用：分析问题和情景；对繁杂的材料予以简化，并澄清模糊不清的问题；对他人的判断和作用做出评价。

5. 凝聚者角色分析

凝聚者是积极的员工，他们善于理解、宽容其他员工，善于处理交际，处理灵活，能给公司其他成员营造快乐的环境。凝聚者有时为了其他员工的利益，有时会牺牲自我，同时鼓励与关注他人，是公司较受欢迎的角色。

凝聚者的角色特征：善于与人合作；性格温和，宽容；善于聆听其他人建议，应变能力非常强，但优柔寡断，果断性不够，心理承受能力差。

凝聚者在团队中的作用：给予他人支持，并帮助别人；打破讨论中的沉默；采取行动扭转或克服团队中的分歧。

6. 完美者角色分析

完美者是公司中最注重细节的人，做事力求完美，争做第一，主动工作能力与愿望都较强。完美者对工作有自己的观点，对别人要求很严格，对自己要求也很严格，同时对工作的完成结果标准要求很高，接触到的其他员工都会有压力。

完美者的角色特征：性格内向，注意细节；目标坚定，工作愿望不受外界太多干扰；遵守规则；授权能力差。

完美者在团队中的作用：强调任务的目标要求和活动日程表；在方案中寻找并指出错误、疏漏和被忽视的内容；刺激其他人参加活动，并促使团队成员产生时间紧迫的感觉。

7. 信息者角色分析

信息者具备较强的敏感性，经常关注公司内外的各种事务，喜欢与各种人打交道，能利用各种渠道收集信息，反应敏捷且交际能力强，性格外向，是一个对外界信息非常敏感的人。

信息者的角色特征：工作热情、积极，爱好范围广，能与各种人交流，但注意力不集中，不喜欢做专一的事情。

信息者在团队中的作用：提出建议，并引入外部信息，相当于电视机的接收天线；善于接触持有其他观点的个体或群体；参加磋商性质的活动。

8. 完成者角色分析

完成者是员工中执行力最强的角色，这类角色非常现实，工作努力，计划性强，有时很注重团队协作，对公司的忠诚度很高，具有较强的自控能力与纪律性。能系统地处理工作上的问题，对他人也能提出很好的发展建议。在没有监督的情况下也能保持较高的工作激情。

完成者的角色特征：性格内向，富有责任感；遵守纪律；为了团队工作能放弃个人爱好；组织能力强，务实；过于强调计划性，对有些事情的处理缺少灵活性。

完成者在团队中的作用：把谈话与建议转换为实际步骤，考虑什么是行得通的，什么是行不通的，整理建议，使之与已经取得一致意见的计划与已有的系统相配合；实干家就是好的执行者，能够可靠地执行一个既定的计划，但却未必擅长制订一个新的计划。

9. 专家的角色分析

专家致力于专业技能和知识。他们的首要任务是保持和发展自己的专业水准。这类角色对自己的领域保持高度热情，而且绝对是一个行家，但对其他专业比较冷淡。作为经理人，专家会获得大家的支持，因为在专业领域里，他们比其他任何人都在行；他们通常可以根据丰富的经验来做出决策。

专家的角色特征：具有专业水准，自我激励，专心致志；只能在专门领域做出贡献。

专家在团队中的作用：专家在某些团队中是不可或缺的，因为他们掌握的技能是机构产品或服务的基础所在；能在团队急需时带来知识和技能。

贝尔宾博士在谈到团队角色理论时说了这样一句话："你用我的理论，不一定能保证团队的成功，但可以预测一个团队是否失败。"他认为，要用好团队管理理论，还要有四个原则需要把握：第一，在一个团队中，角色要齐备，各种角色相互配合，成为一体；第二，管理者在管理团队时要容人之短，用人之长；第三，要求管理者尊重个体差异，实现气质上的优化和互补；第四，增加弹性，主动补位，要求当团队中某个角色欠缺时，其他成员能够替代，有一定的弹性，能够快速实现团队角色的转换。

在一个团队中，只有合理进行角色分工，又保持弹性，才能形成高效的团队，否则就会矛盾不断，效率低下。

找到互补的人一起创业的关键是要有自知之明。用蔡文胜的话说，要知道自己的优点，也要知道自己的缺点。2004 年 6 月，蔡文胜一人从福建北上到北京创业，边创业边寻找合伙人。"我的第一个员工是一个财务人员，现在还在我的公司，一开始我就觉得要补充财务的队伍；还有，我不是技术高手，所以我需要一个技术方面的能手，我就从武汉招了一个在网上认识的人，成为我的首席技术官；后面随着发展，我慢慢觉得要有国际化的思维，所以就招了黄明明，他现在是一个天使投资人。从这点来讲，我觉得你要知道自己哪些方面不足，哪些方面你是做不好的，必须要找到合适的人。"

世界上没有完美的个人，但有接近完美的团队，创业者需要做的就是建立一支能熬过困难，能越战越勇，能持续学习并最终夺取胜利的团队。一个好的创业团队成员，会在企业困难的时候迎难而上并帮助企业实现腾飞；同样的，一个不合格的创业团队成员，不仅会延误战机，更可能给企业带来灾难。对创业者而言，配备团队成员则意味着未来好几年内将和他休戚与共，共同决定企业未来几年内的走向。所以需要选择价值观一致、能力互补的创业伙伴，并通过提前制定好规则、坦率而真诚的交流以及彼此之间的包容，努力打造一个富有战斗力和生命力的团队。无论如何，都需要打造一个互相信任、能力互补的利益和情感共同体。

二、大学生创业团队岗位分析与设置

（一）大学生创业团队岗位分析

1. 创业团队成员工作方式的特殊性

创业是一种生活方式，创业的日子里，每个人都恨不得每天有 48 个小时。对于创业而言，不进则退，每一步都关乎企业能否存活、发展下去。如果不能及时推出可用的产品和服务，企业就会倒闭，创业团队成员直接面临失业问题。对于创业团队来说，成员需要喜欢挑战性工作，能够适应快节奏、有组织性的纷杂工作氛围，并且个人独立工作与团队协作同样高效。当然，创始人也有必要向候选人讲清楚在创业团队工作的一些现实状况，例如工作时间可能很长，CEO 周末、晚上有可能随时打电话联系，薪资待遇不稳定等。所以，在配备团队人员时，要确认他们的工作期望应比较现实，贴合创业团队在创业初期的情况。

2. 创业团队成员配备和岗位设置的动态性规律

创业团队岗位设置和成员配备需要根据企业发展的不同时期采用不同的策略，并不是一成不变的，如图 6-3 所示。2014 年阿里巴巴上市时，其合伙人团队增加到了 30 人，而最初的"十八罗汉"留在合伙人名单的只有 7 人，其他 23 人均是企业发展过程中从社会招聘中引进的优秀人才；百度上市后，除李彦宏外其他创始合伙人也基本陆续离开百度；腾讯的创始合伙人也陆续通过不同形式退出腾讯。从企业的人才策略的变化可以总结出创业团队从初创企业到成熟企业的成员配备的规律，即从基于强关系为主的人才引进到引进基于弱关系的社会人才招聘，再到采用基于契约的职业化经理人关系。

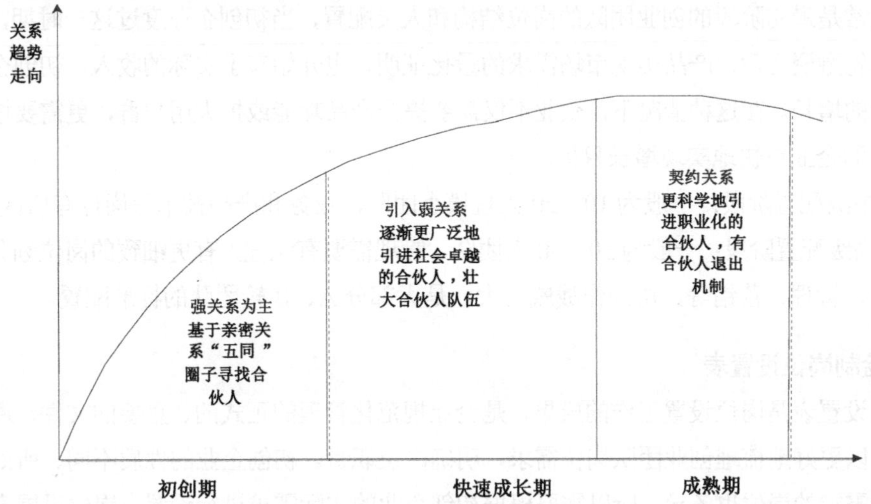

图6-3 企业发展不同时期的人才策略

(二) 大学生创业团队岗位设置

1. 对岗位设置划分先后顺序

部分创业者比较理想化，一开始就想着组建一个理想的"梦之队"。但实际上，"梦之队"往往都是以惨败收场的。原因很简单，在创业初期选择精益创业方式可以最大可能地提升生存概率，而反其道而行之则容易加速死亡。初创企业的资金都很有限，每一分钱都得用到刀刃上，否则前期融到的资金很快会花完。因此，创业团队的初创企业在岗位设置和人员数量上不能太多，能满足基本的需求就可以了，否则会增加内耗，造成不必要的麻烦。那么，应该最先设置哪一岗位？这一问题的答案在很大程度上取决于创业团队当前的业务目标以及投资者设定的基准。举例来说，如果目前创业公司的安卓产品版本尚不完美，那根本就没有必要设置 iOS 开发人员岗位。如果创业团队当前目标是要将收入额翻一番，那当务之急应该是设置并扩大营销和销售岗位。所以，对于创业团队来说，最重要的是根据当前的需求来设置岗位，而不能仅仅是由于在某个领域找到了一个看似不错的潜在雇员。

2. 确定团队的岗位结构

虽然很多团队成员最终都会发展成为全能型人才，但在团队创立之初，在面试之前，确定团队岗位结构是十分必要的，也有助于将预算控制在合理范围之内。在这里需要划分岗位结构配置的各个档次，创业团队需要根据企业的规模和发展阶段确定合适的岗位配置档次。

(1) 初级配置阶段：一般为2～4人小团队，一人身兼多职，多专多能。在初级配置阶段，通常需要三个人来创立一个企业。

- CEO/创始人：负责产品未来总体发展方向以及负责营销和销售。
- 首席技术官：用编码将想法变成现实产品。
- 设计师：让产品看上去更有吸引力。

这通常是最初阶段的创业团队的岗位结构和人员配置，当初创企业度过这一时期，获得首轮甚至几轮融资之后，产品实现市场需求的量化证明，也开始有了实际的收入，初创企业就会有进一步的增长。在这种情况下，企业不仅需要提升产品功能或扩大用户群，更需要增加岗位设置来帮助企业更快地实现增长目标。

(2) 中级配置阶段：一般为10～20人规模小团队，业务和产品技术等岗位有所区分。

(3) 高级配置阶段：一般为30～50人团队，管理需要有流程，有更细致的岗位划分，如研发、财务、管理、营销等，协同作战威力大，是大部分A、B轮团队的标准配置。

3. 绘制岗位设置表

岗位设置表是岗位设置工作的成果，是企业规范化管理的正式的、重要的文件，通过绘制表格，可以更好地梳理创业团队岗位需求，明确岗位职责。初创企业的性质不同、所处行业不同，则所需求的岗位也各异，所以需要根据初创企业的实际需求进行设置。岗位设置表具体分为部门岗位设置表和企业岗位设置总表两类。

部门岗位设置表是按照各个部门的岗位设置做出的表，主要介绍部门内有几个岗位以及各岗位的主要工作职责，每个部门绘制一张。企业岗位设置总表是把整个创业企业的岗位统一排成一张大表，总表包括三个栏目：岗位编号、岗位部门和岗位名称。

4. 根据设置的岗位配备成员

配备或者招募的成员的专业背景或者技术专长应当与设置的岗位相匹配，应当根据岗位的具体要求配备成员。例如，初创企业设置芯片销售顾问岗位，那么就需要招募销售人才，这类候选者需要善于言谈，对产品相当了解，专业背景最好是市场营销专业。

本章小结

大学生创业团队的核心领导人是创业团队组建初期最开始招募或者配备的核心创业者，他们决定了企业的发展方向，确定了企业文化的走向，是初创企业的核心领导层和管理层，因此，这些人应该是精挑细选的，应能成为创业团队的“基石”。一个强有力的核心领导人班子的基本构成是一个强有力的领军人物CEO和达成充分共识的3～5个核心成员作为创业团队核心领导人。可以通过四步法遴选核心领导人，从而搭建强有力的核心领导人班子。创业团队需要在合适的岗位配置合适的人才，让创业团队成员各自发挥自身优势，形成优势互补，从而能顾及创业涉及的既庞杂又广泛的方方面面。创业团队岗位成员配备具有创业团队成员工作方式的特殊性以及创业团队成员配备和岗位设置的动态性规律等特点。对于创业团队来说，最重要的是根据当前的需求来设置岗位，确定团队的岗位结构并绘制出岗位设置表，根据具体的岗位设置来配备团队成员。

关键概念：

CEO
合伙人(partners)
核心领导人(core leaders)
岗位设置(post setting)
成员配备(members allocating)

复习思考题

一、案例分析

金操、庞海洋：根号二团队

年轻人最不缺少的是强烈的创新精神与大无畏的尝试精神，最缺少的是创业的起步资金与行业的从业经验。金操与庞海洋等组成的根号二团队去工商局注册公司的起步资金都没有，却一步步走出了重庆，甚至把业务延伸到了上海、广州。古语说，“兄弟齐心，其利断金”，团队齐心，势当无敌！

农村孩子金操与庞海洋盯着创意这个行业已经很久了。同为重庆广播大学传媒艺术系的大二学生，他们在课余时间发现重庆所有的品牌设计公司都活得很滋润，这些公司的核心团队只有十几个人。自己也是学设计的，认识的同学也不少，既然别人可以组建一个公司，那我们也可以。抱着这个简单的想法，金操和庞海洋跑去找自己的视觉传达研究中心老师俞明，想向老师请教一下他们创业的可能性。不问不知道，一问吓一跳，办公场地没钱租，员工没钱聘，连工商登记都没钱去办。回到宿舍，两人商量开了。“海洋，我觉得我们还是不能光想着不可能。”金操闷闷地说，看来他今天也有点被打击到了。“是的，没钱租办公用地，我们可以在教室画啊，反正我们是卖创意的，又不是开工厂，哪里需要那么大的场地。实在不行，我们在宿舍、在图书馆都可以画。”庞海洋灵机一动地说。金操也想到了：“好办法，何况我们也不需要请人啊，身边这么多同学，搞创意的、搞方案的、会谈判的、会软件的，还有会实习的，我们都认识。一起创业还需要什么工资啊？挣到钱是大家的，公司办起来之前我们不都是创业元老吗？”庞海洋一听，连声说好，于是直接就去拉人入伙。

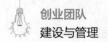

这平常而又不平常的一天终于来了，在每个人都当老板，每个人都只需出资几百块的情况下，根号二品牌设计坊开张了。这个微型企业“五脏俱全”，一周时间内拉来的团队主创人员里，七男三女。胡斌，大三学生，动手能力强，在大学生机器人比赛里拿过奖；同是大三的严莎莎学姐，口才好、谈判技巧强，是辩论赛里的常胜将军；而大一的学弟黄勇是计算机好手，软件技术出色；丘斌则有着在广告公司的从业经历，创意为先；刘文，大三中文系学生，方案这方面完全没问题；而拿过微软编程比赛大奖的刘德海在编程这块能成为团队的顶梁柱。10个人一凑齐，一个像模像样的设计公司人员构成已经完成。而作为金操和庞海洋的指导老师，俞明老师为自己的学生们东奔西跑，帮根号二团队拿到了学校一间 80 多平方米的教室作为办公场所。当他们一听这教室是学校免费给他们使用时，心里都乐开了花。一个月后，就设计出了根号二品牌设计坊的商标，兴致勃勃且郑重其事地挂在了教室门口，以后这就是他们的大本营了。

要想把根号二真正开起来，业务是推手。10 个人纷纷挂着根号二设计总监、创意总监、策划总监、行政总监的名头去跑业务了。饿了啃馒头，渴了喝自己带的水，创业团队是个整体，休戚相关，荣辱与共，忍饥挨饿，但拜访客户的脚步一刻也不能停。一次，金操得知一家连锁洗衣店“衣能净洗衣”正准备做企业形象设计，马上拉着团队里的人去拜访。谁知初上阵，对方就派出了企业老总和七八个主管出来洽谈。“真是没想到，那场面太隆重了，第一次接触，我手心里全是汗，紧张得不得了。”负责方案的刘文说。好在他们胜在真诚与努力，那边的老总最后说：“我也不管你们公司是大还是小，只要设计方案能让我们满意，价钱也合适，我们这单就给你们来做。”根号二团队别提多高兴了。第一笔订单接下来之后，10 个人拿出最大的干劲，兵分两路，一路人去洗衣店市场了解现有的行业设计情况与消费者的习惯。另一路人查资料、收集信息。前期资料收集过后，根号二团队一致决定拿出两套方案供客户选择。方案一：以水滴组成衣字来突出企业特征，花瓣式构图象征企业前景绚烂如花；方案二：侧重创意性，把风干的衣服与衣字相结合，辨识度强，易于记忆。最终客户选中第二套方案。首战算是告捷。

2010 年，重庆市政府发文，征集第八届中国(重庆)国际园林博览会的吉祥物形象。根号二团队得到消息后，马上进入紧急动员阶段。“这是个多好的机会呀，如果这次能用上我们设计的吉祥物，那根号二的实力就得到证明了，品牌也就打响了。”团队成员们深深地明白这个道理，但要在众多的设计公司与个人中胜出，又谈何容易。吉祥物既要体现重庆精神，又要有国际性与地域性，还要通过吉祥物的可爱反映城市的面貌。集思广益之后，根号二团队独具匠心地使用重庆的别称“山城”设计出了两个可爱的吉祥物：珊珊与诚诚。吉祥物用重庆市树黄葛树、市花山茶花进行设计。设计里不仅饱含了园林特色，而且恰到好处地体现了重庆的地域特色。最终不负众望，根号二一举夺魁！

根号二用心走出的每一步路都成为下一步的机会，团队里每个人的优势都发挥到极点，打造更为吸引人的创意，从而使其在众多的设计公司间脱颖而出。“我们这10个人就是一个人，分散开来，又像是10把剑作用于一点。我们都是公司的负责人，没有拖延，没有推卸，我们这个团队就是公司最核心的资产。”庞海洋说。借力于重庆市大力发展微型企业的政策，2010年，根号二通过了工商注册，10万元的注册资金中，重庆市财政为其出资了4万元，而且根号二还得到了政府在税收减免与金融上的支持，3年内工商执照审验费用全部豁免。“我们能用上的资源就要全部用上，这样才能更快发展。”金操说。2011年，根号二半年的营业额就达到500万元，其中纯利润50多万元。截至2012年，业务已经拓展至深圳、东莞、北京等地，同时，他们的客户来源也越来越广泛，雀巢等国际大公司都与根号二有了合作关系。一人计短，众人计长，团结就是力量。以创意谋生存的创业团队如何发挥最大的主观能动性，如何用最好的公司架构来获得创业团队的稳定性，这是所有大学生创业时必须思考的问题，也是决定创业之路能否成功的重要前提。

(资料来源：张利. 第一桶金：大学生创业篇[M]. 北京：中国纺织出版社，2015.)

思考：

1. 简述根号二团队创业成功的原因。
2. 根号二团队创业成功对你有何启示？

二、拓展训练

【主题】大师这么说。

【形式】集体参与。

【时间】大约30分钟。

【材料】笔和纸。

【场地】不限。

【应用】

1. 团队建设。
2. 创造性思维培养。

【目的】鼓励对团队工作进行创造性思考和改进。

【程序】

1. 每个小组成员用所提供的笔和纸写下一份可选择的大师语录，例如，“团队进程的管理必须成为任务的一部分。”“变化是生活的规律，那些只关注过去和现在的人将必定失去未来。”“领导者的任务是使他的人民从他们所在的地方到他们没有去过的地方去。”“在每场比赛中把每一件小事做好会拉开胜利和失败之间的距离。”

2. 针对选择的一条语录，提问引出介绍性的讨论。可能的问题：这条语录是否能引发有关你们团队的思考？这种小型的讨论意味着对团体的关注，并为接下来的个人思考打下基础。

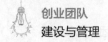

3. 讨论每条语录，让参与者分享他们的回答。

4. 引导小组成员去发掘那些能转化成实际的行动的建议。

5. 核实大家是否达成以下共识：更好地了解彼此的观点、重新理解团队的运作方式或者提高团队工作效率的行动承诺。

【总结与评估】这个活动要求成员尽量摆脱垂直思维方式，去探究平时不关注的团队行为问题。团队成员列出一份可选择的语录，这份语录可以看作团队成员思维的催化剂。语录是各式各样的，能触发不同的成员产生不同的思想。

第七章
大学生创业团队的运作机制

学习目的与要求

- 掌握大学生创业团队运作机制的主要内容

导入案例

UC优视董事长兼CEO俞永福：创业就是要“打群架”

在UC优视，每一个人都可以说“不”，但是必须要有一个人负责做决策。

2006年年初，我第一次见到了UC的两个创业搭档——何小鹏和梁捷，当时我还在联想投资，而他们正在找投资。接到他们提过来的名片，我愣了一下：两个人的名片怎么都是副总经理？我马上就问总经理是谁，他们的回答让我眼前一亮。实际上，他们两个人都是公司的负责人，都印“副总经理”头衔有两个考虑：见客户的时候，如果有些问题不好当场拍板，可以说“我们再回去跟老大商量商量”；更关键的是，他们觉得两个人都是技术出身，未来需要找到一个在战略规划、经营管理上更成熟的人，由他来当总经理。

这是我投资生涯看过的500家创业公司中，创业者第一个能这样想问题的，背后体现了一种大智慧。中国的技术类创业公司有明显的成长天花板，员工一百多人，收入两三千万元，大多数企业就再也长不大了。为什么？因为创业者自己都是技术和产品出身，在公司管理和战略规划上并不擅长，投资人如果意识到这个问题，通常会找一个副总裁来补充团队能力。但由于很多事情还是需要企业“一号位”决策，所以瓶颈问题还是无法完全突破。要突破成长瓶颈，还得创业者自己有“打群架”的意识。中国当下的创业环境，对创业公司的要求是“十项全能”，技术、产品、管理、市场……任何一块短板都会限制木桶的盛水量。创业者不能一味单打独斗，而“补短板”最有效率的方法就是找搭档。今天如果有创业者来找我谈投资，我的第一个问题就会问：“你们团队有几个搭档？”在我看来，三个人是比较好的创业团队架构。一个人很容易“一言堂”；两个人时间长了也会积累矛盾；三角形则最稳固，两个人有分歧时，还可以听听第三个人的意见。

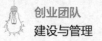

当然，早期人多了也有效率问题，所以创业团队最重要的一个关键点是决策机制。小公司、家族企业通常都是“一言堂”，“Nobody Can Say No”(没有人可以说不)；大企业或跨国公司则往往走向另一个极端，“Everybody Can Say No，Nobody Can Say Yes”(每个人都能说不，但没人能说就这么做)，即典型的“假民主”，人人都可以说“不”，但到了决策时，却永远停留在讨论阶段，没人愿意承担责任。有鉴于此，UC 将自己的决策机制定为“Everybody Can Say No，Someone Can Say Yes”(每个人都可以说“不”，但是必须要有一个人负责做决策)。例如，在公司策略、市场管理上，梁捷就是 UC 的“一号位”，所有人都可以提意见，但最终做决策的一定是梁捷；而产品创新上的“一号位”是何小鹏，其他可以提意见，但最终拍板的应该是何小鹏。原因很简单，每个人在各自的领域都用了最多的时间去思考，即使犯错误，这个学费也要交给“一号位”。

志同道合、能力互补、决策机制，建班子时做到这三点，创业团队就具备了“打群架”的能力，也才有可能突破瓶颈，走得长远。

(资料来源：https://news.pedaily.cn/201311/20131126357448.shtml)

大学生创业团队是为了实现某一特定的创业目标而组成的，要实现其创业目标，必须依据团队角色理论进行合理分工，把总目标分解为若干个分目标，分配给团队成员去完成。在实现创业目标的过程中，最关键的因素不是团队成员个人的能力，而是建立整个创业团队良好的运行机制，使团队成员的个人能力在团队的范畴内形成互补，并使之有机融合，实现团队创业能力的最大化。大学生创业团队的运作机制主要包括决策机制、沟通机制、激励机制。

第一节　大学生创业团队的决策机制

如何从混乱中理出思绪，为创业团队做出最佳决策是困扰每一个创业者和创业团队的问题。当创业团队设定好一定的计划、方针之后，决策者必须设想好有可能产生的最好结果和最坏结果，然后考虑如何应对各种可能发生的情况，以做出更好的业务决策。

一、决策概述

(一) 决策的概念

决策就是在解决问题的多个选择或者多个方案中，依据问题的条件、环境和目标结果的要求进行科学、合理、充分的判断，并选择一个最有效的可执行方案付诸实施。决策是一个过程，是解决问题和实现目标的必要条件，是行动的基础，没有决策的行动是不可能成功的。决策的作用是至关重要的，是一项任务的核心关键步骤，是最有挑战、最具风险性和最关键的工作。

费尔在担任美国贝尔电话公司总裁的 20 年里打造了一个世界上最大规模的民营企业。电话系统应该民营，在今天的美国认为理所当然的，然而在世界上已开发地区的电话系统中，只有贝尔电话公司经营的北美洲市场不是由政府经营。贝尔公司之所以能有这样的成就，主要的原因在于费尔担任该公司总裁将近20年之内，做了四大决策。

贝尔电话公司必须预测社会大众的服务要求，满足社会大众的服务要求，于是便提出了“本公司以服务为目的”的口号。当初，费尔看清了一个民营的电话公司要想站得住脚，不被政府收归国有，既不能采取防守政策，也不应当采取防守政策，应该比任何政府企业都要更加照顾社会大众的利益，积极为其服务。费尔还认为应有一项判断管理人员及其作业的尺度，用于衡量服务的程度，把服务的成果视作管理人员的一种责任，从而，公司高阶层的职责即在于组织及调整资源，提供最佳服务，并获得适当的收益。

费尔认为一个全国性的电讯事业，绝不能像传统的“自由企业”一样进行无拘无束的经营。他认为，唯一的方法便是“公众管制”。费尔把有效的“公众管制”作为贝尔公司的目标，这样，一方面能确保公众利益，另一方面又能使贝尔公司顺利经营，兴旺发达。公司建立了贝尔研究所，成为企业界最成功的科研机构之一，这项决策是以一个独占性民营企业必须自强不息才能保持活力的观念为出发点。他认为一个企业如果没有竞争力，便不能成长。电讯工业的技术最为重要，公司的发展取决于技术能否日新月异，贝尔研究所起源于这一观念。

费尔在20世纪20年代开创了一个大众资金市场，他认为许多企业之所以被政府接管，多数是由于无法取得所需要的资金。为确保贝尔公司以民营形态生存下来，必须筹措大量资金。费尔发行了一种美国电话电报公司普通股份，直到今天这个普通股份仍然是美国和加拿大中产阶级的投资对象，也使贝尔公司获得了大量资金。

通过上述案例不难看出，团队决策机制的设立在一定程度上决定了企业成功与否。

(二) 决策的特性

决策是一项具有目标性、普遍性、特殊性、可行性和重要性的工作，为了达到某个目标或者解决某个问题，需要及时做出合理的决策。决策必须要有明确的目标，决策具有很强的目的性和目标性。在人类活动中，无论是个人还是集体，无论是家事还是国事决策，决策无处不在，无时不在，无论是学习、工作还是生活，都不可避免地面临新选择和新机会，都需要人们做出自己的选择或者决策，因此决策普遍存在于事物发展的全过程中。决策一定是针对特定问题、特定目标的多个解决办法或者实现方案，从至少两个以上的选择中找出能够取得期望效果的方案，它明显具有一定的特殊性。在行动和活动中，决策起着决定性的作用，正确的决策才能让活动有好的结果，使行动有意义。

(三) 决策的要素

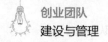

要全面、有效地开展一次决策，实现正确的决策，必须具备一些基本的要素：决策者、决策对象、决策目标、决策方案和决策方法。

1. 决策者

决策者是决策的主体，是决策过程的核心要素，是决策过程中最积极、最能动、最主动的因素。决策者处于主导地位，是决策成败的核心。决策者的能力非常关键，一个能力结构合理的决策者不仅能使参与决策的人各展其所长，而且可以通过有效的能力组合，充分发挥集体决策者的力量。不同背景、不同专业、不同能力的决策者组成的集体更可能做出正确、合理的决策。

2. 决策对象

决策对象是决策过程的课题，是决策者有能力改变其行为或者对其产生作用和影响的系统。决策对象随着人类认识的提高和科技的发展也在不断发生变化。

3. 决策目标

没有目标就没有决策，决策目标是决策的必要因素。决策目标是指在一定的内部条件和外部条件下，决策者针对所要解决的问题而期望取得的成果和实现的价值。只有正确的决策目标，才能避免决策的失误。决策目标是根据所面临的决策对象和所要解决的问题来确定的，因此，决策者所要解决的问题是决策目标的关键。

4. 决策方案

一旦确定了决策目标，就要制定决策方案。决策者围绕决策目标，收集与决策对象相关联的信息，并识别影响决策目标结果的重要信息，通过分析各类信息，最终形成多个决策方案。决策者依据客观条件和现实环境，筛选出有价值的信息，考虑各种可能性，拟定所有可行性的解决方案。决策方案的建立是一件具有挑战性的工作，决策方案质量的好坏直接影响决策的成败。决策者应该具有足够的智慧，综合评估决策方案是否与资源、能力相适应，以及决策方案在经济和社会上是否科学、合理和可行，充分发挥创新能力提出更多、更好的点子和想法，才更有助于决策的成功。

5. 决策方法

为了提高决策的正确性，决策者必须掌握科学的决策方法。一般而言，决策方法可分为定性分析法和定量分析法。定量分析法通常可分为三种情况：确定型决策分析、风险型决策分析和不确定性决策分析。从集体决策的角度来看，常用的决策方法有民主决策、精英决策、共识决策等。

(四) 决策的类型

1. 按决策问题的重要程度分为战略决策、战术决策、业务决策

战略决策是指对公司经营方向和发展规划做出的决策，是关系到公司命运的重大决策。战略决策只能由公司高层决策者做出，是战术决策的依据和指导。战术决策是为战略决策服务的，是实现公司战略目标的重要决策。战术决策通常由公司部门经理等中层管理人员做出。业务决策是日常工作中为提高生产效率、工作效率而做出的决策，作用范围较窄，只对组织内部产生影响。

管理层次与决策类别的关系如表 7-1 所示。

表7-1　管理层次与决策类别的关系

管理层次	决策类别
最高管理层	战略决策
中间管理层	战术决策
初级管理层	业务决策

(资料来源：https://wenku.baidu.com/view/7ae78dfbac51f01dc281e53a580216fc700a53f2.html)

2. 按决策问题的规范程度分为程序化决策、非程序化决策

程序化决策是指决策的问题是经常出现的问题，已经具备处理经验、规范流程、标准手段，可以按照常规方法来解决的问题。非程序化决策是指决策的问题不是经常出现，没有固定的处理流程和经验借鉴，要靠决策者做出新的决策来处理。

3. 按决策结果的可靠性分为确定性决策、风险性决策、不确定性决策

确定性决策是指每个决策方案只有一种结果，决策者对决策问题的每一个特性和结果都有充分理解，只要根据判断标准比较备选方案做出决策即可。风险性决策是指每个决策方案可能有几种不同的结果，决策者可以测算每个结果产生的概率。不确定性决策是指每个决策方案可能有几种不同的结果，决策者不能测算每个结果产生的概率。有些决策方案可能具有随机性规律，决策者无法认识到决策结果的发生概率，就大大增加了决策的不确定性。

二、决策的过程

(一) 确定决策目标

决策者根据所要解决问题的性质确定未来所要达到的期望和结果。针对复杂问题，决策者要抓住问题的关键，确定主要目标，然后遵循一定规则进行分解，形成多目标集合。决策目标也是决策者制定和确定决策方案的基准，正确的目标才能保证高效、高质量的决策方案。全面考虑问题的限制条件、现实环境和指标要求，是判断决策目标是否合理的重要依据。

(二) 信息收集与分析

确定决策目标之后，决策者就可以开始收集与问题和决策对象相关的所有信息。因为良好的决策需要足够多的有价值的信息来支持。而且，分析问题的前提条件也是要收集足够多的有效信息。检查、整理完信息数据之后，决策者就可以仔细分析这些信息，对重要信息进行排序，确定有价值的关键信息，这有助于决策者把握住目标。

(三) 拟定决策方案

决策者分析完各类信息以后，就要尽量将各种可能实现决策目标的方案设计出来。可供选择的方案越多，决策者对比、鉴别、选择的空间也就越大，因而选出的方案就更加有利。因此，拟定可供决策者选择的多个决策方案是决策过程的一项重要内容。决策方案是决策者围绕决策对象，解决决策问题，实现决策目标的方法和途径。在这一阶段，决策者必须开拓思维，充分发挥想象力，这有助于创造出更多、更好的决策方案。人们常用的方法有头脑风暴法和德尔菲法。

(四) 确定决策方案

决策方案的确定是决策过程的拍板行动和关键阶段，是指决策者根据决策目标和决策对象，应用科学决策方法和工具对各种决策方案进行分析、权衡和论证，从中挑选出令决策者满意的方案的过程。决策方案是否符合决策目标的要求是评判方案的基本原则。对于方案的抉择，最根本和最重要的考量就是所选方案解决决策问题的效果会更好。

(五) 决策执行、反馈与调整

最合理的决策方案出炉后，决策过程并没有结束。决策者必须明白决策需要执行，执行的目的是落实决策的主导思想。决策是解决如何做正确的事，执行解决如何正确地做事，再好的决策方案没有落实执行也毫无意义。决策者不仅要做出决策，更要执行好行动方案，实现决策目标。在执行过程中，必须对执行情况进行监督和检查，及时把决策方案与执行情况的变化和客观情况反馈给决策者，以便对原有决策方案做出必要的补充和调整，形成新的决策方案。只有这样才能构成动态的决策反馈循环，有助于提高决策方案的质量和决策者的决策水平。

三、决策的方法

一旦决策者明确了决策目标和决策方案，就需要考虑采用有效的方法，选择正确的决策方案，决策方法对方案的选择和决策结果会产生重大影响。决策方法有很多，通常包括定性分析法和定量分析法。定量分析法又分为确定性决策分析、风险性决策分析和不确定性决策分析。

(一) 决策的“硬”技术和“软”技术

1. 决策的“硬”技术

决策的“硬”技术是指建立在数学模型基础上，运用电子计算机辅助决策的方法。其中应用比较广泛、比较成熟的技术是以统筹学和管理科学为主要内容的计算机决策支持系统，该技术大大提高了决策的准确性和实时性。由于“硬”技术的数学模型往往要求具有明确的条件，而社会经济活动和管理活动却是不断变化的，存在决策者难以控制的和不确定的条件因素，使“硬”技术在运用上具有局限性。

2. 决策的“软”技术

决策的“软”技术是指建立在心理学、社会学、行为科学等基础上的“专家法”，即“专家创造力技术”，是指通过有合理结构的专家群体，依靠现代科学手段掌握大量信息，迅速、严密地分析、归纳和演绎，提出决策的目标、方案、参数，并做出相应的评价和选择。“软”技术最适合受社会因素影响较大、所含不确定因素多的综合性决策，特别是战略决策问题。“软”技术弥补了“硬”技术无法对政治、社会和人文因素进行定量测算分析的缺陷，从未来着重通过数学解析手段求最优解的方法，转向大力采用模拟法、探试法、推演法等灵活实用的方法。这些方法的特点是决策模拟。决策模拟在管理决策中具有明显的积极作用，不受直接求解的限制，可以包括更多、更全面的决策影响因素，使决策更加接近实际，在实际应用中更为有效。

(二) 常用的决策方法

1. 确定性决策的方法

确定性决策的分析、计算一般采用方案比较法、成本效益分析法、量本利分析法等，其中量本利分析法是一种适用性强、应用广泛的决策方法，其基本原理是根据与决策方案有关的产品产(销)量，成本、盈利的相互关系，分析各方案对应的经营效益的影响，对此做出方案的评价和选择。盈亏平衡分析如下：

$$\text{盈亏平衡点销售量}Q_E = \frac{C}{P-V}$$

$$\text{销售量为}Q_1\text{的盈利额} = PQ_1 - (VQ_1 + C)$$

$$\text{达到目标利润}I\text{的销售量}Q_1 = \frac{C+2}{P-V}$$

式中：P 是销售单位；V 是单位变动成本；E 是盈亏平衡点。

2. 风险性决策的方法

风险性决策也称随机性决策，其决策的客观条件不能肯定，但能确定未来经济事件各种自然状态可能发生的概率。

表 7-2 中，矩阵中的 S_i 表示可能发生的客观状况(自然状态)，它们不以决策者的意志为转

移，属于不能控制的因素。而 $P(S_i)$ 表示状态 S_j 发生的概念。矩阵中的 A_i 表示决策者解决问题时可能采取的策略方案，是决策者可以调节的，属于可控制的因素。矩阵中的 V_{ij} 表示各种不同的方案在各种不同的自然状态下产生的结果。期望值的计算公式如下：

$$\sum_{j=1}^{n} A_i S_j \ (i=1,2,\cdots,m)$$

表7-2　决策矩阵

决策变量	状态变量	
	S_1 S_2 … S_n … S_m $P(S_1)$ (S_2)…$P(S_n)$…$P(S_m)$	期望值
A_1	V_{11} V_{12} … V_{1n} … V_{1m}	
A_2	V_{21} V_{22} … V_{2n} … V_{2m}	
…	…	
A_m	V_{m1} V_{m2} … V_{mn} … V_{mm}	

决策者根据决策目标，选择最大的或最小的期望值所对应的方案为决策方案，并付诸实施。

如图 7-1 所示，决策树的分析计算与决策矩阵基本相似，但它用树形图来描述其分析计算过程，并且能解决较为复杂的多层次的决策问题。

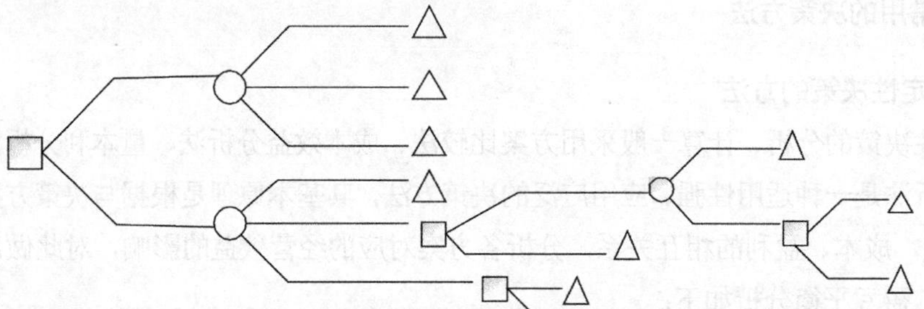

图7-1　决策树

(资料来源：https://wenku.baidu.com/view/7ae78dfbac51f01dc281e53a580216fc700a53f2.html)

图 7-1 中，□表示决策点，由此引出方案枝；○表示状态，由此引出概率枝；△表示决策过程始点，表示该过程的决策结果。

3. 不确定性决策的方法

(1) 等可能性法。等可能性法也称拉普拉斯决策准则。采用这种方法的前提是假定自然状态中任何一种方案发生的可能性都是相同的，通过比较每个方案的损益平均值来进行方案的选择。在利润最大化目标下，选择平均利润最大的方案；在成本最小目标下，选择平均成本最小的方案。

(2) 保守法。保守法也称瓦尔德决策准则，是一种从小中取大的准则。运用保守法进行决策时，首先确定每一个可选方案的最小收益值，然后从这些方案的最小收益值中选出一个最大值，与该最大值相对应的方案就是决策所选择的方案。

(3) 冒险法。冒险法也称赫威斯决策准则，是一种大中取大的准则。运行冒险法进行决策时，首先确定每一可选方案的最大利润值，再从这些方案的最大利润中选出一个最大值，与该最大值相对应的可选方案便是决策选择的方案。

(4) 乐观法。乐观法也称折中决策法。运用乐观法进行决策时，决策者首先确定一个乐观系数 ε (0.5，1)，利用乐观系数计算出各方案的乐观期望值，并选择期望值最大的方案。

(5) 最小最大后悔值法。运用最小最大后悔值法进行决策时，首先要将决策矩阵从利润矩阵转变为机会损失矩阵，然后确定每一个可选方案的最大机会损失，在这些方案的最大机会损失中选出一个最小值，与该最小值对应的可选方案便是决策选择的方案。

如果决策者只有一个人，即所有决策行动由领导一人决定，这就是典型的个人决策，适合紧急和危险的状况下，需要快速做出反应的事件或者问题；民主决策是按照少数服从多数的原则进行投票来形成决策，每个参与者都是决策者，适用于独立投票，对所有决策者公正、公平，尊重各方利益，让所有成员参与决策的场合；精英决策是指少数骨干成员和优秀分子为决策者，并对决策方案较快做出决定，直接负责决策结果，适用于决策者都具有所需要的经验、知识和技能，决策的执行不要求其他成员有太高的承诺度；共识决策是让所有成员先展开讨论，形成共同的决策意见，然后由决策者做出最后的决定，好处是提高了所有成员的参与感和对决策的忠诚度，加强了决策的正确性，适用于有充足时间对各决策方案进行详细分析和评估的情况。下面以腾讯和华为为例，介绍一下不同企业的决策机制。

- 腾讯的决策机制。腾讯每两周召开一次总办会，参加者为5位创始人和各核心业务部门主管，人数为10～12人，这个人数规模一直没有被突破，一直到2013年，腾讯的总员工人数已超过2万人，总办会的参与者也不过16人。在关系到公司整体战略的事务上，以达成共识为决策前提，若反对的人多，便会被搁置，而一旦为大多数人所赞同，反对者可以保留自己的意见。在这一过程中，马化腾并没有被授予“一票赞同”或“一票否决”的权力，他看上去更像是一位折中者。
- 华为的决策机制。华为实行轮值CEO制度，集团层面由3位轮值CEO各自主持半年，实际上仍然是集体领导、集体决策。不同的是，华为又成立了运营商、企业、消费者三大业务集团，将日常的管理决策权下放给了各大业务集团。这种新的管理架构有利于各大业务集团聚焦自己的领域，并做出更加灵活的决策。任正非表示，华为有两个决策体系：一个决策体系是以技术为中心的理想体系，另一个决策体系是以客户需求为中心的战略市场的现实主义。两个体系在中间强辩论，然后达成开发目标妥协。

拓展阅读7-1

印尼阿斯特拉集团：管理决策与企业经营

说起谢建隆，在印尼乃至东南亚可以说无人不知。30年前，谢建隆以2.5万美元起家，经过不懈努力，终于建立起一个以汽车装配和销售为主的“王国”。

鼎盛时期，阿斯特拉集团拥有15亿美元的资产，年营业额达25亿美元，55%的印尼汽车市场被它占领。公司股票上市后，不少投资者认为，经营上轨道，投资风险小，且获利稳定，颇有投资价值。而谢氏家族占有绝对控制权——直接持有76%的公司股票。

自从著名的美国王安公司申请破产以来，印尼第二大集团企业——阿斯特拉集团也陷入了“泥潭”……

一些有识之士毫不客气地指出，酿成这一悲剧的症结完全在于该公司的创业者，印尼华人富商谢建隆患上了严重的“家族企业症”。

这得从谢建隆的大儿子爱德华谈起。爱德华曾获企业管理硕士学位，回到印尼后，决心大干一番。1979年，爱德华以2.5万美元成立了第一家企业——苏玛银行。

当时印尼经济刚刚开始腾飞，政府信用扩充，天时配合，以及凭着“谢建隆”这个金字招牌所代表的信誉，他以很少的抵押就能贷到大笔资金。

接着，他投资金融保险业务和房地产投资开发，资本迅速膨胀，10年之内，以苏玛银行为中心的苏玛集团拥有10亿美元的资产，事业遍及欧美和东亚地区，苏玛集团成为与阿斯特拉集团相当的集团企业。

殊不知，巨大成功的背后潜伏着重重危机。从一开始，爱德华就犯了一个不可饶恕的错误：他的王国建立在债务上，而不是稳扎稳打发展来的。

爱德华在这10年的经营中，似乎只知道“以债养债”，不计代价的成长，基础极其脆弱，没有一些像样的经济实体与之配合。如果机会不再，危险便会接踵而来。

果然，到了1990年年底，印尼政府意识到经济发展过热，开始实行一系列紧缩政策，银根收紧便是其中之一。苏玛集团顿时陷入难堪的境地——苏玛银行的贷款无法回收，经营的房地产又不易脱手，而高达5亿美元的债务，单是20%以上的利息就足以拖垮集团……当储户们听说苏玛银行有问题，便开始挤兑，从而一发不可收拾，苏玛集团岌岌可危。

儿子“背时”，老子心急如焚，爱德华大难临头，岂能见死不救？谢建隆唯一能采取的补救措施是以阿斯特拉集团的股票作抵押来筹措资金。想不到，“屋漏偏逢连夜雨”，阿斯特拉集团的股票又因印尼经济萎缩、汽车市场疲软而价格下跌，结果犹如推倒多米诺骨牌，不可逆转。这时，正好是1992年年底。

30年辛劳半年毁，本来，苏玛集团和阿斯特拉集团无所有权关系，苏玛集团的灾难不应拖垮谢氏集团，谢建隆完全可以不负连带责任。

那么，究竟什么原因促使谢建隆下决心“拯救”呢？无非是两个原因：一方面维持自家信用；另一方面难舍舐犊之情，不肯壮士断腕。结果反而将老本都赔光。

由此看来，苏玛集团的崩溃并不在于爱德华不会“守业”，而恰恰暴露了像爱德华这样的第二代企业家往往低估了企业经营的困难与风险。如果再往深层看，症结还是在谢建隆身上。

因为，其一，1990 年年底苏玛集团发生危机时，低估了事态的严重性，把长期问题当作短期问题来处理，直至 1992 年年底仍不能完全清醒。这样，悲剧的发生也就不足为奇了。其二，他不轻易将企业的“权杖”交给儿子，固然不错，但是，作为他理应告诫或阻止爱德华不能靠过度借债来扩充事业。

(资料来源：https://wenku.baidu.com/view/7ae78dfbac51f01dc281e53a580216fc700a53f2.html)

第二节　大学生创业团队的沟通机制

一、沟通的概念及内涵

对于创业团队而言，在创业的全过程中，管理最核心的任务是沟通。团队内部不能建立有效的沟通，必然会影响整个团队的工作效率、质量，甚至会阻碍团队工作目标的实现。许多成功的企业非常注重通过有效的沟通来实现对员工的管理和激励，为员工的发展创造良好的综合环境。著名的三星公司就设立了“员工关系担当”的职位，其职能就是专门负责各级员工的交流与沟通，致力于企业统一价值观的确立。企业内部的有效沟通能够减少无谓的内部消耗，降低管理成本，提高工作效率，保证信息的及时反馈和处理，这些对一个企业的生存与发展都是至关重要的。

(一) 沟通的概念

沟通就是信息交流，是人们在互动过程中，通过某种方式将一定的信息从发送者传递给接收者，并获取反馈的过程。沟通是人与人之间、人与群体之间思想与感情的传递和反馈的过程，是一个人获得他人思想、感情、见解、价值观的一种途径，是人与人之间交往的一座桥梁。通过这座桥梁，人们可以分享彼此的感情和知识，也可以消除误会、增进了解。团队沟通是伴随团队出现应运而生的。在任何一个团队中，成员不再是独立的个体，而是其中一个组成部分，只要有团队，就一定会涉及沟通，并以沟通的信息作为团队执行任务的决策依据。

要想在创业团队中建立良好的沟通，就必须认真考虑障碍、沟通发起者、信息、通道、信息接收者和反馈，这些构成了沟通的基本要素。

沟通的要素如图 7-2 所示。

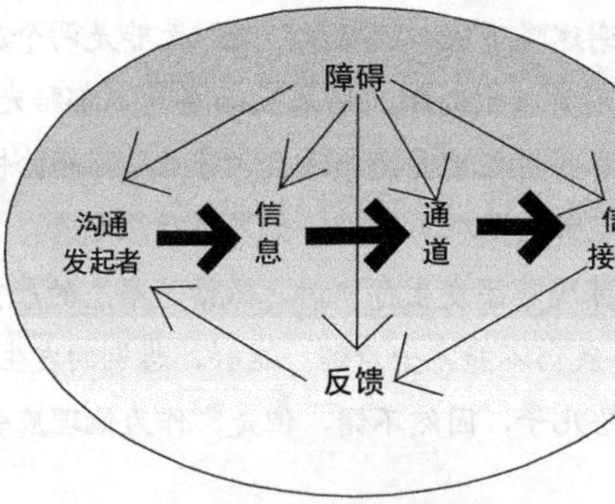

图7-2　沟通的要素

(二) 沟通的内涵

首先，沟通是信息的传递。沟通成功，意味着信息不仅要被传递，而且还需要被理解。成功的沟通应该是接收者收到的信息与发送者发出的信息完全一致或者意义相同。需要注意的是，观念或信息并不能像实物一样由发送者直接传送给接收者。在沟通的过程中，沟通双方通过语言、身体动作、表情将要表达的信息传递给彼此。当然，并不是每一次沟通都有机会提前准备，更多的沟通发生在临时情况下，要想使沟通成功，就需要双方在沟通过程中端正态度、学会倾听、善于表达、相互理解，并且随时调整沟通方式，有效传递彼此的信息。

沟通的过程如图 7-3 所示。

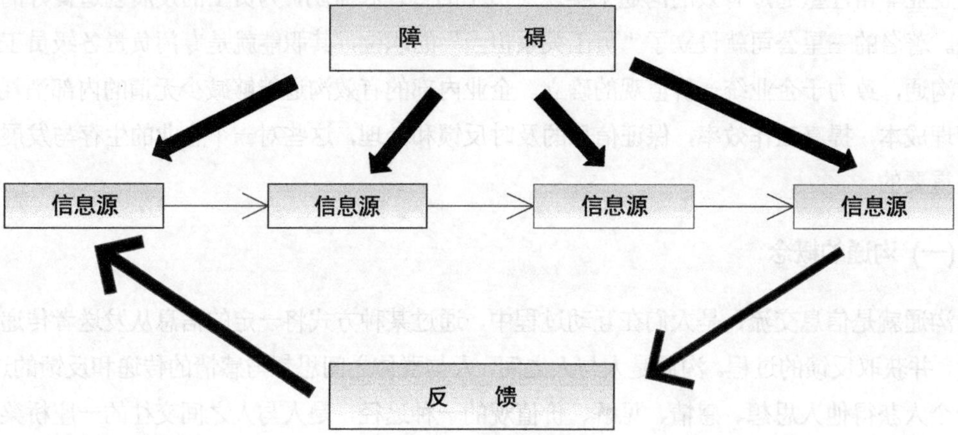

图7-3　沟通的过程

其次，沟通的信息是包罗万象的，信息的种类也是多种多样的。沟通过程中的信息可分为事实、情感、价值观、意见、观点等。如果信息接收者对信息类型的理解与发送者不一致，就有可能导致沟通障碍和信息失真。沟通不仅传递消息，而且还表达赞同、欣赏，或者不满、厌恶，甚至提出自己的意见、观点。许多时候，信息接收者对信息到底是真实的情况还是对方表达的意见、观点混淆不清，产生误会，造成沟通失败。

最后，成功的沟通能使双方达成一致协议。当沟通双方出现意见分歧时，不少人常常将分歧出现的原因归结为对方未能完全理解自己的想法，他们认为良好的沟通是使别人接受自己的观点，但是在日常生活或工作中，经常会有已经非常明白对方的意思但是依然不同意对方看法的情况发生。事实上，沟通双方能否达成一致协议，别人是否接受自己的观点，并不单纯是由沟通良好与否这个因素决定的，往往还需要考虑双方的根本利益、价值观念是否一致等其他关键因素。例如，在商业谈判过程中，沟通双方已经充分理解了对方的观点和意见，但如果双方存在根本利益的冲突，即使沟通氛围再好，沟通技巧再娴熟，沟通过程再顺畅也不能达成一致协议。又如，两个国家对领土所有权存在争议，不同的教徒拥有不同的宗教信仰，两个人喜欢不同的颜色，这些问题都不是单纯靠彼此听懂、理解就能够达成一致的。因此，成功的沟通，其实更应该定义为在传递完整信息的同时，沟通双方能准确理解信息的含义，而非双方接受彼此的意见并达成一致。只有认识到这一点，团队成员才能正确看待并有效开展沟通，而不会将出现的任何问题都归结为沟通不成功。

二、沟通的功能与分类

(一) 沟通的功能

良好的沟通有助于团队开展文化建设，提高成员的士气。不良的沟通会危害团队成员间的人际关系，影响团队的业绩。那么，沟通对于一个团队的作用到底有哪些?

1. 控制

团队与个体最显著的区别就在于，团队是一种组织，不论组织形式是什么，个体在团队中都不再是一个人单打独斗，而是需要服务于团队的整体发展需要，与团队其他成员相互协作。一旦形成团队，个体就要受到团队的控制。这里所说的“控制”，不是约束个体所有的行为和思想，而是要求个体了解团队的方向，了解其他人的想法，要将个人的行为与组织行为结合在一起。因此，沟通便成为团队控制个体的一种行为。它帮助团队管理成员，帮助团队成员有效完成使命，帮助成员之间相互协作。沟通的这种控制作用，更像是一种驱动，但是比驱动涵盖的内容更多，语言、会议、文件、制度等都是沟通的形式，都可以作为有效的控制手段。

2. 激励

有效的沟通能影响甚至改变团队成员对工作、生活的态度，调动他们的积极性，激发出超群的自发性和创造性。通过沟通，可以使成员明确应该做什么，如何来做，没有达到标准时应如何改进工作，做得好可以得到什么奖励等。通过沟通，团队管理者将正面、积极、对成员有益的信息传递给各成员，激励他们在团队中形成健康的团队文化和积极的工作氛围。

3. 表达

沟通是人与人之间的思想和信息的交换。对于团队整体而言，沟通是完成任务、达成目标的一种有效手段。而对于团队成员自身来说，沟通还是一种表达自我、交流情感、宣泄情绪的途径。团队就好比一个微型的社会组织，拥有共同的目标或任务，每个成员在其中发挥着各自的作用，担负着各自的责任，可能会面临压力，也会享受到喜悦。团队成员便是以沟通这一社会交往形式来表达自己的想法，愉悦、骄傲、遗憾、气馁，都可以在沟通中表现出来，同时在彼此间交流，得到他人的认可或者帮助，使自己的内心得到释放，这对于团队的稳固发展是十分重要的。对于创业团队来说，沟通尤为重要，一旦沟通受阻，不仅信息得不到有效传递，而且内部情绪无法表达可能严重影响团队成员的工作效率、判断力、积极性，使团队的创新能力大打折扣。

4. 决策

团队在执行任务或完成目标时离不开决策，决策会影响团队前进的方向、完成任务时使用的方法、开展行动后产生的后果。决策的正确与否有时候能改变一个团队的命运。正确的决策不是凭空冒出来的，而是基于信息分析研究出来的。决策的过程，其实就是一个对信息进行筛选、加工、分析、处理、综合预判的过程。决策的首要前提就是要有信息做支撑。没有信息基础的决策往往是空洞、虚幻、不着边际的，类似于没有做过任何调查研究的主观臆断，对于团队发展来说，这样是相当危险的。可见，决策对信息的依附性是非常强的，而信息的出现正是沟通的结果。沟通越多，可获取的信息越充分；沟通越深入，信息的价值越显著。沟通不怕产生分歧，一项伟大的决策绝不是在一帆风顺中产生的。

拓展阅读7-2

沟通的缺位

王岚是一个典型的北方姑娘，在她身上可以明显地感受到北方人的热情和直率。她非常坦诚，有什么说什么，总是愿意把自己的想法说出来和大家一起讨论，正是因为这个特点，她在上学期间很受老师和同学的欢迎。今年，王岚从西安某大学的人力资源管理专业毕业，她认为，经过四年的学习，自己不但掌握了扎实的人力资源管理专业知识而且具备了较强的人际沟通技能，因此她对自己的未来期望很高。为了实现自己的梦想，她毅然只身去广东求职。

经过将近一个月的反复投简历和面试，在权衡了多种因素之后，王岚最终选定了东莞市的一家研究生产食品添加剂的公司。她之所以选择这家公司是因为该公司规模适中、发展速度很快，最重要的是该公司的人力资源管理工作还处于尝试阶段，如果王岚加入，她将是人力资源部的第一个人，因此她认为自己施展能力的空间很大。但是到公司实习一个星期后，王岚就陷入了困境。

原来该公司是一个典型的小型家族企业，企业中的关键职位基本上都由老板的亲属担任，其中充满了各种裙带关系。尤其是老板给王岚安排了他的大儿子做王岚的临时上级，而这个人主要负责公司研发工作，根本没有人力资源管理理念，在他的眼里，公司只要能赚钱，其他的一切都无所谓。王岚认为，上级越是外行，自己发挥能力的空间越大，因此在到公司的第五天王岚拿着自己的建议书走向了直接上级的办公室。

“王经理，我到公司已经快一个星期了，我有一些想法想和您谈谈，您有时间吗？”王岚走到经理办公桌前说。

“来来来，小王，本来早就应该和你谈谈了，只是最近一直扎在实验室里就把这件事忘了。”

“王经理，对于一个企业尤其是处于上升阶段的企业来说，要保持企业的持续发展，必须在管理上狠下功夫。我来公司已经快一个星期了，据我目前对公司的了解，我认为公司主要的问题在于职责界定不清；雇员的自主权太小致使员工觉得公司对他们缺乏信任；员工薪酬结构和水平的制定随意性较强，缺乏科学、合理的依据，因此薪酬的公平性和激励性都较低。”王岚按照自己事先所列的提纲开始逐条向王经理叙述。

王经理微微皱了一下眉头说：“你说的这些问题我们公司也确实存在，但是你必须承认一个事实——我们公司在盈利，这就说明我们公司目前实行的体制有它的合理性。”“可是，眼前的发展并不等于将来也可以发展，许多家族企业都是败在管理上。”“好了，那你有具体方案吗？”“目前还没有，这些还只是我的一点想法而已，但是如果得到了您的支持，我想方案只是时间问题。”“那你先回去做方案，把你的材料放这儿，我先看看然后给你答复。”说完王经理的注意力又回到了研究报告上。

王岚此时真切地感受到了不被认可的失落，她似乎已经预测到了自己第一次提建议的结局。

果然，王岚的建议书石沉大海，王经理好像完全不记得建议书的事。王岚陷入了困惑之中，她不知道自己是应该继续和上级沟通还是应该干脆放弃这份工作，另找一个发展空间。

(资料来源：https://ishare.iask.sina.com.cn/f/bthmFwsUl9x.html)

(二) 沟通的分类

沟通的分类方式有很多，综合来看主要有以下几种。根据信息载体的不同，可以分为语言沟通和非语言沟通；根据要求的不同，可以分为正式沟通和非正式沟通；根据组织结构和信息流动方向的不同，可以分为上行沟通、下行沟通和平行沟通。

对于创业团队而言，其沟通方式更侧重于平行沟通，应尽量避免因繁杂的规则约束或制约了团队成员间的交流。创业团队应该充分发挥平行沟通全面、随和的特点，加深团队成员之间的认识和了解，在团队氛围和睦融洽的基础上增强团队的凝聚力和向心力，为团队的有效协作奠定良好的基础。

三、沟通的技巧

所谓沟通技巧，是指人利用文字、语言与肢体语言等手段与他人进行交流所使用的技巧。沟通技巧涉及许多方面，如简化运用语言、积极倾听、重视反馈、控制情绪等。即使拥有沟通技巧也不意味着会成为一个有效的管理者，但缺乏沟通技能就会使管理者遇到许多麻烦和障碍。

促进沟通的技巧如图 7-4 所示。

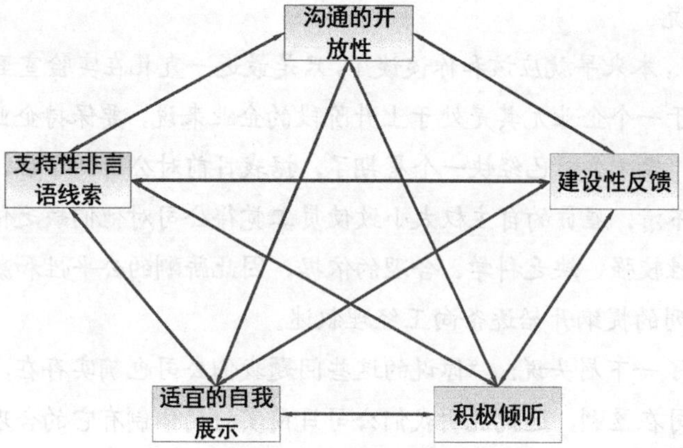

图7-4　促进沟通的技巧

作为雅虎的第六个成员，库格(Koogle)很快就影响了公司：刚刚走出斯坦福校门，又在互联网中逍遥惯了的公司创始人们，不情愿地把他们的站点变成一家受广告驱动的企业。但是，注重现实的库格说服了他们，告诉他们有钱赚，同时仍然可以提供雅虎的在线服务。

库格让他们接受自己的建议并不是靠自己的资历来压制年轻人的声音，而是通过畅所欲言，有时甚至通过费尽心机的辩论来建立共识。雅虎创始人杨致远扮演的是胸怀大志的热情小伙，菲洛是保守的技术奇才，马里特是满脑子生意经的行动主义者，而库格则是身经百战的老兵。

雅虎策略中采用的方法简直可以称为疯狂，的确，公司的座右铭就是如此：行狂而不行痴，这在雅虎的品牌战略中得到了最好的体现。流行而不前卫，易用而不流于简单——借助脍炙人口的“加州形象”，雅虎正努力创造新一代时尚追随者。

雅虎畅所欲言机制的设立，使信息在成员间被顺利传递并充分理解。不管是沟通者自身的因素还是受环境影响，都可能对沟通形成不利影响。要想提高沟通的有效性，减少或克服沟通过程中的障碍和干扰，可以从以下几个方面入手。

1. 调整信息流

团队中不同职位和不同岗位的人对信息的要求不同。对 A 来说非常重要的信息对 B 并不一定同样重要。团队成员需要的信息类型可能是不同的，获得信息的有效途径也可能不相同。因此，各成员要根据实际情况对信息的数量与质量进行调整。优秀的团队管理者还需要学会为调整信息流改善相应的沟通方案。

2. 利用反馈

利用反馈是验证沟通是否有效的一种方式，如果管理者在沟通过程中充分运用反馈，则会减少由于误解造成的沟通问题。反馈可以是言语的和非言语的。言语反馈容易理解，如口头答复、书面意见、批示等，而绩效评价、调整薪水、晋升等是非言语反馈的常见方式。

3. 优化用语

语言是沟通的最主要的表达方式之一。因此，沟通双方应充分重视语言的重要性，在沟通过程中，要注意措辞、逻辑，要尽量简化语言，使接收者易于理解。在创新团队沟通过程中，对语言表达的要求更高，应该做到：语义准确，切忌模棱两可；通俗易懂，戒空话、大话、套话，少用专业术语；言之有据，避免捏造篡改；尽量使用短句。

4. 有效倾听

人们经常会认为听是被动行为，只需坐在那里等着信息就好了。事实上，沟通需要的是有效倾听。有效倾听指的是要积极倾听，要能理解，要能对信息的完整意义做出客观、公正的判断或解释。有文献将倾听分为 5 个层次：完全漠视的听、假装在听、选择性的听、积极换位思考的听、高级专业咨询的听。在团队沟通中，前三种听是应该尽量避免的，最后一种听需要接受专业训练，所以积极换位思考的听是最佳选择。

5. 控制情绪

不良的情绪会严重影响甚至阻碍信息的有效传递，应尽量避免将情绪带进沟通中。现实工作和生活中，无法保证人完全没有情绪，但优秀的团队和出色的团队成员应该学会控制情绪，或者当沟通者发生情绪问题时要及时调整心态。如果情绪问题十分严重，则可以选择暂停进一步的沟通，直至恢复平静。

6. 创造良好的沟通氛围

创新团队的沟通通常会受到团队成员角色差异的影响。构建合适的沟通环境会对信息的发送方和接收方情绪产生积极的影响，有利于消除个体间的差异性，淡化沟通中的不利因素。在 IBM，不必员工提醒，老板自会给其涨工资，考虑给员工涨工资是其直属经理工作的一部分。如果员工自我感觉非常好，而年初却没有在工资卡上看到自己应该得到的奖励，则会有不止一条途径让其提出个人看法，包括直接到人力资源部去查询自己的奖励情况。

IBM 的文化中特别强调双向沟通，不存在单向命令和无处申诉的情况。IBM 至少有四条制度化的通道给员工提供申诉的机会。第一条通道是与高层管理人员面谈。员工可以借助与高层管理人员面谈的制度，与高层经理进行正式的谈话。第二条通道是员工意见调查。这条路径定期开通，IBM 通过对员工进行征询，可以了解员工对公司管理层、福利待遇、工资待遇等方面的有价值的意见，使之协助公司营造一个更加完美的工作环境。第三条通道是直言不讳。在 IBM，一个普通员工的意见完全可能会送到总裁的信箱里。“直言不讳”就是一条直通通道，可以使员工在毫不牵涉直属经理的情况下获得高层经理的答复。第四条通道是申诉，IBM 称其为“门户开放”政策。IBM 尊重每一个员工的意见，员工如果有对工作或公司方面的意见，可以与自己的直属经理讨论，也可以向各事业单位主管、公司的人事经理、总经理或任何代表申诉，这种申诉会得到上级的调查。

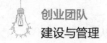

因此，沟通在团队中的作用如下：一是传递信息。二是解决问题。三是执行决策。企业的任何决策，无论是规章制度的执行还是某一部门工作计划的完成，如果只有自上而下的命令和推行，没有自下而上自觉、自发的理解和支持，就很难持久和深入，成效也会大打折扣。因此，让部属和需要配合的部门充分了解某项工作的重要性和具体的实施方案、步骤，是完成工作中重要的一环。四是推进变革。五是统一思想。一个企业要成为一个有战斗力的团队，思想必须保持高度统一，思想不统一的团队就像一盘散沙。思想的统一是通过有效的沟通与思想灌输形成的。六是改善工作氛围，建立企业文化。要使员工对企业有一种真正的归属感、忠诚感，管理人员必须在工作的同时营造一种非正式的集体气氛。每个员工都有经济的、社会的、心理的、精神的等不同层面的内在需求，主管应该对员工的生活、工作、成长等各方面给予关心，增进彼此的信任与理解，从而增强企业的凝聚力、吸引力。有效的沟通同时也是一种尊重，主管与员工之间应进行经常的、有效的沟通。

第三节　大学生创业团队的激励机制

创业团队在整个创业过程中始终应考虑的一个问题是：如何更合理地激励创业团队？这是创业团队成员极为关注的问题。激励就是调动工作热情，使个人或团队为团队目标而勤奋工作并对团队及个人前景保持乐观状态。激励的水平越高，勤奋程度和满意感也越强，所取得的工作效能也越高，对团队未来前景也越充满自信；反之，缺乏完成团队目标的热情，工作效率也就越低，对团队的未来前景就越缺乏信心。

拓展阅读7-3

沃尔玛的员工激励

沃尔玛作为零售行业的老大，它有一个成功的奥秘——客户固然非常重要，但是善待自己的员工也等同于善待顾客。你越与员工共享利润，不管是以工资、奖金、红利方式，还是股票折让方式，源源不断流进公司的利润就会越多。因为员工们会不折不扣地以管理层对待他们的方式来对待顾客。公司善待员工，给员工以归属感，那么员工们就能够善待顾客，顾客们就会不断地重复购买，顾客多了，销售额上升，利润自然也会上升，这正是零售行业利润的真正源泉。

沃尔玛公司创始人山姆沃尔顿对待人力资源的眼光无疑是超前的。在他那个年代，雇员往往被看作需要尽量削减的“成本中心”，而沃尔顿却把他们看成一种需要培养和管理的资本，而正是这一超常的认识使沃尔玛终于在今天登上了零售业全球霸主的地位。零售商们如何正确评估员工创造的价值，员工的问题究竟出在哪里、如何解决?这些长期困扰财务部门的问题终于有了解决方法。

如今看来，当年沃尔顿的行为似乎已不再代表一种革命性的眼光。为了在市场上争得一席之地，高级经理已经知道他们必须吸引并留住最好的人才。但是他们的做法却凸现了一个在很多公司中都明显存在的局限性：这些公司的管理系统仅仅专注于如何有效地利用这些资本，而不是员工。山姆沃尔顿经营理念的创新就是他坚持认为：善待员工就是善待顾客。

这个极其重要的事实，从表面上看似乎是矛盾的，就像折价零售商信奉的“售价越低，赚的就越多”的原则一样。但是，它又是完全合理的，那就是公司越与员工共享利润，不管是以工资、奖金、红利还是股票折让方式，源源不断流进公司的利润就会越多。因为员工们会不折不扣地以管理层对待他们的方式来对待顾客。公司善待员工，给员工以归属感，那么员工们就能够善待顾客，顾客们就会不断地去而复返，顾客多了，销售额上升，利润自然上升，这正是零售行业利润的真正源泉。把新顾客拉进商店来，做一笔生意算一笔，或不惜血本大打广告是达不到这种效果的。

沃尔玛顾客称心满意，反复光临，是沃尔玛公司能够获得惊人利润的关键。而那些顾客之所以愿意经常光顾沃尔玛，是因为公司的员工比其他商店的售货员待他们更好，而员工的态度又来自管理者对他们的态度。山姆沃尔顿很早就说过要善待员工，因为他明白这就是在善待顾客。就满足顾客需要而言，山姆沃尔顿深知一线员工扮演着非常重要的角色，于是，沃尔玛公司推出了一系列策略，例如员工入股、利润分享等。一方面强化组织的能力，另一方面激励一线员工快速、周到地满足顾客的需要。沃尔玛甚至为了员工调整了组织结构，使分店有 36 个部门。在同类的折扣店里，凯玛特店只有 5 个部门。因此，商店项目分类越细，训练越耐心，员工对顾客的服务就越周到。

为了激励员工们不断取得最佳的工作业绩，沃尔玛公司设想出许多不同的计划和方法，其中最核心的一条是感激之情。山姆沃尔顿相信所有人都喜欢受到别人的赞扬，希望得到别人的肯定。因此，公司应该找出值得表扬的事，要让员工们知道自己的杰出表现，让他们知道自己对公司而言有多么重要。公司专门创办了一个员工杂志《沃尔玛世界》，这是一个对员工大加赞扬的讲坛。杂志上亲切地叙述着利润分成的不断增长，以及即将退休的员工得到的高额分红，而且，这会使员工们详细地回想起过去。不可避免的，人们常常会回想起山姆沃尔顿，每当提起他时，员工们总是亲切地称他为“山姆先生”。“有一件事，我永远不会忘记，”杰希兰卡斯特在一期特刊里说，这位店员曾在山姆沃尔顿新港的第一个商店里工作过，后来调到新港的沃尔玛店，“他对我们的工作大加赞扬，他还会告诉我们，永远都不要以为自己是无人能取代的重要人物。我以前从未听人说过以后也再没有听到有人这样讲过。”沃尔玛的员工对公司、对山姆沃尔顿有着一种异乎寻常的钟爱，也把同样的感情回报给了顾客，这使员工、公司、顾客都得到益处。沃尔玛公司还十分重视对员工的精神鼓励，总部和各个商店的橱窗中都悬挂着先进员工的照片，各个商店都安排一些退休的老员工身穿沃尔玛工作服，佩戴沃尔玛标站在店门口迎接顾客，不时有好奇的顾客会同其合影留念。这不但起到了保安员的作用，而且也是对老员工的一种精神慰藉。公司还对特别优秀的管理人员授予“山姆沃尔顿企业家”的称号，目前此奖只授予了 5 个人，沃尔玛中国公司总裁就是其中的一个。

为了不断地激励员工，以鼓励他们创造更好的工作业绩，沃尔玛在激励制度方面也做出了不断的努力和尝试，从各方面激发员工的工作热情。沃尔玛在对员工进行激励的过程中，充分协调了各种方法和手段，使员工充分发挥了各自的才能和工作能力，为公司创造了一次又一次的销售高峰。

(资料来源：http://www.hrsee.com/?id=500)

一、激励概述

在实际工作中，人的工作潜能通常并未发挥出来，所以管理者(或管理团队)必须在正确认识团队成功的三要素的基础上，分析影响成员工作热情的诸因素，充分利用各种激励因素，掌握激励机制，适时、适度地运用恰当的激励模式和方法，激励和鼓舞成员为团队目标奋发努力。管理团队应最大限度地发挥管理者的智慧，从而使人力资源各项效能达到最大化。

马斯洛需求层次理论如图 7-5 所示。

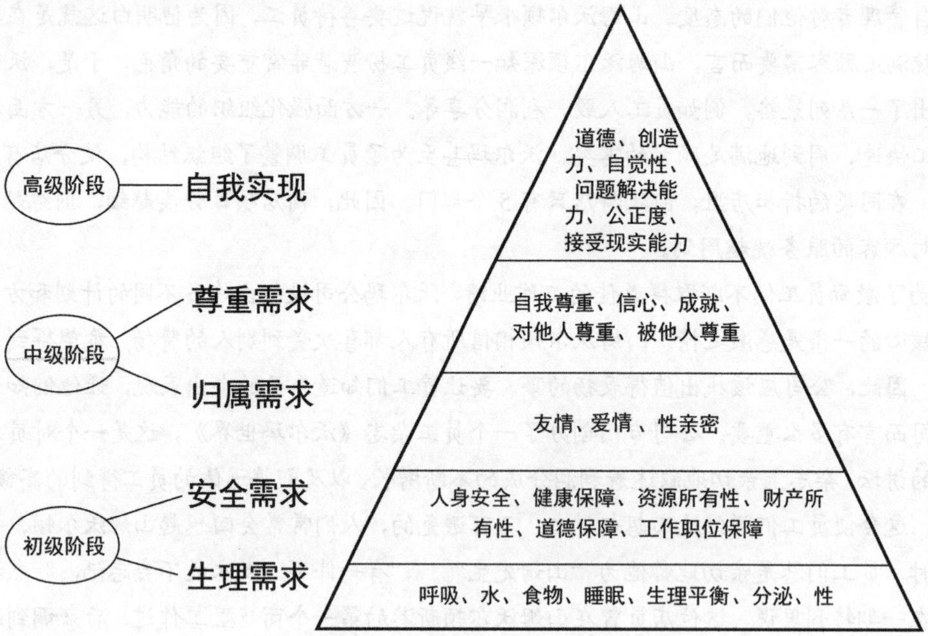

图7-5　马斯洛需求层次理论

(一) 激励的内涵

激励即激发和鼓励，其目的是获取期望的响应。它是心理学的一个术语，是为获得期望响应而驱动人们朝着某一特定方向或目标而行动的倾向，这种倾向来自被人们所感知的内在驱动力和外部驱动力。优秀的团队必须具备持久的战斗力，而持久的战斗力离不开激励。一般认为，激励是团队通过设计适当的外部奖酬形式和工作环境，采取一定的行为规范和惩罚性措施，借助信息沟通来激发、引导、保持和归化团队成员的行为，以有效地实现团队及其成员个人目标的系统活动。

激励的机制如图 7-6 所示。

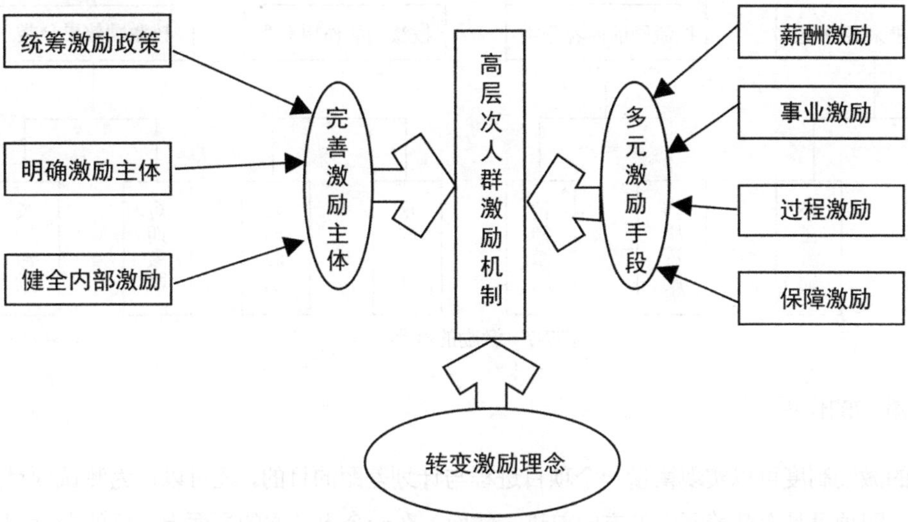

图7-6　激励的机制

(1) 激励的出发点是满足团队成员的各种需要，即通过系统地设计适当的外部奖酬形式和工作环境来满足成员的外在性需要和内在性需要。

(2) 信息沟通贯穿激励工作的始末。从对激励制度的宣传、成员个人的了解，到对成员行为响应过程的引导控制和对成员行为结果的评价等，都依赖信息沟通。团队中信息沟通是否通畅，是否及时、准确、全面，直接影响激励制度的运用效果和激励工作的成本。

(3) 激励贯穿成员工作的全过程，包括对成员需要的了解、对成员个性的把握、对成员响应过程的控制和对响应结果的评价等。因此，激励工作要有耐心，做到持续改进。

(4) 激励工作需要奖励和惩罚并举，既要对成员的符合期望的行为进行奖励，又要对不符合期望的行为进行惩罚。

(5) 激励的最终目的是在实现团队预期目标的同时，让团队成员达成其个人目标，即达到团队目标和成员个人目标的统一。

(二) 激励的种类

如图 7-7 所示，激励根据引起行为的动机来源分为内在激励和外在激励；根据激励的内容分为物质激励和精神激励；根据激励的作用分为正向激励(奖励)和负向激励(惩罚)；根据激励效果分为短期激励和长期激励。

激励机制的最根本目的是正确地引导成员的工作动机，提升工作热情，使他们勤奋工作，高效、可靠地完成团队目标，同时实现个人的需要，进而增加其满意度，使他们的积极性和创造性持续地保持和发扬下去，并对团队未来保持积极、乐观的态度。

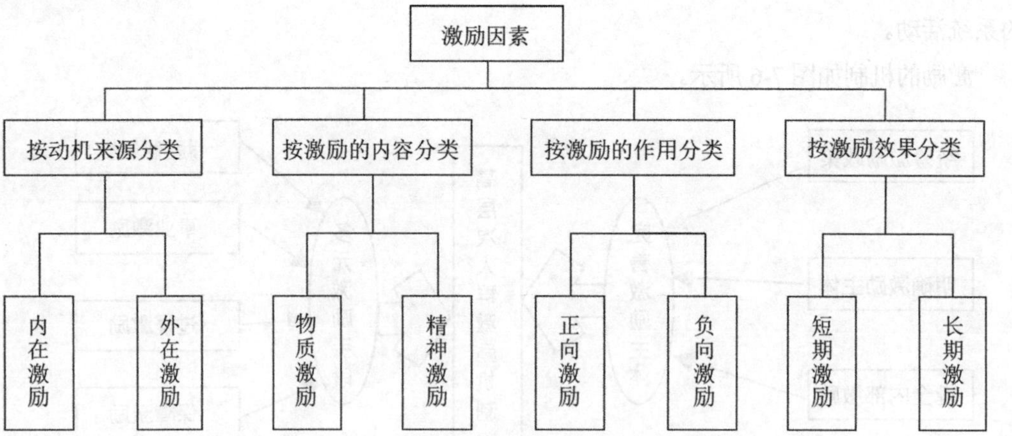

图7-7　激励的种类

(三) 激励的作用

良好的激励制度可以实现衡量一个项目进程与计划差距的目的，还可以作为测试项目进程的风向标，即项目是否朝着既定的方向前进。然而，在一个更基本的层面上，好的激励制度在构建高效创新团队领域起到了以下作用。

1. 客观性

好的激励使期望绩效得到客观的体现。当管理者明确激励目标后，良好的激励制度可以不断敦促设计者高效地达成目标。

2. 行为塑造

好的激励通过把某一衡量标准与成员行为相应地连接起来，可以明确规划需要实现目标的行为，进而对成员行动产生塑造效果。然而，很重要的是，激励制度是一把“双刃剑”，可能导致意想不到的行为和变化，因此，激励制度的设计必须周密考虑，精心评估。

3. 沟通工具

当激励机制建立起来后，成员为达到绩效目标，会主动寻求沟通渠道及沟通方式来提高效率。激励机制也能提供一种公正的沟通工具和语言。绩效可以贴在非常显眼的位置或公布在内部网上，以实施实时监控。

4. 自我纠正

良好的激励制度为日常活动提供了一个自组织和行为纠偏的机制。团队在创新工作中一定会发生混乱，而这种自组织的行动纠偏机制是对付这种混乱的最佳方法。

5. 注意力的集中

好的激励还会指出什么是最重要的，以及为了使项目符合预算和使目标按时完成，必须解决的关键问题。因此，好的激励有助于对问题按轻重缓急进行排序，并进行实时调整。同样，它还会指出那些没有关注的问题，而这些问题也是非常重要的。

6. 积极性

好的激励会激发积极性，这是激励的根本目的。同时，它也能表明实现目标需要付出多大的努力。

二、创新团队激励机制的构建

(一) 激励的多样性

了解和掌握激励理论不太困难，但将其应用于管理实践就不简单了。在实际的团队管理工作中，激励理论可应用于管理的各个职能、各个环节、各种场合。激励既要重视物质激励，又要重视精神激励；既要考虑激励对象的多样化，又要考虑激励方法的多样化。

1. 对象的多样化

激励并非是对少数成员的激励，而应当面向整个团队。激励必须考虑员工需要的多样性。在企业中，有的员工需要高薪，有的员工想成为技术专家，有的员工希望晋升，还有的员工需要团体成员间的合作，即使同一员工的需求也未必单一，既有物质需求，也有精神需求。可见，员工的需要呈现多样化状态。激励要从员工的个性、心理、特征出发，通过研究个体心理的不同需要，做到对症下药。

激励必须考虑激励目标的多样性。企业存在短期和长期目标，当激励制度向短期目标倾斜时，员工将更多聚焦短期目标，而忽略企业长期目标。同时，目标既有进度要求，也有创新性要求，而通常创新性和进度是相互矛盾的。当激励制度过多地强调项目进度时，员工将急于迅速地完成项目任务，而忽略其创新性。

2. 方法的多样化

激励对象的多样化导致激励方法的多样化。人既有物质需求，也有精神需求。遗憾的是，很多管理者并未认识到这一点，他们注重员工物质需求，激励方法越来越单一，只依赖奖金的刺激作用，靠年终奖金或红包等进行物质刺激。还有另外一种极端情况，管理者从成本出发，单纯考虑员工的精神需求，通过“画饼”等来激励员工。

优秀的管理者既注重对员工的物质激励，更重视精神激励。精神激励的方式丰富多样，远远超过相对单一的物质激励方式，如给员工以表扬、赋予光荣称号以及颁发象征荣誉的奖品、奖章等。通过这些方式体现对员工贡献的公开承认，可以满足员工的社交、自尊、自我实现等高级需求，从而达到激励的目的。

(二) 创新团队激励机制构建原则

雷军在团队的激励问题上奉行的是王阳明的“天理即人欲”理念。实际上这就是一个如何让人满意的问题，员工满意就好，不要追求什么条条框框，也不要生搬硬套。了解他们怎样才能满意，怎样才能给予他们参与感、成就感，怎样才能给予他们足够的激励。

任正非坚持企业人力资本增值一定要大于财务资本增值的“知识资本化”原则，于是建立长期激励机制，根据员工的才能、责任、贡献、工作态度和风险承诺等方面的情况，由公司的各级人力资源委员会评定后给定配股额度，以虚拟受限股、期权、MBO 等方式，让员工拥有公司股份。

例如，海底捞的员工激励制度如图 7-8 所示。

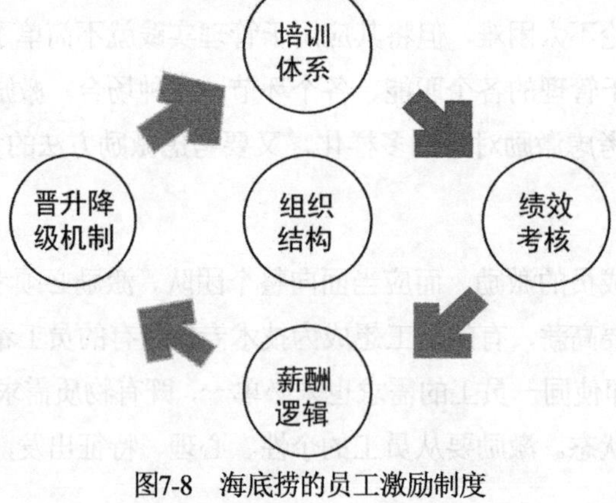

图7-8　海底捞的员工激励制度

激励机制的构建与实施是以企业和成员的具体需求为基础的，创新团队的激励机制的构建需要基于许多原则，其中有代表性的几条原则如下。

1. 利益整合原则

利益整合原则是把个人利益与团队利益结合起来，使个人在为团队的目标做贡献时，个人的目标能够得到保障。在利益整合原则下，团队目标与个人目标互为基础，相互支撑。

2. 目标激励原则

目标设置理论认为目标是驱动人的必要因素。目标激励原则是指创新团队需要确定团队目标并进一步细化为具体工作目标，接受长期目标和具体工作目标的成员将会进行自我管理和自我激励。

3. 适度原则

激励的度量要准确适度，要根据激励目标本身的价值大小确定适当的激励量。奖惩不适度会影响激励效果。奖励过重会使成员产生骄傲和满足的情绪，失去提升自己、改进工作的动力；奖励过轻起不到激励效果，反而让成员产生创造的价值不被认可的心理。惩罚过重会让成员感到不公，或者失去对团队的认同，甚至产生怠工或破坏的情绪；惩罚过轻会让成员忽视错误的严重性，可能还会犯同样的错误。

4. 按需激励原则

激励的出发点是满足成员的需要，只有满足成员的核心需要的激励，其效用才高。由于对激励的主观感受源于内因，激励要因人而异，不同成员的需求不同，相同的激励起到的效果也会不同。即便是同一位成员，在不同的时间或环境下，也会有不同的需求。

汽车大王福特取得骄人的成功，得益于他既注意招揽人才，又知人善任，能够让他们发挥最大的作用，并让他们在工作中得到成功的快乐和实现价值。福特发现广告设计师佩尔蒂埃在营销方面有很高的天赋，于是福特给了他一个展示的平台，让他负责一款新型汽车的营销策划，结果取得了很大成功。负责推销的库兹思斯的优点、缺点都很突出，福特用其所长，委以重任，结果库兹思斯独创了一种推销方式，为福特汽车的销售立下汗马功劳。福特看到德国人埃姆不仅技艺精湛，更善于调兵遣将，于是福特给予他极大的重视，并提供极大的发展空间，后来埃姆被公认为是汽车工业革命方面贡献最大的人。这些人原来在岗位上默默无闻，后来成绩卓著，都得益于福特发现他们的优点与特长，委以重任，为他们提供足够空间，让他们感觉有成就感，为福特公司做出了巨大贡献。

因此，团队管理者必须深入地调查、沟通，不断了解团队成员需求层次和需求结构的变化趋势，并有针对性地制订激励方案，才能取得实效。团队提供的激励必须对成员具有实际意义，并且针对不同成员提供多元激励，供成员选择。

(三) 创新团队激励策略

由于创新工作具有不确定性，且伴随风险、压力及知识负荷等特征，创新团队构建激励机制时，要着重考虑如下激励策略。

1. 基于成员成长的激励策略

与一般员工相比，创新团队成员更加渴望个人的成长与发展。因此，激励主体应该建立相应的成长发展规划来满足成员的成长需要，包括培训学习和工作内容设计以及知识创新成果的保护。

第一，加强培训和学习。要想发挥培训和学习的激励作用，团队必须通过相关规章制度向员工灌输先进的培训和学习理念。让成员意识到知识创新工作的过程就是一个不断学习的过程，在此过程中，培训和学习起着十分重要的作用，既能有效解决创新过程中面临的挑战，又能提高个人的市场价值。

第二，设置具有适度挑战性的工作内容。创新型人才的工作具有创造性，他们喜欢挑战性的工作内容。因此，管理者需为其提供不断发展的、有挑战性的工作。在团队工作过程中突出工作的意义和挑战性能够让成员通过对工作的承担与任务的完成来验证、体现自身的价值及实力。管理者要让团队成员感受到他们工作的意义、价值和使命感，同时加大工作的挑战性，这样会使成员更加团结并在工作中投入更大的精力，从而起到激励的作用。需要和团队成员进行沟通，把握好工作内容的挑战性与难度，使工作内容符合成员的能力和需求，让团队成员信心百倍地参与创新活动。

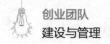

第三，创新成果的保护。高级知识型成员有着强烈的荣誉感，荣誉激励的作用巨大。知识创新成果的署名和保护就是一种有效的荣誉激励方式，同时也是对知识创新成果的产权保护。这种激励方式不仅有利于团队成员产生知识创新的动机，让他们获得团队的认可，同时也利于知识创新者、共享者和使用者的沟通与交流，从而促进知识创新活动的有效开展。

2. 基于团队创新文化的激励策略

创新团队根植于创新文化。如果没有一个良好的支持创新的文化，就算团队成员具有创新动机和能力也将被落后的团队文化扼杀。因此，创新团队在组建的同时，需要培养有利于知识创新的文化氛围，鼓励成员积极表达自己的思路和想法。团队创新文化是团队成员共同感知到的一种有利于创新的环境。

营造宽松、自由的创新氛围有利于成员创新思维的活跃和思想火花的碰撞，增强知识创新的协同效应。氛围的自然积淀和发展最终形成团队文化。团队创新氛围对团队整体和成员的创新都具有激励的效果，它能激发成员内心的热情，引导成员从内心深处自觉萌发出为团队奉献的精神。创新的氛围有助于培养容忍工作失误和失败的创新精神，使成员敢于尝试，敢于探索，也敢于承担失败的风险。此外，创新氛围还有利于团队精神的形成，它要求团队成员发挥特长和释放个性，明确协同意愿和协同方式，确保团队成员共同完成任务。

比如，国内某知名企业从宏观上宣传“爱岗敬业、各尽其才”，员工反应平淡。企业里大多是工作在流水线上的工人，他们自认为没有受过高等教育，能尽什么才能。当企业将一个普通工人发明的一项技术革新成果加以表彰并以该工人的名字命名时，工人中很快就兴起了技术革新之风。这一措施实施后，激发了员工的创新激情，不断有新的发明创造出现，都以发明者命名，员工的荣誉感得到了极大的提升。另外，企业也对干部进行考评，定期实行评分末尾淘汰制度。一奖一罚的激励机制，树立了正反两方面的典型。对员工发明创造的认可，是对他们最好的激励，及时的激励能让员工对工作有热情、有闯劲，进而也激发出员工更大的创造激情。同时，惩罚机制也产生无形的压力，在组织内部形成良好的工作风气，使群体和组织的行为更积极，企业更富有生机。华为公司的员工激励机制有很多值得借鉴的地方。

拓展阅读7-4

华为公司的员工激励机制

1. 卓有成效的物质激励

华为对于员工的物质激励在全国已经非常出名了，说白了就是愿意给钱，敢于给钱。当时哪怕负债累累、资金捉襟见肘，华为却敢于提供优于行业的薪酬待遇，并且还执行每年平均超过10%的工资薪酬提升。特别值得一提的就是华为大胆地实施股权激励，任正非仅仅持有公司1.4%的股权，其余股权由8.4万名华为员工持有。员工持股是对员工进行长期激励的有效办法，员工与华为之间的关系由雇佣关系变成合作伙伴关系，华为公司的效益与每一位员工的薪酬都密切相关。据报道，2015年华为公司用于支付员工工资和奖金的数额高达148.5亿美元，占华为当年收入额的23.6%，而同行业的平均水平仅为12%。

与此同时，华为采用同贡献、同报酬的薪酬分配体系，最大限度地激发员工潜能。该体系的核心在于按照员工对华为的贡献度大小，而不是职位等级划分薪酬。同时，这一体系还打破了工龄工资的限制，鼓励新员工多努力，多做贡献，有利于保持华为员工在工作上的积极性。

2. 鼓励创新的精神激励

技术研发工程师占据华为员工比例的1/2，而企业研发是一项高投入、高风险的业务，为了最大化激励员工的研发热情和研发创造力，华为坚持将不低于年收入10%的资金用于高精尖技术领域的研发，在今后30年内这一个比例还将继续增长到20%。同时为了避免因为研发失败的风险打压工程师的研发热情和研发创造力，华为规定，拥有基础科学研究30%的研发投入中，允许50%的失败率，也就是说在研发项目论证中，只要有一半机会是可以成功的，这一项目就可以继续开展下去。这实际上是对员工自主性的保护。此外，在精神激励方面，华为公司的各种各样的奖励可谓琳琅满目，荣誉部门专门对员工进行考核、评奖。

在华为，只要员工在某个方面取得了一定的进步就有机会获得相应的奖励和荣誉。华为为此而成立了荣誉部，专门负责对员工进行考核、评奖，目的是挑选创新榜样。金牌奖是奖励为公司持续商业成功做出重大和突出贡献的团队与个人，是公司授予员工的最高荣誉。金牌奖每年年末评选一次，获奖代表可以获得与公司高层合影的机会。重大、及时的荣誉激励是为了奖励在公司发展的特殊节点做出突出贡献、表现出色的团队和个人。华为的荣誉奖获奖面广、获奖人数多，所以员工甚至会在自己毫无察觉的情况下得知自己获得了公司的某种奖励。只要有自己的特点，工作有自己的业绩，员工就能得到荣誉奖，新员工有进步奖，参与完成了一个项目有项目奖，等等。

华为还借鉴了贝尔实验室的模式，依靠知识型员工对自由工作的本能渴望发展科学研究工作，而这已成为华为事业成功的重要保障。事实证明，鼓励创新的员工激励制度为华为吸引、培养和挽留了一大批优秀的科技、管理人才，形成了华为丰富的人力资源储备。

3. 刚柔并济的文化激励

作为一家民族企业，华为公司很好地吸收了中国传统文化的精华，同时积极借鉴国外著名企业的现代管理经验，在结合华为企业家创业思维的基础上形成华为自身的管理理念、管理思想和管理文化。华为公司的核心文化之一是作为华为企业文化之魂的“狼”文化，其核心是互助、团结协作、集体奋斗，这是华为文化之魂。这一文化包含多方面的内容：对于专业领域敏锐的嗅觉，对于事业不屈不挠、永不疲倦的进取精神，对于企业群策群力的团队精神。实事求是地讲，华为的“狼”文化适合大部分年轻人，特别是青年大学生。因为华为能够提供的不仅是高薪，而且是一个可以充分展现、发挥自我的大舞台。这种文化氛围的激励是对人自我实现需要的满足，也是华为公司的目标与员工个人目标达成一致的契合点，实际上是一种双赢的结果。

另外，华为一直强调企业就是家的理念，让员工感觉在为家服务。华为公司成立了各种俱乐部，旨在丰富员工的生活，提升员工生活的品质。俱乐部为华为员工提供了互相交流的机会，有利于和谐同事关系的形成，满足了员工社会需要和归属需要。

本章小结

大学生创业团队的运作机制主要包括决策机制、沟通机制、激励机制。本章分别从决策的概念、过程、方法，沟通的概念，沟通的功能与形式，沟通技巧，激励的原则，创新团队激励机制的构建等几个方面详细阐述了创业团队的决策机制、沟通机制和激励机制。

关键概念：
决策机制(decision-making mechanism)
沟通机制(communication mechanism)
激励机制(incentive mechanism)

复习思考题

一、案例分析

海尔集团的激励机制

海尔认为，人力资源是企业最宝贵的资源，如果每个人的潜能都能发挥出来，每个人都是一个太平洋，要多大有多大；每个人都是一座喜马拉雅山，要多高有多高。所以，盘活企业，首先是盘活人。盘活人重要的是激励和约束，只有激励到位，才能充分发挥人的积极性和潜能。

一、海尔的“斜坡球理论”

海尔集团提出了著名的“斜坡球理论”：斜坡上的球体好比一个员工个体，球周围代表员工发展的舞台，斜坡代表企业发展规模和商场竞争程度。根据“斜坡球理论”，海尔的用人机制是“人人是人才，赛马不相马”，“三工”并存，动态转换，干得好可以成为优秀工人，干得不好可随时转为合格工人或试用人员。这种做法有效地解决了“铁饭碗”的问题，使企业不断激发出新的活力。

“生于忧患，死于安乐”，这是海尔总裁张瑞敏经常告诫员工的一句话，也是海尔文化的核心内容之一。在海尔企业内部传阅着两幅主题为“适者生存”的漫画。一幅漫画的内容是老鹰喂食，另一幅漫画的内容是狮子与鹿对话。这两幅漫画告诫所有员工：当今社会就是一个适者生存的社会，如果没有强烈的危机感和竞争意识，必将成为失败者；倘若一个企业无适当的竞争制度，常因小仁小义而耽误了进化，将在竞争的环境中遭到自然淘汰。不管是强者还是弱者，都要努力工作。

二、奖罚相结合的激励措施

海尔将激励手段分为正向激励(奖)和负向激励(罚)两种。正向激励是对员工符合组织目标期望的行为而进行的奖励，可以更好地调动员工的积极性。海尔的奖励制度中有一项叫“命名工具”，这些被改革后的新工具的发明者都是一线的普通工人。例如，工人李启明发明的焊枪被命名为“启明焊枪”，杨晓玲发明的扳手被命名为“晓玲扳手”。张瑞敏看到了普通工人创新改革的深远意义，并想出了一个激励员工创新的好措施，即用工人的名字来命名他所改革的创新工具。这一措施大大激发了普通员工在本岗位创新的激情，当一个普通工人发明的一项技术革新成果以这位工人的名字命名，并且由企业文化中心把这件事作为一个故事登在《海尔人》报上，在所有员工中传开之后，工人中很快就兴起了技术革新之风。对员工创造价值的认可，是对他们最好的激励，及时的激励能让员工觉得工作起来有盼头，有奔头，进而创造更大的价值。

通过对海尔正向激励手段的分析，总结了正向激励在企业激励管理中所要把握的六项原则。

(1) 物质奖励与精神奖励相结合。

(2) 创造良好奖励的心理气氛，即有“好的使人羡慕，坏的使人厌恶”之气氛。

(3) 奖励要及时，不能都等到年终总结时再奖励。

(4) 奖励要考虑员工的需求差异。

(5) 奖励程度要与贡献相当。

(6) 奖励的方式、方法要有变化，不能年年老一套，千篇一律。

(7) 奖励不要过于频繁。

负向激励就是对员工违背组织目标非期望的行为而进行的处罚。处罚使人产生内疚感，使人头脑清醒，认识自己的错误或不足，从而修正自己的行为，使错误的倾向朝正确的方向转移。为了发挥处罚的作用，必须注意以下几点。

(1) 要实事求是。惩罚必须以事实为依据，一是一，二是二，不随便“上纲上线”，要让受罚者服气。

(2) 要给出路，不能一棍子打死，要以思想教育工作为主，不要使被处罚者丧失信心。

(3) 要有依据，不能凭主观意志决定处罚。

(4) 要选择适当的时机，既不能操之过急，也不能久拖不决。

(5) 惩罚不是目的，目的是惩前毖后。

海尔每月对干部进行考评，考评档次分表扬与批评。表扬得 1 分，批评减 1 分，年底将结果相加，达到负 3 分的就要淘汰。同时，通过制定制度使干部在多个岗位轮换，全面提高其才能，根据轮岗表现决定升迁。一正一负、一奖一罚的激励机制，树立了正反两方面的典型，从而产生无形的压力，有助于组织内部形成良好的风气，使群体和组织的行为更积极，更富有生气。激励的这两种手段，性质不同，但效果是一样的。只奖不惩，就降低了奖励的价值，影响奖励的效果；只惩不奖，动辄得咎，就会使人不知所措，人们仅知道不该做什么，却不知道应该做什么。所以，必须坚持奖惩结合。

三、富有特色的分配制度

薪酬是重要的调节杠杆，海尔的薪酬原则是对内具有公平性，对外具有竞争性。高素质、高技能获得高报酬，人才的价值在分配中得到体现。

四、强化培训，创造机会

海尔认为：没有培训过的员工，是负债；只有培训过的员工，才是资产。为此，海尔为员工创造各种学习机会，进行以市场拓展为目标的各种形式的培训，以提高员工的能力和素质。通过培训，使员工在思想上和行为上与公司的战略发展高度统一；通过培训，让员工认同企业文化，处处以企业的核心价值观为导向。企业不但要为员工提供专业知识的培训，还要告诉员工今天的时代发生了什么样的变化，要时刻有危机感，要时刻有“永远战战兢兢，永远如履薄冰”的心态。

对海尔激励模式的分析使我们意识到，一个企业纵然有雄厚的资金做后盾，有具备市场竞争力的高新技术，但如果不能充分地调动员工的积极性和创造性，是根本不可能实现效益最大化的。企业只有通过为员工营造积极向上、富有激情的工作环境，并且设立具有实际意义的激励机制，才能使员工在工作过程中变被动的服从为主动创新，摆脱旧有观念的“干活都是给企业干的”，转变为“在企业所做的所有工作都是为自己干的”，自己就是企业个体经营的老板。

企业要建立有效的激励机制，不是一朝一夕就能完成的事，而是在不断的成功与失败中摸索经验、逐步完善的过程。有效的激励机制是企业实现战略性发展的基石。

(资料来源：https://wenku.baidu.com/view/ c78f096aaf1ffc4ffe47acbd.html)

思考：

1. 海尔的激励机制中的哪些方面体现了你所学过的激励理论?请逐一加以分析。

2. 以海尔集团的激励机制为例进行分析，说明企业中建立激励机制的作用及应如何设立激励机制。

二、拓展训练

给自己选个老板/助手

【形式】集体参与。

【时间】20 分钟(另加列表时间)。

【材料】空白卡片。

【场地】不限。

【应用】

1. 决策技巧。

2. 领导艺术。

3. 团队建设。

【目的】揭示判断某个人是具有领导潜质还是仅为一个追随者时所采用的相关及不相关的标准。

【程序】通过一个或多个介绍练习，让大家相互了解在座的其他人的最基本的信息，然后让每个人在卡片上指定一个他们认为可以成为最佳老板的人选。在另一张卡片上，让他们选一个他们认为可以成为最佳下属的人。

接着让他们将每张卡片翻转过来，列出他们是根据哪些特点选出老板和下属的。收回这些卡片，计算选票。宣布得票最多的老板(前 3 名)和得票最多的下属(前 3 名)，再用表列出每个人做选择时所根据的两种不同的特性。

【讨论】

1. 当你被选为(或未被选为)最佳老板或最佳下属时，你是怎么想的？

2. 据以选择最佳老板和最佳下属的特性之间有无区别？为什么？

3. 用来选择最佳老板或最佳下属的理由恰当吗？或者说这些理由根本不相干？应该怎样选出理想的老板或下属？

【总结与评估】通过该活动，大家能在一定程度上了解老板或下属所必须具备的素质及各自须履行的义务。因此，该游戏对训练、培养具有领导能力的人才及高素质的员工有所启发，但要切忌把领导和员工理想化。

第八章
大学生创业团队企业化发展

学习目的与要求

- 了解大学生创业团队的成长过程
- 掌握大学生创业团队企业化发展的表现
- 了解企业创设的主要法律形式、设立条件、设立程序等
- 了解企业获得社会认同的必要性和基本方法

导入案例

北京小米科技有限责任公司

雷军于 1992 年参与创办金山软件。1998 年出任金山软件 CEO，1999 年创办了卓越网。2007 年，金山软件上市后，雷军卸任金山软件总裁兼 CEO 职务，担任副董事长。之后几年，雷军作为天使投资人，投资了凡客诚品、多玩、优视科技等多家创新型企业。2010 年 4 月 6 日，雷军选择重新创业，建立了小米公司，这是一家专注于智能产品自主研发的移动互联网公司。“为发烧而生”是小米公司的产品理念。小米公司首创了用互联网模式开发手机操作系统、“发烧友”参与开发改进的模式。小米公司没有森严的等级，每一位员工都是平等的，每一位同事都是自己的伙伴；崇尚创新、快速的互联网文化，讨厌冗长的会议和流程，希望每一位员工在轻松的伙伴式工作氛围中发挥自己的创意。

2014 年“双十一”活动中，小米公司在天猫平台上销售手机 116 万台，销售额 15.6 亿元，约占天猫当天销售总额的 3%，成功卫冕单店第一。2014 年 11 月 12 日，优酷土豆集团宣布与小米公司达成资本和业务方面的战略合作。合作内容包括两个方面：一是双方将在互联网视频领域开展内容和技术方面的深度合作，共同研发视频移动端播放等技术，二是小米公司将向优酷土豆集团投资，并在自制内容及联合制作、出品和发行方面紧密合作。2014 年 12 月 14 日晚，

美的集团发出公告称，已与小米公司签署战略合作协议，小米以 12.7 亿元入股美的集团。2014 年 12 月 29 日，小米公司创始人雷军在微博透露，小米公司上周刚完成最新一轮融资，估值 450 亿美元，总融资额 11 亿美元。

(资料来源：https://wenku.baidu.com/view/71fa31f225c52cc58ad6be26.html)

抓住创业机会之后，首要的问题是组建创业团队。团队工作效能是成功创业的重要保证。世界上有影响的大企业，绝大部分是以团队形式建立和工作的。团队的价值观念、能力、水平是吸引风险投资的主要考虑因素，在一定意义上说，风险投资主要投资给团队。

第一节　大学生创业团队成长过程

创业团队，主要指在创业初期，由一群才能互补、责任共担、愿为共同的创业目标而奋斗的人所组成的群体。因此，创业团队首先是指创业初期的团队，创业初期包括团队成立前和成立早期，是创业最重要的时间因素。一个良好的创业团队对企业的前期发展起着举足轻重的作用。团队成员之间的互补、协调、补充和平衡，对企业起到了降低创业风险、提高企业发展存活率等方面的重要作用，是加强创业团队凝聚力和合作精神等的人为因素。创业团队的发展阶段如图 8-1 所示。

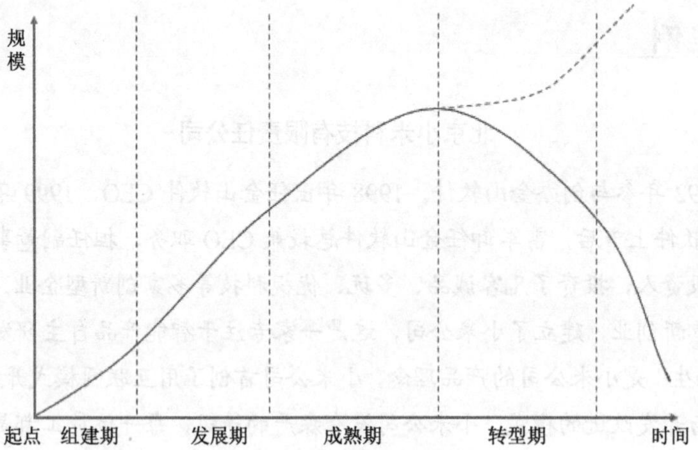

图8-1　创业团队的发展阶段

大部分创业团队的形成步骤如下。

第一，从创始人到合伙人：寻找志同道合的互补者，说服其共同前行。

第二，从合伙人到核心团队：根据目前团队现状，充实、完善团队。

第三，从核心团队到创业团队：积极借助内外部资源，对团队进行有效的管理。

一、创业团队组建期

组建团队是创办新企业的前提。企业活动的复杂性要求具有各种能力和素质的团队成员分工协作完成。一个团队的优劣基本上能够决定新企业的成败。一个团队的优劣可以用三方面的因素来度量：一是团队成员的个人素质是否与岗位要求相适应；二是团队成员之间能否进行有效沟通与合作，能否优势互补；三是团队成员是否有统一的核心价值观。组建创业团队必须具备以下条件：一是树立正确的团队理念。首先，团队要有凝聚力，团队成员相信他们能够共享利益、共担风险。其次，团队成员要诚实正直，这是有利于公司、客户以及价值创造的基本行为准则。再次，各成员要为长远着想。最后，全体成员一心想着共同创造价值，把“蛋糕”做大。二是有明确的团队发展目标。三是建立责、权、利相统一的团队管理机制。一方面要处理好团队内部的权利与利益关系，明确团队内部成员的职责、权利、考核及相关利益；另一方面要制定团队内部管理规则，这是处理团队内部权利关系与利益关系的准则。

创业伊始，第一位创业者，即团队创始人的机会相对丰富，但是资源不足，他需要连接更多的资源。而在建立创业团队方面，应充分利用人脉资源，寻找创业合伙人(合伙团队)，并结合合伙人的经历、资源以及对于企业未来的愿景，进一步创建核心团队。在创建核心团队的过程中，不仅可以依靠团队内部的资源，还可以积极借助外部的资源，形成创业团队的利益共同体，最终完善创业团队。

创业团队的组建期是一个过程，需经历三个阶段，即创建期、磨合期及凝聚期。在这个过程中，团队有其自己的特性，会遇到某些困难，会受到相关因素的影响。不同的创业者在共同的创业远景鼓舞下，形成了创业团队。创建一支优秀的创业团队对任何创业者而言都是一项至关重要的工作，是创业团队向着共同目标努力，求同存异，最后实现团队远景的组织保证。因此，大学生创业团队组建期应做到以下方面。

1. 知己知彼

一个优秀的创业团队的所有成员彼此之间都应该非常熟悉，知根知底。在创业团队中，团队成员应非常清醒地认识到自身的优劣势，同时对其他成员的长处和短处也一清二楚，这样可以很好地避免团队成员之间因为相互不熟悉而造成的各种矛盾、纠纷，迅速提高团队的向心力和凝聚力。同时，团队成员互相熟悉更有利于成员之间工作的合理分配，可以最大限度地发挥各自的优势。

2. 能胜任的带头人

在企业管理和市场营销中，经常谈论领导者的核心竞争力。事实上，在创业团队中，带头人的作用更加重要。带头人正如在大海中航行的巨轮的舵手，指引着创业团队前进的方向。许多创业团队在很短的时间内就解散了，很重要的原因在于创业团队的带头人根本不是一个合格的领导者。

3. 有正确的理念

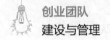

创业团队成员要坚信组织能够健康发展下去，相信创业团队一定能够获得成功。不要一开始就想着失败，尤其不要以“只能共苦，不能共甘”“天下没有不散的筵席”等借口支配自己的思想和行动，应该树立坚定的信念，要坚信团队的事业一定成功。

4. 有严格的规章制度

俗话说：“没有规矩不成方圆”。最初创业时就把该说的话说到，该立的字据一定要立到，把最基本的责、权、利说得明白透彻，尤其股权、利益分配更要讲清楚，包括增资、扩股、融资、撤资、人事安排及解散等。这样在企业发展壮大后，团队成员之间才不会因利益、股权等的分配问题产生矛盾。

二、创业团队发展期

大学生创业团队组建完成以后，要加强对创业团队的管理，这一时期，创业团队不断调整，提高管理效能，创业资源丰富，商业模式也相对稳定下来，风险降低，投入产出比较高，盈利能力和价值创造达到了较高水平，各项管理制度和运行机制比较完善，吸引风险投资开始进入新创企业，使企业发展有了更加坚实的基础。创业团队的管理者应具有较强的领导能力，善于运用激励机制调动团队成员的积极性，能够妥善处理团队成员的矛盾和问题，并能传承和发扬企业家精神。创业型领导者应有能力创造一个使命与愿景，确定团队发展战略规划，并能组织团队成员完成战略目标，有能力动员、号召团队成员主动、积极地开展创造性工作，为新创企业构建一个可持续成长的管理基础。

创业团队成员能否长期有效合作，激发每个创业团队成员的积极性，关键在于能否解决激励问题，即能否建立科学、合理的激励机制。能否解决好这个问题，关系到创业企业的生死存亡。新创企业的收益要分配给各团队成员，激励机制的核心是报酬制度的建立。合理的激励机制能更多地调动团队成员的积极性，有利于稳定创业团队成员，特别是核心创业人员。新创团队在运用激励机制时，要对创业团队成员进行评价，尤其对创业贡献比较大的员工要适时予以激励。创业团队建立激励机制的同时，也必须构建强有力的约束机制，要加强制度建设，并认真执行各项规章制度。在创业团队工作过程中，工作及情感性的矛盾冲突是不可避免的，因此必须靠约束机制使这些矛盾冲突得到解决，保证公司各项工作运行都在可控制的范围内，防止约束机制缺位或执行不力，给公司造成重大损失。

三、创业团队成熟期

创业团队的核心产品或服务已经在市场上占有较大的份额，优质产品、品牌产品占有一定的比例，市场认同度较高，客户满意度较高，销售额及盈利额增长很快，说明创业团队进入成熟期。此时，团队组织结构非常完善，团队在市场上的知名度很高，具备了很强的核心竞争力。但在创业团队成熟期，经营也存在潜在风险。管理者创业成功后容易自满自大、自我陶醉，导致被成功冲昏了头脑，故步自封，墨守成规，按部就班，使团队呈现出衰退的端倪。

创业团队发展到一定程度以后，需要具有一定的社会责任担当和企业家精神，在领导企业发展的同时，必须勇于承担社会责任。创业团队的社会责任包括对国家的责任、对员工的责任、对消费者的责任、对投资者的责任、对环境的责任、对社区的责任及教育等方面的责任。敢于担当社会责任是评价创业团队优劣的重要标准之一。

创业团队要打造企业家精神，不仅指创业客体的企业家精神。创业团队的企业家精神是团队成员的精神支柱，是创业成功的基石。创业团队应尽快形成创新创业的合力，要勇于进行开拓进取，支持创业团队的价值创造，共同承担创业风险。创业团队应积极进行创业过程中的沟通协作，履行对组织的承诺，善于分析成功的原因，总结失败的教训，抓住创业的好机会，通过团队的共同努力，促进新创企业可持续发展。创业团队的集体创新创业体现了企业家精神的核心，共同的价值理念与协调沟通能有效保证战略目标的实现。

四、创业团队转型期

一个创业团队的形成过程即从初创团队到企业的形成过程，是创始人慢慢寻找合适的志同道合者的过程，也是创业带头人精心设计公司愿景并带领、激励、说服和诱导骨干人员参与实现企业目标的过程。但是一旦过了创业初期，创业团队会逐渐向大型创业团队转变，即企业向集团化、规模化转型。当企业逐渐发展成熟，创业团队的团队成员将逐渐淡出权限中心，企业转向股东型管理，权限越来越小。

随着大学生创业团队的不断发展壮大，高校大学生的创业意识日益高涨，政府也给高校大学生自主创业提供了十分便利的优惠政策和有利的条件。在发展过程中，创业团队在合理的范围内进行优化组合，迫切需要淘汰不适应社会需要的低素质团队。其中，优化组合分为被动型和主动型：被动型优化组合是指创业团队由于各种差距导致团队成员无法自由选择和决定，被动接受改变；主动型优化组合是指创业团队由于各种差距促使团队成员能够主动选择和决定，不断改变自身，以求适应创业企业的发展。但这种优化组合往往也会改变创业团队本身的定义和性质，团队优化组合完成之后，企业极有可能转变为小型企业，这是企业发展的必然趋势。经过优化重组的创业团队必定能经得起商场的磨炼，并在继续发展中寻求更好的优化组合。

第二节　大学生创业团队企业化发展的表现

大学生创业团队的企业化发展大概经历以下转变：从知识积累到财富创造、从同学关系到同事关系、从团队精神到企业文化。

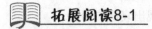

拓展阅读8-1

丁磊创业的故事

丁磊出生在一个高级知识分子家庭，他四五岁的时候，喜欢待在家里摆弄他的小玩意，一些电子管件、半导体之类的东西。丁磊的父亲是宁波一个科研机构的工程师，后来丁磊迷上无线电，很大程度上是受了父亲的影响。初一的时候，他组装了自己的第一台六管收音机，那是当时最复杂的收音机，能接收中波、短波和调频广播。这项发明在当地一时传为佳话，都说丁家出了个"神童"，是当科学家的料子。

敢于挑战的创业时代

大学毕业后，丁磊回到家乡，在宁波市电信局工作。电信局待遇很不错，但丁磊觉得那两年工作非常辛苦，同时感到一种难尽其才的苦恼。1995 年，他从电信局辞职，遭到家人的强烈反对，但他去意已定，一心想出去闯一闯。

他这样描述自己的行为："这是我第一次开除自己。人的一生总会面临很多机遇，但机遇是有代价的。有没有勇气迈出第一步，往往是人生的分水岭。"

他选择了广州。后来，有朋友问他为什么去广州，不去北京和上海?他讲了一个笑话：如果广州人和上海人的口袋里各有一百块钱，然后去做生意，那么上海人会用 50 块钱作家用，另外 50 块钱去开公司，而广州人会再向同学借 100 块钱去开公司。

初到广州，走在陌生的城市，面对如织的行人和车流，丁磊越发感到财富的重要性。最现实的是一日三餐总得花钱吧?也不可能睡在大街上吧?那时，丁磊身上带的钱不多，他得省着花，因为他当初执意要打破"铁饭碗"，现在根本不容许自己混到走投无路还要靠父母接济。那时，他最大的愿望就是希望能找到一份工作，哪怕钱少一点，但总比漂泊着强。

不知道去多少公司面试过，不知道费过多少口舌，凭着自己的耐心和实力，丁磊终于在广州安定下来。1995 年 5 月，他进入外企 Sebyse 工作。

最初的日子是艰难的，他精湛的厨艺和古筝弹奏技艺，从某种程度说，就是那段日子"苦中作乐"的明证，也可以说是这种乐观和勤劳的性格成就了今天的丁磊。

丁磊喜欢吃上海菜，但那时收入不高，不可能每天都到馆子里去潇洒，而且很多广州餐馆做的上海菜都不是原汁原味，于是他亲自到市场去买菜，亲自下厨。平时工作很忙，他就利用周末时间给自己做个醉鸡或者清蒸鲫鱼，算是犒劳自己。

在 Sebyse 广州分公司工作一年后，丁磊又一次萌发离开那里创立一家与 Internet 相关的公司的念头。当时，他可以熟练地使用 Internet，而且是国内最早的一批上网用户。

离开 Sybase 是丁磊的又一个重要选择。因为当时他要去的是一家原先并不存在、小得可怜的公司。支撑他的唯一信心就是，他相信它将来会对国内的 Internet 产生影响，对此他满怀热情。当时，除了投资方外，公司的技术都是他在做。那时他只有技术背景，缺乏足够的商业经验，最后发现这家公司与他当初的许多想法发生了背离，他只能再次选择离开。

1997年5月，丁磊决定创办网易公司。此后，在中国IT业，丁磊成了浓墨重彩的一笔。

网易移居北京后，在公司队伍建设方面有了很大改进。没有很多股东在背后指手画脚，也不存在历史积淀或创业者本身带来的消极因素，公司发展很快。在公司经理层会议上，CEO丁磊经常受到批评，说他这做得不好，那做得不对，他总是能谦虚地接受，“有人批评，工作才能做得更好”。

怀抱理想，不言放弃

一个人想要实现自己的目标，除勤奋外，还要积极进取和创新。从创业到现在，丁磊每天都在关心新的技术，密切跟踪Internet新的发展，每天工作16个小时以上，其中有10个小时是在网上浏览，他的邮箱有数十个，每天都要收到上百封电子邮件。

他认为，虽然每个人的天赋有差别，但作为一个年轻人首先要有理想和目标，无论工作单位怎么变动，重要的是要怀抱理想，而且绝不放弃努力。

走这样一条路，丁磊经历了比别人更多的困难。丁磊最苦的日子是2001年9月4日。这一天，网易因误报2000年收入，违反美国证券法而涉嫌财务欺诈，被纳斯达克股市宣布从即时起暂停交易。随后网易出现人事震荡。丁磊经历了无数个不眠之夜，他也曾心灰意冷过，但家人的鼓励起了很大的作用。父亲说：“人生哪能不遇到挫折，挺一挺也就过去了，大不了从头再来，你还年轻，有点失败的经验未必是坏事。”苦难没有把他压倒，直到2003年6月6日，网易再创历史新高：每股34.90美元。

(资料来源：http://www.cnrencai.com/ goldjob/story/740613.html)

一、从知识积累到财富创造(价值取向)

Shane认为，多数创业团队是由同学、朋友、亲戚、原先的同事等组成的。由此可以得出，在校大学生创业团队多基于现有的人际关系去寻找共同创业的伙伴。

组建创业团队就是为了弥补创业所需的资源。因为个体创业者的能力和资源是有限的，不能满足创业所需，这就需要寻找合作者填补资源空缺，包括人力资本的空缺和技能上的空白。大学生创业团队的构成可以分为业务构成、性格构成和数量构成等。大学生创业团队的构成遵循素质互补、性格协调和分工明确的原则。素质互补就是要求创业团队成员在技能、经验或人文因素上要具有互补性。创业团队成员的互补性有助于提高团队创业的科学性。创业者们可以从不同的角度分析问题，有更多的思维和理解方式，从而为创业提供更多的决策选择和解决问题的方法。团队成员的异质性能起到相互补充和平衡的作用，在创业过程中遇到的问题都能有相对专业的人士来解决，提高了团队的效率和创业的成功率。不仅如此，团队成员在技能和经验上的差异性，使得每个成员都拥有独立的、有差别的社会网络资源，从而使得整个团队的社会资源呈互补和扩大的趋势而非层层叠加。因此，创业团队的构成需要成员在价值观和创业观上相似，而在专业技能、管理能力、战略思考上形成互补。同时，在一个创业团队中，各成员的性格也应该相互协调。创业团队只有将不同性格的人的优势发挥出来，相互弥补不足，才能发挥整体团队的最大优势。创业团队中的每一个人都应该有明确的分工，担任不同的角色。团队成员之间的明确分工一方面可以发挥整体效能，提高工作效率；另一方面能充分发挥每个人的特长、优势。分工协作令每个人根据自己的专长去完成相应的工作，这样可以使每项工作都能相对尽善尽美。

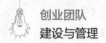

创业团队的形成与发展大概经历组建期、发展期、成熟期、转型期四个阶段，其中前三个阶段是创业团队的形成期，在此时期，团队成员达成了一个共同目标，并愿意为了这个目标花时间在一起共事。前期的团队人员比较多，可能很多人都满腔热血。经过一段时间的磨合之后，团队逐渐克服来自内部和外部的各种阻力走上正常轨道，团队内耗逐渐减少。团队成员之间开始形成共同目标，开始关心团队的成长，注重彼此间的协作工作规范，团队精神开始深入人心。但团队成员仍会对发展期存在的问题心有余悸，害怕引发矛盾而不敢充分沟通。团队建设的高峰终于在克服重重苦难后到来，这一时期，团队呈现开放、包容、创新、有为的局面。团队成员间的沟通自由而坦诚，团队成员广泛参与团队决策，齐心协力解决团队发展中的问题，将个人能力融入团队建设中，团队绩效在这一时期得到充分的体现，这就是团队的转型期。

二、从同学关系到同事关系(社会网络)

在校大学生创业团队多基于现有的人际关系去寻找共同创业的伙伴。团队初创阶段，团队成员几乎都是同学关系，大家兴趣相投、目标一致，能够休戚与共，为共同目标努力奋斗，此时个人得失并不重要。这一时期，各个成员尚未形成团队成员的角色意识，对团队及个人发展充满激情和希望，但同时也充满困惑，观望和疑惑是主要的特征。在人际关系方面多半表现得很有礼貌甚至有些矜持，有冲突也不愿意直接说出来。随着团队和事业的发展，团队隐藏的问题逐渐暴露，团队成员就像从少儿期进入青春期出现了叛逆，激情和希望开始让位于挫折和冲突。团队成员之间，团队成员与团队领导人之间，团队与环境之间会出现各种问题和矛盾。经过一段时间的磨合，团队进入成熟期，团队此时逐渐克服来自内部和外部的各种阻力，开始走上正常轨道。团队内部逐步开展工作分派以及劳动分工，团队内耗逐渐减少，团队成员之间开始形成共同目标，开始关心团队的成长，注重彼此间的协作，工作规范和团队精神开始深入人心。

英国的学者梅内迪斯·贝尔宾就曾提出团队角色理论。该理论将团队成员所扮演的角色分为两种：一种是任务型角色，这是由团队成员的专业知识和行业技能所决定的，团队根据成员的技能而分配具体的任务；另一种是团队型角色，即团队根据成员的气质、性格和情商来确定成员在团队中的领导者、协作者、管理者等角色定位。团队成员同时扮演两种角色，完成自己的工作任务并协助他人工作，促进团队目标的实现。对于大学生创业团队而言，在团队建立初期，必须要凝聚人心，形成合力，使创业团队成员以及企业普通员工都能对企业有归属感和认同感。在选择朋友上，要多交积极向上的朋友，少交使人堕落的朋友。在人际关系处理上，不拉帮结派，同时要保持自我尊重并尊重他人。对于创业团队而言，除了上述的要求之外，还要相互吸取同伴的优点和长处，互惠互利、共同发展是创业团队成功的最重要因素，而丰富的人力资源是创业团队实现合作最根本的前提条件，是企业发展的第一步。促进创业团队成员间有效合作的主要因素有三个：一是明确的职责分工；二是团队成员之间的相互尊重和信任；三是团队成员之间的有效沟通。

三、从团队精神到企业文化(群体意识)

企业文化是一个系统，其内容包括企业核心价值观、企业形象定位、企业愿景、企业精神、企业使命、企业经营理念、企业管理理念等。团队精神是企业文化的一个部分，主要展现企业的作风和态度。企业文化建设与团队精神建设是不可分割的组成部分。团队精神靠什么来维持，最佳答案是企业文化。

(一) 团队精神

团队精神是建立在群体、团队、群体凝聚力、士气、协作意识等基础上的，是指团队成员对团队感到满意与认同，自觉地以团队的利益和目标为重，并在各自的工作中尽职尽责，自愿并主动与其他成员协作、共同努力奋斗的意愿和作风。简单来说，团队精神就是大局意识、协作精神和服务精神的集中体现，是团队成员为了团队的利益与目标而相互协作的意识的升华。从群体发展到一个真正的团队需要经过一个长期磨合的过程，期间要从伪团队发展到潜在团队，从而形成真正的团队，最后是高绩效团队。团队精神不仅是团队发展水平的根本标志，同时其形成和发展过程也就是团队的发展过程。大学生创业团队的团队精神是在团队形成和发展过程中逐渐形成的，从团队的成熟期开始深入人心。团队经历了发展期之后，通过团队领导人的激励，提高团队成员的积极性和主动性，消除发展期带来的各种问题的后遗症，使成员产生强烈的团队精神，促进团队的进一步发展。

团队精神的核心是协同合作，最高境界是全体成员的向心力、凝聚力，反映个体利益和整体利益的统一，并能保证团队组织的高效率运转。团队精神的形成并不要求团队成员牺牲自我，相反，个性张扬、充分发挥能力和特长能够确保团队共同完成任务目标，而明确的协作意愿和合作方式可以产生真正的内聚动力。团队精神是组织文化的一部分，良好的管理制度可以通过合适的组织形态将个人安排在适合能力发挥的岗位，充分展示团队集体的潜能。如果没有严格的管理制度，没有良好的合作心态和奉献精神，就不会有团队精神。

(二) 企业文化

科学、有效的企业文化能增强员工的凝聚力，强化员工的责任感，激发员工的使命感。而凝聚力在团队中是一股无形的精神力量，是一个无形的关系纽带，能将团队的成员紧密地联系在一起，为企业的共同目标而努力。团队的凝聚力来自团队成员的内心动力，来自共识的价值观，所以要想增强团队成员的凝聚力还要形成共同的价值观。

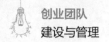

美国著名的管理大师彼得·圣吉说："一个缺少全体成员认同的目标、价值观和使命的组织，必定难成大器。"创业团队作为一个微型组织更是如此。一个创业团队要想超越自我，存活得更长久，就必须找到可以传承的生命基因——企业文化。创业团队的成员可以退出，也可以老去，创业企业的产品可以被淘汰，可以升级，也可以被替代，但创业企业中可以继承、发展和流传的就是创业团队的文化。一个优秀的创业团队必须具备以下三种关键的团队文化。

1. 勇气文化

创业团队首要的就是勇敢。生存有道，同情并不能让任何人活下去，人类最伟大的品格之一就是勇敢。一个勇敢的人，面对恐惧时能够依然向前。

2. 学习文化

创业团队中的每个人都应自我学习，相互学习，学会把经验、知识、实践相互转化。学习的效果应该尽可能量化，如果用概念性的方式让某人学习，并告诉他学习有什么好处，这毫无意义。建立学习型团队最好有更具体的方案，例如，"小A，你这个月准备看几本书？"A答："两本吧。""好，那你把书名报上来，月底要检查，另外准备好在月底业务会议上进行内容及感受分享。"这样，务实的学习氛围就会被建立起来，然后有机会引进一些好的专业培训，员工的专业知识提升得很快，学习才会变成真正的团队文化。

3. 忠诚文化

一个勇敢而善于学习的人，常常会成为智勇双全的人，但如果他不能为你所用，又有什么意义呢？因此还要培养团队成员的忠诚度，当然，忠诚度会受到企业的用人制度、战略及利益分配所影响，因此创业者所能做的就是在同样的条件下提出一些合理建议，加强团队的凝聚力和忠诚度。例如，创业者应尽量制定更加科学的薪酬制度、改善工作环境等以增加员工的忠诚度。

团队精神作为企业文化的核心，是现代企业最具生命力、亲和力和凝聚力的"作用因子"，对企业的生存发展及良好人际关系的形成有着极其重要的作用。由于它贯穿企业的各项管理工作中，因此只有加强企业团队精神的培育和建设，才能发挥企业员工们潜在的创造力，才能顺利地实现企业的整体目标。企业的团队精神是依靠企业文化建设，使员工对价值观、道德观和行为准则达成共识，以此来凝聚人心、激励士气的企业精神，从而达到为员工营造良好工作氛围的目的。团队精神对企业的长足发展起着至关重要的作用。

国内著名的华为公司进行二次创业，从第一天开始就十分注意培育组织文化，产生了巨大变化。第一，华为文化之所以能发挥使员工凝聚在一起的功能和作用，关键于华为文化的假设系统，也就是隐含在华为核心价值观背后的假设系统，如"知识是资本"的假设、"学雷锋"

的文化假设等。第二，华为文化是华为二次创业的内在支撑。一次创业与二次创业的文化关系是继承和发扬。公司文化与部门文化是“源”与“流”，反对固步自封，坚持开放式吸纳国内外先进企业文化和中国传统文化精髓，防止社会不良文化和价值观对已有文化的侵扰，鼓励各部门在坚持已有的核心价值观的同时，逐渐形成自己各具工作特点的特色文化，抓好组织行为和个人行为的价值评估工作。第三，构建华为管理制度。借鉴成功企业的经验，基于自身文化酝酿和构建具有华为特色的管理模式和管理制度，《华为公司基本法》起草后，经过员工充分讨论，用条文形式加以固定，并通过试行，反复证明是正确的、可行的。在员工中达成共识后定稿，经过正式签发，再向员工颁布，让大家共同遵守。第四，华为文化扎根于日常管理之中。8 小时之内的华为文化是对管理制度和规范的酝酿和推行，是对个人、组织行为的考核活动。员工之间管理思想的交流与沟通，管理制度规范的酝酿与推行、员工个人、组织行为的考核与评价，凝聚在产品质量、信誉、品牌和市场竞争之中；任何个人、组织行为都必须符合管理制度和规范的要求，管理制度和规范是铁面无私的，违背管理制度和规范就将损害公司整体利益，妨碍公司事业的发展，可辞退、降级、降薪。在 8 小时之外，华为努力丰富企业文化生活，开展球类比赛、文艺联欢、探险、义务劳动等，加强沟通，提高生活质量，刻意开展培养个人才能、才华、情感等智能与体能的活动，使大家恢复脑力、体力，有意识地培养乐观向上的企业家精神、敬业精神、创新精神、团结合作精神与奉献精神，陶冶高尚情操，创造丰富多彩的积极人生。

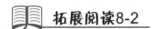

第三节　新企业的创办

拓展阅读8-2

创业经历美团操盘手

——连环创业者王兴

学霸人设 勇敢创业

王兴，人称中国互联网界“打不死的小强”“职业创业者”“连环创业者”“网络创业者的教科书”。如果要排中国最知名的连续创业者，王兴一定榜上有名；如果要排中国最倒霉的连续创业者，王兴还是能够被人提及。

王兴是校内网、饭否网、美团网的联合创始人，亦是大学生创业者。25 岁之前的王兴，有典型的三好学生式经历：从福建龙岩一中被保送上清华大学，毕业获得奖学金前往美国读书。2004 年年初，25 岁的他中断了在美国特拉华大学电子与计算机工程系的博士学业，回国创业。“当时除了想法和勇气外，一无所有，我读完本科就去了美国，除了同学没什么社会关系，回来后找到了一个大学同学和一个高中同学，三个人在黑暗中摸索着开干了。”王兴回忆说。

创业经历

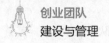

2005 年秋，王兴决定要专注于一块细分市场：大学校园 SNS。他们研究和学习美国在这一方面的成功例子 Facebook，综合之前在 SNS 领域的经验和教训，并结合国情，开发出了校内网。发布三个月来，校内网就吸引了 3 万用户，增长迅速。

2007 年 5 月，王兴创立了饭否网，当时饭否网是我国大陆地区第一个提供微型博客服务的类 Twitter 网站，由于模式跟目前的微博有类似之处，因此也被认为是国内微博“鼻祖”。饭否网 2007 年 5 月一上线就受到年轻网民的追捧，仅 2009 年上半年，饭否用户数就从年初的 30 万激增至百万。同年 6 月 2 日，惠普成为饭否网首个企业付费用户，饭否网开始获得第一笔收入。

2009 年 7 月，王兴的饭否网关闭。2010 年，他萌发了创建一个类似 Groupon 网站的念头。2010 年 3 月 4 日，王兴的美团网上线。由于王兴的创业经历，美团网一上线即引起广泛关注。美团网的推出加速了 Groupon 模式在中国的遍地开花。2014 年，美团网全年交易额突破 460 亿元，较上年增长 180%以上，市场份额占比超过 60%。2015 年 1 月 18 日，美团网 CEO 王兴表示，美团网已经完成 7 亿美元融资，估值达到 70 亿美元，最近两年不考虑上市。2015 年 10 月 8 日，美团网和大众点评联合发布声明，正式宣布达成战略合作，双方已共同成立一家新公司，新公司将实施 Co-CEO 制度。

(资料来源：https://wenku.baidu.com/view/123ed87e905f804d2b160b4e767f5acfa0c78302.html)

一、企业组织形式的选择

企业组织形式是指企业财产及其社会化大生产的组织形态，它表明一个企业的财产构成、内部分工协作与外部社会经济联系的方式。

根据我国现有法律的规定，创业者创办企业可以选择的组织形式有多种，主要有个人独资企业、合伙企业、公司制企业(包括有限责任公司和股份有限公司)。

创业者在成立新企业时，选择合适的企业组织形式不仅可能使创业者在创业初期减少投入，缓解资金的需求，还可以在经营管理、社会效益等方面起到正向、积极的作用。因此，创业者需要按照国家相关法律法规的要求，根据新企业的具体情况，对不同组织形式的优势与劣势进行科学、合理的分析，从而决定新企业的组织形式。

(一) 个人独资企业

个人独资企业又称个人业主制企业，是指由一个自然人出资兴办，财产完全归投资人个人所有，投资人单独承担企业债务无限责任的企业。个人独资企业主要适用于零售业、服务业、手工业、家庭农场等小型企业。

1. 个人独资企业的特征

(1) 个人独资企业仅由一个自然人投资设立。

(2) 个人独资企业的全部财产为投资人个人所有，投资人以其个人财产对企业债务承担无限责任。

(3) 个人独资企业为非法人企业，不具有法人资格。

(4) 个人独资企业设立需要符合法律所规定的场所、资金、人员等方面的要求。

(5) 个人独资企业一般规模较小，设立条件与程序较为宽松、简便，进入或退出市场较为灵活。

2. 设立个人独资企业必须满足的条件

(1) 投资人为一个自然人。设立个人独资企业的只能是自然人，自然人之外的法人、其他组织不能投资设立个人独资企业。申请设立个人独资企业的投资人应当具有相应的民事权利能力和民事行为能力。

(2) 有合法的企业名称。企业的名称应当如实地表现企业的组织形式特征，并应符合法律、法规的要求。

(3) 有投资人申报的出资。《中华人民共和国个人独资企业法》对设立个人独资企业的出资数额未做限制。投资人申报的出资额应当与企业的生产经营规模相适应。投资人可以个人财产出资，也可以家庭共有财产作为个人出资。以家庭共有财产作为个人出资的，投资人应当在设立(变更)登记申请书上予以注明。

(4) 有固定的生产经营场所和必要的生产经营条件。生产经营场所包括企业的住所和与生产经营相适应的处所，是企业的主要办事机构所在地，是企业的法定地址。

(5) 有必要的从业人员。要有与其生产经营范围、规模相适应的从业人员。关于从业人员的人数，法律并没有做出具体规定，由企业视情况而定。

(二) 合伙企业

合伙企业是指自然人、法人和其他组织依照《中华人民共和国合伙企业法》在中国境内设立的普通合伙企业和有限合伙企业。普通合伙企业由普通合伙人组成，合伙人对合伙企业债务承担无限连带责任；有限合伙企业由普通合伙人和有限合伙人组成，普通合伙人对合伙企业债务承担无限连带责任，有限合伙人以其认缴的出资额为限对合伙企业债务承担责任。

1. 合伙企业的特征

(1) 合伙企业设立主体包括自然人、法人和其他组织。

(2) 合伙企业必须订有合伙协议，以合伙协议为法律基础。合伙协议是合伙人建立合伙关系，确定合伙人各自权利和义务的法律契约。合伙协议依法由全体合伙人协商一致，并以书面形式订立。

(3) 合伙人承担无限责任。所有合伙人不以自己投入合伙企业的资金和合伙企业全部资金为限，而以合伙人自己所有财产对债权人承担清偿责任。

(4) 合伙人承担连带责任。所有合伙人有责任向债权人偿还合伙企业债务，不管自己在合伙协议中所承担的比例如何；一个合伙人不能清偿对外债务时，其他合伙人有清偿责任；若某一合伙人偿还合伙企业的债务超过自己所应承担的数额，则有权向其他合伙人追偿。

2. 设立合伙企业必须具备的条件

(1) 有两个以上的合伙人。若合伙人为自然人，则应当具有完全民事行为能力。法律、法规禁止从事营利性质活动的人(如国家公务员等)，不得成为合伙企业的合伙人。

(2) 有书面的合伙协议。

(3) 有各合伙人认缴或实际缴付的出资。合伙人可以用货币、实物、土地使用权、知识产权或者其他财产权利出资。对非货币出资需要评估作价的，可以由全体合伙人协商确定，也可以由全体合伙人委托评估机构进行评估。

(4) 有合伙企业的名称、生产经营场所和从事合伙经营的必要条件。

(5) 法律、行政法规规定的其他条件。

(三) 公司制企业

按照《中华人民共和国公司法》(以下简称《公司法》)的规定，公司是指由股东出资设立的，股东以其名下的全部认缴的出资额或者所认缴的股份为限对公司承担责任，公司制企业分为有限责任公司和股份有限公司。

公司制企业示意如图 8-2 所示。

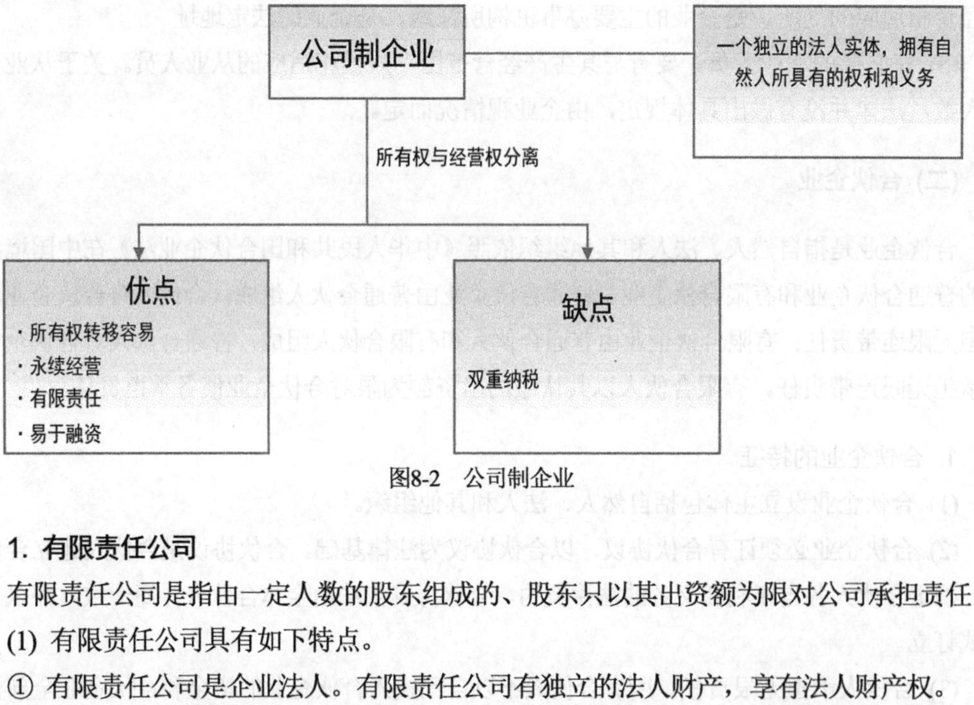

图8-2　公司制企业

1. 有限责任公司

有限责任公司是指由一定人数的股东组成的、股东只以其出资额为限对公司承担责任。

(1) 有限责任公司具有如下特点。

① 有限责任公司是企业法人。有限责任公司有独立的法人财产，享有法人财产权。

② 股东人数的限制性。有限责任公司的股东人数为2～50人。

③ 股东责任的有限性。有限责任公司以其全部财产对公司债务承担责任，股东仅以其认缴的出资额为限对公司承担责任，不需要以超过自己出资以外的个人财产为公司清偿债务。

④ 公司股东共同制定公司章程。

(2) 设立有限责任公司应具备以下条件。

① 股东符合法定人数。公司由2～50人的股东共同出资设立，股东可以是自然人，也可以是法人。现行《公司法》允许一个自然人设立有限责任公司。

② 有符合公司章程规定的全体股东认缴的出资额。有限责任公司的注册资本为在公司登记的全体股东认缴的出资额。法律、行政法规以及国务院决定对有限责任公司注册资本实缴、注册资本最低限额另有规定的，从其规定。

③ 股东共同制定公司章程。公司章程由全体出资者在自愿协商的基础上制定，经全体出资者同意，股东应当在公司章程上签名、盖章。

④ 有公司名称，建立符合有限责任公司要求的组织机构。设立有限责任公司，除其名称应符合企业法人名称的一般性规定外，还必须在公司名称中标明“有限责任公司”或“有限公司”。建立符合有限责任公司要求的组织机构，指有限责任公司组织机构的组成、产生、职权等必须符合《公司法》规定的要求。有限责任公司的组织机构一般是指股东会、董事会、监事会、经理或股东会、执行董事、1～2名监事、经理。

⑤ 有公司住所、固定的生产经营场所和必要的生产经营条件。

(3) 一人有限责任公司是有限责任公司中比较特殊的形式。一人有限责任公司也称一人公司、独资公司或独股公司，是指由一名股东(自然人或法人)持有公司的全部出资的有限责任公司，组织机构比较简单。《公司法》对一人有限责任公司有如下特别规定。

① 一个自然人只能投资设立一个一人有限责任公司，该一人有限责任公司不能投资设立新的一人有限责任公司。

② 一人有限责任公司应当在公司登记中注明自然人独资或者法人独资，并在公司营业执照中载明。

③ 一人有限责任公司不设股东会。依法律规定需股东做出决定时，应当采用书面形式，并由股东签名后置备于公司。

④ 一人有限责任公司应当在每一会计年度终了时编制财务会计报告，并经会计师事务所审计。

⑤ 一人有限责任公司的股东不能证明公司财产独立于股东自己财产的，应当对公司债务承担连带责任。

2. 股份有限公司

股份有限公司是指由一定人数以上的股东组成，其全部资本分为等额股份，股东以其所持股份为限对公司承担责任，公司以其全部资产对公司的债务承担责任的企业法人。

(1) 股份有限公司具有以下特征。

① 股份有限公司是企业法人，有独立的法人财产，享有法人财产权。

② 限定发起人人数，股份有限公司的发起人人数应当在 2 人以上，200 人以下。

③ 股份有限公司以其全部财产对公司债务承担责任。

④ 股份有限公司的股东对公司债务负有责任，其责任限度为股东认购的股份。

⑤ 股份有限公司股东共同制定公司章程。

⑥ 股份有限公司的设立可以采取发起设立或者募集设立的方式，股份以股票的形式表现，股东的股份可以自由转让，但不能退股。

(2) 设立股份有限公司应具备以下条件。

① 发起人符合法定人数。设立股份有限公司，应当有 2 人以上，200 人以下的发起人，其中必须有半数以上的发起人在中国境内有住所。

② 有符合公司章程规定的全体发起人认购的股本总额或者募集的实收股本总额。股份有限公司采取发起设立方式设立的，注册资本为在公司登记机关登记的全体发起人认购的股本总额。在发起人认购的股份缴足前，不得向他人募集股份；股份有限公司采取募集方式设立的，注册资本为在公司登记机关登记的实收股本总额。法律、行政法规以及国务院决定对股份有限公司注册资本实缴、注册资本最低限额另有规定的，从其规定。

③ 股份发行、筹办事项符合法律规定。这里的股份发行指设立发行，是设立公司的过程中，为了组建股份有限公司，筹集组建公司所需资本而发行股份的行为。设立阶段的发行分为发起设立发行和募集设立发行两种：发起设立发行即所有股份均由发起人认购，不得向社会公开招募；募集设立发行即发起人只认购股份的一部分(不得少于公司股份总数的 35%)，其余部分向社会公开招募。

④ 发起人制定公司章程，采用募集方式创立的，须经创立大会通过。公司章程虽然由发起人制定，但以募集设立方式设立股份有限公司的，必须召开由认股人组成的创立大会，并经创立大会决议通过。

⑤ 有公司名称，建立符合股份有限公司要求的组织机构。名称是股份有限公司作为法人必须具备的条件，除必须符合企业名称登记管理的有关规定外，还应标明“股份有限公司”字样。股份有限公司必须有一定的组织机构，对公司实行内部管理和对外代表公司。股份有限公司的组织机构一般是指股东大会、董事会、监事会和经理。

⑥ 有公司住所。

二、新企业的注册

设立企业，必须到相关管理部门办理登记手续，领取营业执照。未经国家登记机关登记的，不得以公司或企业的名义从事经营活动。

企业注册流程如图 8-3 所示。

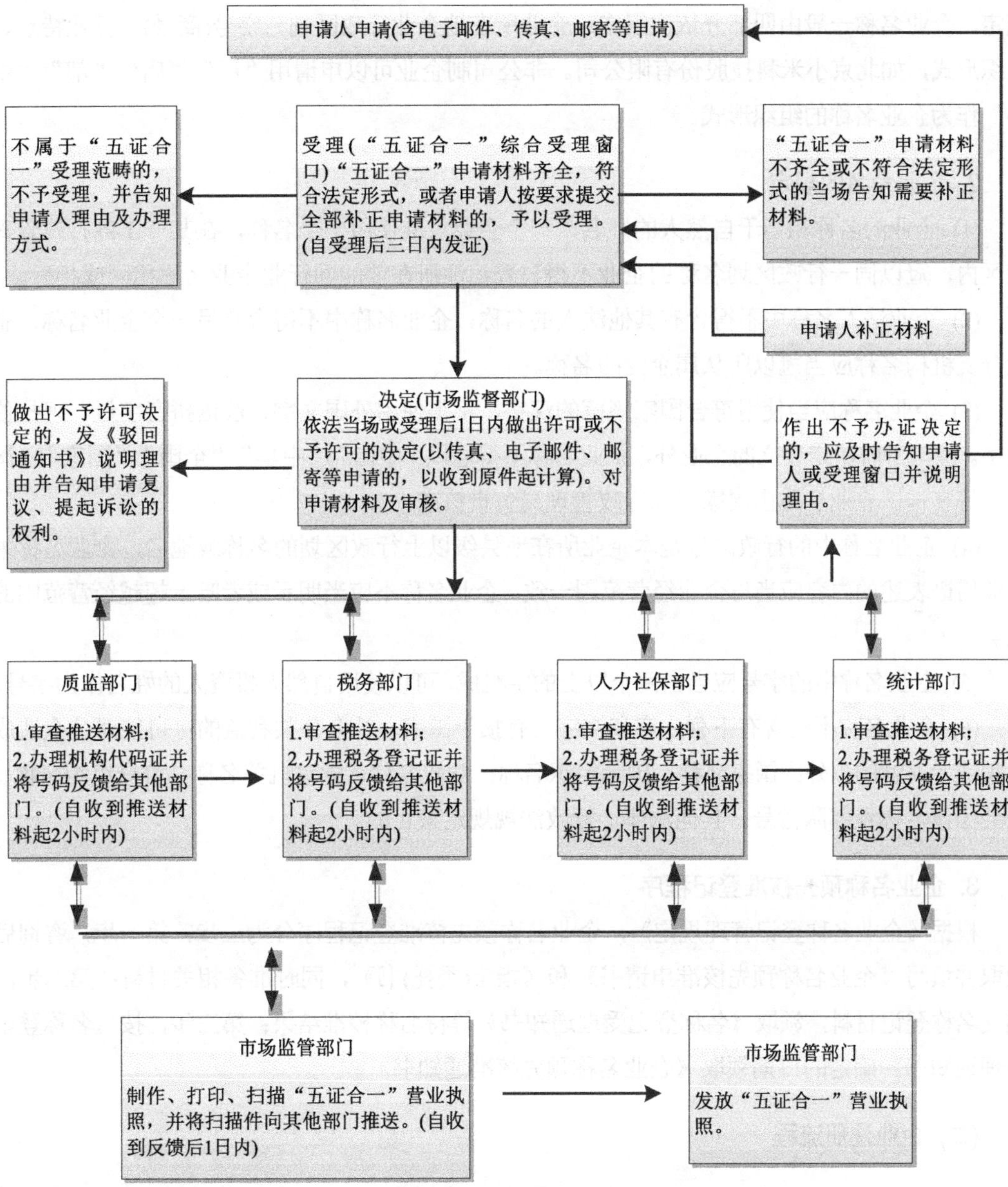

图8-3　企业注册流程图

(一) 企业名称设计

创业者在企业正式成立之前，必须进行名称设计，这是企业注册的第一步。企业名称通常是生产某类产品或提供某类服务企业的专有名称，是用文字形式表示一个企业区别于其他企业或组织的特定标志。

1. 企业名称的构成

国家工商行政管理总局发布的《企业名称登记管理规定》和《企业名称登记管理实施办法》

规定，企业名称一般由四部分依次组成：企业所在地企业行政区划、字号(商号)、行业特点、组织形式，如北京小米科技股份有限公司。非公司制企业可以申请用“厂”“店”“部”“中心”作为企业名称的组织形式。

2. 企业命名的规定

(1) 企业的名称相当于自然人的姓名，一个企业只准使用一个名称，在某一工商行政管理辖区内，冠以同一行政区划名称的企业不得与登记注册在前的同行业企业名称相同或相近。

(2) 企业法人名称中不得含有其他法人的名称，企业名称中不得含有另一个企业名称，企业分支机构名称应当冠以所从属企业的名称。

(3) 企业名称应当使用符合国家规范的汉字，不得使用外国文字、汉语拼音字母、阿拉伯数字。除国务院决定设立的企业外，企业名称不得冠以“中国”“中华”“全国”“国家”“国际”等字样。企业名称由国家工商行政管理局负责核准。

(4) 企业名称中的行政区划是本企业所在地县级以上行政区划的名称或地名，企业名称中行业用语表述的内容应当与企业经营范围一致，企业名称不应当明示或者暗示超越经营范围的业务。

(5) 企业名称中的字号应当由两个以上的字组成，可以使用自然人投资人的姓名作为字号。

(6) 企业名称不得含有下列内容和文字：有损于国家、社会公共利益的；可能对公众造成欺骗或者误解的；外国国家名称、国际组织名称；党政名称、党政机关名称、群众组织名称、社会团体名称及部队番号；其他法律、行政法规规定禁止的。

3. 企业名称预先核准登记程序

根据《企业名称登记管理规定》，企业名称预先核准登记程序分为三步：第一步，咨询后领取并填写《企业名称预先核准申请书》和《指定(委托)书》，同时准备相关材料；第二步，递交名称登记材料，领取《名称登记受理通知书》等待名称核准结果；第三步，按《名称登记受理通知书》确定的日期领取《企业名称预先核准通知书》。

(二) 企业注册流程

1. 新企业申请工商注册的基本条件

(1) 符合国家规定的开业条件。根据《工商企业登记管理条例实施细则》的规定，工商企业申请登记时，应符合下列基本条件：有固定的生产经营场所和必要的设施；有固定的人员；有必要的资金；常年生产经营或季节性生产经营在 3 个月以上；有明确的生产经营范围并符合国家有关政策法令。

(2) 备齐相关法律文件。有关法律文件包括企业筹建人签署的申请登记书、政府部门或主管部门的批文、企业章程和企业主要负责人的名单与身份证明。

2. 新企业工商注册的基本程序

2016 年 6 月 30 日，国务院办公厅发布了《关于加快推进“五证合一、一照一码”登记制度改革的通知》(国办发〔2016〕53 号)，从 2016 年 10 月 1 日起，全国范围内实施“五证合一、一照一码”登记，各地将在原有的工商营业执照、组织机构代码证、税务登记证“三证合一”改革的基础上，整合社会保险登记证和统计登记证，推进“五证合一”改革。新的“五证合一”办证模式，采取“一表申请、一窗受理、并联审批、一份证照”的流程：首先，办证人持工商网报系统申请审核通过后打印的《新设企业五证合一登记申请表》，携带其他纸质资料，前往大厅多证合一窗口受理；窗口核对信息、资料无误后，将信息导入工商准入系统，生成工商注册号，并在“五证合一”打证平台生成各部门号码，补录相关信息，同时，窗口设专人扫描企业材料，与《工商企业注册登记联办流转申请表》传递至质监、国税、地税、社保、统计五部门，由五部门分别完成后台信息录入；最后打印出载有一个证号的营业执照。办证模式的创新大幅度缩短了办证时限，企业只需等待 2 个工作日即可办理以往至少 15 个工作日才能够办结的所有证件，办事效率得到提高。

不同类型的企业注册登记的流程不尽相同，但新企业的注册登记一般流程如下。

(1) 企业名称预先核准。

① 咨询后领取并填写《名称(变更)预先核准申请书》和《投资人授权委托意见》，同时准备相关材料；

② 递交《名称(变更)预先核准申请书》、投资人身份证、备用名称若干及相关材料，等待名称核准结果；

③ 领取《企业名称预先核准通知书》。

(2) 网上预审。

① 打开工商局网站；

② 找到在线办事页面，注册账号并登录；

③ 选择企业登记的选项，按要求填写并上传 PDF 格式的材料，完成后提交。

提交材料后，工商局会在 5 个工作日内进行审核，如果存在问题会另行通知申请者修正并再次提交。网上审核通过后，申请者需要预约提交书面材料的时间。

(3) 提交书面材料。

按照预约的时间将书面材料提交给工商局，工商局将于 7 个工作日左右电话告知申请者领证。书面材料包括以下内容。

① 企业设立登记申请书，内含《企业设立登记申请表》《单位投资者(单位股东、发起人)名录》《自然人股东(发起人)、个人独资企业投资人合伙企业合伙人名录》《投资者注册资本(注册资金、出资额)缴付情况》》《法定代表人登记表》《董事会成员、经理、监事任职证明》《企业住所证明》等材料。

② 公司章程(提交打印件一份，请全体股东亲笔签字；有法人股东的，要加盖该法人单位公章)。

③ 《企业名称预先核准通知书》及《预核准名称投资人名录表》。

④ 股东资格证明。

⑤ 《指定(委托)书》。

⑥ 经营范围涉及前置许可项目的，应提交有关审批部门的批准文件。

(4) 领取营业执照。

工商局对企业提交的材料进行审查，确定符合企业登记申请要求，发放工商企业营业执照，并公告企业成立。

(5) 公章备案及刻制。

凭营业执照、法人身份证明等，到公安局指定的专业刻章店刻印公章、合同章、财务章等印章。

(6) 开立银行账户。

开立银行账户是新企业与银行建立往来关系的基础。依照我国相关法律规定，每个独立核算的经济单位都必须在银行开户，各单位之间办理款项结算，均须通过银行结算。银行账户包括基本账户、一般账户、专用账户、临时账户等，不同存款账户的功能和用途各不相同。

新企业设立之初，需要为完成现金出资和验资开设一个临时账户，该账户必须注明临时用途。企业获得营业执照后，该临时账户原则上转为基本账户，企业也可以申请注销该账户，另外开立基本账户。

3. 不同组织形式的企业注册登记

企业组织形式不同，工商注册登记方式也不相同。

(1) 申请设立个人独资企业，可以由投资人或其委托的代理人向个人独资企业所在地的登记机关提交设立申请书、投资人身份证明、生产经营场所使用证明以及国家法律、法规规定提交的其他文件等。由委托代理人申请设立登记时，应当出具投资人的委托书和代理的合法证明。

(2) 申请设立合伙企业，应当由全体合伙人指定的代表或者共同委托的代理人向企业登记机关提交登记申请书、合伙协议书、合伙人身份证明、出资权属证明等文件(法律、行政法规规定须报经有关部门审批的，应当在申请设立登记时提交批准文件)。合伙协议约定或全体合伙人决定委托一名或者数名合伙人执行合伙企业事务的，还应当提交全体合伙人的委托书。登记机关应当自收到申请人提交的全部文件之日起 30 日内，做出核准登记或者不予登记的决定。对于符合法定条件的，予以登记，发给营业执照；不符合法定条件的，不予登记，并书面答复，说明理由。合伙企业领取营业执照前，合伙人不得以合伙企业名义从事经营活动。

(3) 申请设立有限责任公司，应提交下列文件：公司法定代表人签署的设立登记申请书；全体股东指定代表或者共同委托代理人的证明；公司章程；股东首次出资是非货币财产的，应当在公司设立登记时提交已办理其财产权转移手续的证明文件；股东的主体资格证明或者自然人身份证明；载明公司董事、监事、经理的姓名、住所的文件，以及有关委派、选举或者聘用的证明；公司法定代表人任职文件和身份证明；企业名称预先核准通知书；公司住所证明。此外，法律、行政法规或者国务院决定规定设立有限责任公司必须报经批准的，还应当提交有关批准文件。除上述文件外，还应提交打印的股东名录和董事、经理、监事名录各一份。根据规定的程序，提交申请材料，领取《受理通知书》，缴纳登记费并领取执照。

(4) 申请设立股份有限公司，应当由董事会向公司登记机关申请设立登记。以募集方式设立股份有限公司的，应当于创立大会结束后 30 日内向公司登记机关申请设立登记。申请设立股份有限公司，应提交下列文件：公司法定代表人签署的设立登记申请书；董事会指定代表或者共同委托代理人的证明；公司章程；发起人首次出资是非货币财产的应当在公司设立登记时提交已办理其财产权转移手续的证明文件；发起人的主体资格证明或者自然人身份证明；载明公司董事、监事、经理姓名、住所的文件，以及有关委派、选举或者聘用的证明；公司法定代表人任职文件和身份证明；企业名称预先核准通知书；公司住所证明。法律、行政法规或者国务院决定规定设立股份有限公司的，还应当提交创立大会的会议记录和依法设立的验资机构出具的验资证明。

(三) 企业注册相关文件的编写

新企业进行工商注册需要向所在地工商行政管理部门提交相关材料。创业者根据所选择的企业组织形式，填写或提交法定的材料，如各种登记表，还要制定企业章程、合伙协议、发起人协议等文件。

1. 公司章程

公司章程是指公司依法制定的，规定公司名称、住所、经营范围、经营管理制度等重大事项的基本文件，是股东共同一致的意思表示，载明了公司组织和活动的基本准则，是公司的宪章。公司章程具有法定性、真实性、自治性和公开性的基本特征。作为公司组织与行为的基本准则，公司章程对公司的成立及运营具有十分重要的意义，它既是公司成立的基础，也是公司赖以生存的灵魂。

各国公司法对公司章程的内容都有明确的规定，这些规定主要体现在公司的记载事项上。公司章程的记载事项根据是否由法律明确规定，分为必要记载事项和任意记载事项。其中，必要记载事项分为绝对必要记载事项和相对必要记载事项。

(1) 绝对必要记载事项是每个公司章程必须记载、不可缺少的法定事项，缺少其中任何一项或任何一项记载不合法，整个章程即无效。这些事项一般都是涉及公司根本性质的重大事项，其中有些事项是各种公司都必然具有的共同性问题。

有限责任公司的章程必须载明的事项有：公司名称和住所；公司经营范围；公司注册资本；股东的姓名或名称；股东的权利和义务；股东的出资方式和出资额、股东转让出资的条件；公司的机构及其产生办法、职权、议事规则；公司的法定代表人；公司的解散事由与清算办法；股东会认为需要记载的其他事项。

股份有限公司的章程必须载明的事项有：公司名称和住所；公司经营范围；公司设立方式；

公司股份总数、每股金额和注册资本；发起人的姓名、名称和认购的股份数；股东的权利和义务；董事会的组成、职权、任期和议事规则；公司法定代表人；监事会的组成、职权、任期和议事规则；公司利润分配办法；公司的解散事由与清算办法；公司的通知和公告办法；股东大会认为需要记载的其他事项。

(2) 相对必要记载事项是法律列举规定的一些事项，由章程制订人自行决定是否予以记载。如果予以记载，则该事项将发生法律效力，但如果记载违法，则仅该事项无效；如不予记载，也不影响整个章程的效力。确认相对必要记载的事项，目的在于使相关条款在公司与发起人、公司与认股人、公司与其他第三人之间发生约束力。

2. 合伙协议

合伙协议是依法由全体合伙人协商一致、以书面形式订立的合伙企业的契约。《中华人民共和国合伙企业法》规定，订立合伙协议、设立合伙企业，应当遵循自愿、平等、公平、诚实信用原则。合伙协议经全体合伙人签名、盖章后生效，合伙人按照合伙协议享有权利，履行义务。

合伙协议应载明：合伙企业的名称和主要经营场所的地点；合伙目的和合伙企业的经营范围；合伙人的姓名及其住所；合伙人出资的方式、数额和缴付出资的期限；利润分配和亏损分担办法；合伙企业事务的执行；入伙与退伙；合伙企业的解散与清算；违约责任。

3. 发起人协议

发起人协议是指股份有限公司的发起人就公司的宗旨、经营范围及应承担的责任等有关方面经认真协商讨论后所达成的协议书。

发起人协议应载明：公司名称和住所；公司的宗旨和经营范围；公司的组织机构和经营管理；发起人认购的股份金额和期限等。

本章小结

本章主要阐述了大学生创业团队成长的 4 个阶段，即组建期、发展期、成熟期和转型期，重点介绍了大学生创业团队企业化发展的 3 种表现，即从知识积累到财富创造，从同学关系到同事关系，从团队精神到企业文化；详细阐述了新企业创办的多种组织形式，主要有个人独资企业、合伙企业、有限责任公司(包括一人有限责任公司)和股份有限公司。

关键概念：

团队组建(team building)

企业化发展(bussiness development)

新企业的创办

复习思考题

一、案例分析

“80后”大学生蒋磊的创业之路

蒋磊，1984 年出生于四川南充，北京铁血科技有限责任公司 CEO；2000 年保送进入清华大学材料系，后保送直接攻读博士学位；2001 年创办铁血军事网站，任站长；2004 年 4 月起筹建北京铁血科技有限责任公司，任 CEO。蒋磊回顾自己 10 多年来的创业经历时说，创业最重要的是选择自己喜欢的行业，然后一直坚持下去。

600 元广告费 赚第一桶金

蒋磊天资聪颖，性格开朗，健谈爱笑，16 岁被保送到清华大学，20 岁再次被保送读博。除了学习，蒋磊平时十分喜欢军事，高中时就看了许多军事杂志，喜欢研究军事武器。

保送进入清华大学后，蒋磊有更多的时间浏览军事网页，阅读军事小说。他发现当时很多军事网站很不人性化，阅读小说很不方便，于是就萌生了自己创办网站的想法。说干就干，2001 年蒋磊就创办了网站。没有资金支持，刚开始蒋磊的网站只能将自己的网页挂在其他网站上，使用免费空间。

蒋磊的第一桶金来自国外——美国一家搜索引擎网站提供了 600 多元的广告费。虽然这笔钱不是很多，却派上了大用场。蒋磊用这笔钱购买了域名，租了一个服务器，为以后网站的发展打下了基础。

果断休学 全身心投入创业

虽然忙着办网站，但蒋磊的学习也没落下。因成绩优秀，2004 年，蒋磊被保送直接攻读清华大学博士学位。

大学期间，蒋磊一直在不断尝试，力求为自己网站的用户提供更好的浏览体验。面对公司不乐观的经营局面，蒋磊决定休学全身心投入创业，随着网站用户数量的增长，2004 年蒋磊决定成立公司进行运营。在运营中，蒋磊尝试了多种方式，包括创办电子杂志、网络社区、开发网络游戏、网站广告等，网站的注册用户数量呈直线上升趋势，也积累了一批非常忠实的用户。

到底怎样才能实现盈利？这一问题困扰着年轻的蒋磊。蒋磊发现军事迷这一群体十分庞大，他们并不简单地满足于查看军事信息、阅读军事小说，他们还有更多的需求，如购买军品服饰等。于是蒋磊联系了国外知名品牌，购进一些服饰用于销售，那时候网购并不流行，网友纷纷来到办公地点购买产品。从国外引入的经典军服很快销售一空，这成为军品电商的起点。

辛苦打拼 社区电商成功做大

随着网购的迅速发展，蒋磊销售的军事用品受到越来越多的军事迷的欢迎。与此同时，蒋磊也十分注重网站的建设，努力打造军事迷喜爱的网络社区，走出一条社区电商新模式。

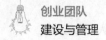

经过10几年的努力，蒋磊的公司拥有员工200余人，他创办的网站已成为能够提供社区、电子商务、在线阅读、游戏等产品的综合平台。据其透露，截至2012年12月，网站已有1000万注册会员，月度覆盖超3300万用户，正处于稳步且高速的增长中。

(资料来源：https://www.201980.com/lzgushi/xueshu/903.html)

思考：

1. 你怎样评价“80后”大学生蒋磊的创新创业历程？
2. 蒋磊是如何抓紧机遇，坚持创新，实现产业升级的发展之道的？

二、拓展训练

尽你们的所能去赢

【形式】集体参与。

【时间】90～120分钟。

【材料】

- 课堂资料“尽你们的所能去赢”说明书，每人一份。
- 课堂资料“尽你们的所能去赢”支付表。
- 课堂资料“学到的关键点”。
- 钱币(每组7元，主持人10元)。
- 筹码(每小组4个红筹码和4个蓝筹码)。
- 信封或袋子(每组一只信封或袋子用于装游戏所用的筹码，主持人一只信封或袋子)。
- 奖品(可有可无)。

【场地】不限。

【应用】

- 团队建设。
- 冲突管理。
- 职业诚心。

【目的】

- 研究诚信问题。
- 学习如何避免冲突。
- 强调从“大”团队(更大组织的团队)的角度着想的重要性。

【程序】

1. 游戏概要

游戏的目标——“尽你们的所能去赢”。参与者被分成4个小组，游戏有4个回合。每个回合中，每个小组必须决定是选择蓝色筹码还是红色筹码。各小组根据课堂资料“尽你们的所能去赢”支付表中描述的可能出现的结果来做出决策。他们可以将资料中的信息与其他小组可能的选择结合起来做出自己决定。举例来说，是否每个小组都将选择蓝色的筹码，使每个人都会赢，从而使整体获得更多？或者，是否每个小组只从自身利益出发追求自己的利益最大化？注意：预先不要让各小组知道这个信息。

每个小组有 8 个筹码，4 个红筹码和 4 个蓝筹码(筹码可以是纸板上切下来的小方块、扑克牌或游戏用的筹码)。每个团队有 7 元钱，可以是象征性的 7 个硬币，也可以是 7 个纸币或是扑克牌(如果已经用扑克牌做了筹码，那么就不要和筹码冲突)。每一个回合中，每个小组都要求选择是红色的筹码还是蓝色的筹码。在每一个回合结束之前，他们的选择只有主持人知道，而小组并不知道其他小组的选择。

主持人掌握着有限的信息，并且不允许在游戏开始时互相讨论。

2. 主持人掌握的信息

游戏开始时，宣布如下内容：

“你们的目标是尽你们的所能去赢。你们通过选择红色还是蓝色的筹码来赢。你们可以根据你们的‘尽你们的所能去赢’支付表以及对其他小组情况的了解或假设做出你们的选择。随着游戏的进展，你们会了解更多对方的信息。

“你们将有 4 个回合的‘尽你们的所能去赢’。在每个回合中，你要和你的组友讨论，并做出一致的选择。每个回合结束时，我将到你们组中收集你们选择的红色或蓝色的筹码。你们要将自己的选择塞入信封，没有人会知道其他小组的选择，直到这一回合结束。第一个回合结束后，我们将互相公开有限的信息以便了解每个小组做出选择的原因。第二个回合后，你们委派一位组员做代表与其他小组的代表协商。代表会有 5 分钟的时间和另外 3 个代表达成一个协议，使你们在第三个回合尽你们的所能去赢。

“当你们的代表回到小组后，他(她)必须寻求你们对所达成共识的支持。

“接下来会进行第三个回合。第三个回合后，你们还会有机会去和其他小组协商并达成协议，使你们在第四个回合中尽你们的所能去赢。你们可以指派同一个人或是用一个新人。”

3. 预期什么

如果每个小组每次都选择蓝色的筹码，那么游戏结束后每小组将会有 11 元，这个团队总共有 44 元(每个小组起始资金 7 元，4 轮中每轮加 1 元)。显然(虽然并不是马上可看出)，每个小组都能赢就需要每个小组都选择蓝色的筹码。然而，参与者通常会认为选择蓝色有风险，因为他们不相信每个小组都会选蓝色的筹码。红色筹码是风险较小的选择，同时它可能使一个小组比其他小组赢得更多。参与者经常把“尽你们的所能去赢”中的你们认为是指单个的小组，而不是整体。

这个游戏的目标大多被理解为要赢得比别人多(或者打败别人)，而不是“尽你们的所能去赢”。

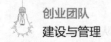

选择蓝色筹码的小组可能会经历如下挫败：其他小组不能“显而易见”地看出，如果均选择蓝色，每个小组都会赢；其他小组对选择蓝色没有足够的信任。

当有小组违背达成的协议时，这些挫败会加剧(通常的协议是大家都选择蓝色的筹码)。小组违背协议通常出于以下三个原因：

(1) 他们不相信其他小组会遵守协议；

(2) 他们在前两个回合选择了蓝色，但是别的小组没有，使他们失去了信心，因而他们也这么做了；

(3) 小组仍然将游戏目标理解为必须打败其他人，因此不择手段。

主持人在听取汇报时面临的挑战：阻止参与者产生消极的思想；防止小组违背协议(通常当他们意识到对游戏目标理解错误时会感到困窘，结果可能被别人看出)。

帮助小组理解游戏的问题不是缺乏信任，而是缺乏共同的理解和公开的交流，以至于导致缺乏信任与产生冲突。如果在游戏一开始就具有这些条件，那么每个小组可能每次都选择蓝色的筹码。

注意：在游戏开始时，可能会有人问你，“尽你们的所能去赢”指的是单独的小组还是整个集体。告诉他们，这必须由他们自己决定如何理解。

4. 游戏步骤

(1) 分发课堂资料。

(2) 阅读游戏指导，介绍“主持人掌握的信息”中提供的信息。

(3) 开始第一个回合。让各小组考虑 5～10 分钟，就选择红色的筹码还是蓝色的筹码达成一致(可以在以后几个回合缩短一点时间，而在第一个回合中，游戏参与者需要花一定的时间理解这个游戏)。

(4) 将各组选择的筹码收上来。让各组将他们选出的筹码倒进主持人的信封或袋子中。

(5) 一旦 4 个小组的筹码都收上来，就可以夸张地公布结果。主持人可以让他们先猜一下结果，然后将筹码一枚一枚地从信封或袋子中取出，一一展示给各小组。如果其中只有一枚红色或蓝色筹码，暂且将其放在一边。

(6) 根据课堂资料“学到的关键点”的规则，收和/或发钱币。

(7) 进行短暂的讨论，了解各小组为何做出这样的选择。

(8) 告诉各参与者，他们已进一步拥有了额外的信息，他们已知道其他人是如何考虑的。提醒他们，游戏的目的是“尽你们的所能去赢”。

(9) 在第二个回合，允许有 5 分钟的决策时间。

(10) 与步骤(4)(5)和(6)一样，收筹码和支付钱币。

(11) 让各小组产生一名谈判代表。

(12) 给各小组 5 分钟时间，让他们向自己的代表交待他们希望达成的协议。

(13) 给 5～10 分钟时间，让谈判代表们达成协议。

(14) 让各代表向本小组成员解释达成的协议，并确认是否得到一致的支持。

(15) 进行第三个回合，到各小组收取他们选出的筹码(红色或蓝色)，重复步骤(4)(5)和(6)。

(16) 可能会有一个或几个组违背协议。无论是什么结果，请大家讨论，讨论内容如下。

你可以问："你们如何看待这个结果？"

如果所有小组在这一步达成了一致，可能的回答是"很棒"。如果至少有一个小组违背了协议，可能的回答是"痛心""失望""生气"和"挫折"。

让遵守协议的小组与违背协议的小组进行对话。违背协议的小组可能会说："我们不相信你们。""我们认为本游戏中的'你们'应该是各小组，因此我们的任务是要想办法获胜。"

你可以问选择蓝色筹码的小组，对于接下来的最后一个回合做何打算。可能的回答是："我们不相信他们。"

这可以引导他们展开关于重建信任的讨论。

你可以问："在这种情况下，我们如何才能重建信任？"可能的回答是："进行最后一个回合，检验是否每个小组都能遵守协议。"

(17) 进行第四个回合。

(18) 无论结果如何，应强调这个游戏的设计目的是鼓励有人选择红色筹码，从而引出信任问题并导致潜在的冲突；冲突不是由个体以及个人价值观引发的，而是由有缺陷的过程引发的。请大家鉴别过程中的缺陷。参与者可能会说：

- "你没有明确游戏的目的，也没有给我们讨论的机会。"
- "我们没有机会达成有效的协议。"
- "你不允许我们在游戏一开始进行小组间的沟通，以后的沟通也受到了限制。"
- "我们没有充分参与。你让我们选出谈判代表，要我们支持我们并没有参与其中的协议。"

如果遗漏了上面的任何一条，请向他们指出。

请他们讨论这个过程是如何引起不信任以及潜在冲突的。可能是：

- "我们没有弄清楚游戏的目的以及沟通，各小组都按自己的理解进行这个游戏。"
- "我们以为其他小组也会有同样的理解。"
- "我们以为其他小组的做法是和我们一样的。"
- "因为我们没有公开的交流，因此我们不知道是否应该信任他们。"
- "你把我们分成小组就意味着让我们各行其是。"

(19) 清点总共赢了多少。他们赢得的总数肯定小于从一开始就作为一个整体并且都选择蓝色筹码所赢得的总数。

(20) 鼓励从参与游戏中学习，要求各参与者将前面的讨论用于工作中。

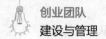

(21) 要求各参与者归纳学到的关键点。根据本游戏的目的，可以请他们将关键点写到课堂资料“学到的关键点”中。

【总结与评估】这次游戏提供了一个很好的学习经历。与大多数类似经历一样，这个游戏中也存在着风险，营造了一种可能发生冲突的状态。这个游戏需要一个有经验的主持人来主持，并且需要足够的时间来进行充分的讨论，还要解决随时可能发生的问题。

第九章
大学生创业团队成熟度评价

学习目的与要求

- 了解团队效能的概念
- 掌握团队成熟度的概念
- 了解团队成熟度的评价方法

导入案例

让创业团队“腾飞式”成长

2015 年 5 月 14 日上午，初夏的济宁高新区软件园内一片绿色，在 B2 办公楼内，自主创业的大学毕业生张帅正和他的十几名员工忙碌着。这个在济宁市首届创新创业大赛创业组拿到二等奖的小伙子，如今成立了自己的公司——济宁校园购电子商务有限公司，目前业务已经发展到山东和陕西两省，覆盖 6 个高校。

“创新创业大赛对我最大的改变有两点：一是我的思路改变了，视野更宽广了；二是在创业导师的指导下，我的定位更加清晰。”张帅说，在参加创新创业大赛之前，作为一名在校生，他只是想做一个校园内部购买物品的平台，参加大赛以后，他不再仅仅局限于一个高校，而是放眼全省乃至全国的高校。通过宣传，全国重点大学西北农林科技大学的学生也找到了他，如今张帅已经在山东理工职业学院、济宁医学院、临沂大学和西北农林科技大学等 6 所高校内发展了“校园购”业务。而张帅在创新创业大赛中的创业导师山东卡松科技有限公司董事长赵之玉，多次面对面地对张帅的团队进行指导和规划，让张帅顺利成立了自己的电子商务公司，“创新创业大赛对我来说是一个机遇，让我跳出了小圈子，增加了知名度，也得到了启动资金，可以说是名利双丰收。”张帅如此表示。

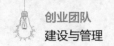

不仅张帅的“校园购”团队得到了发展，连续参加两届创新创业大赛的山东游骑兵汽车电控技术有限公司(以下简称游骑兵公司)也得到了快速发展。这家公司在首届创新创业大赛上获得创业组三等奖，第二届创新创业大赛上获得创新组二等奖，连续两年获奖，使他们在自身水平得到提高的同时，也接触了许多当地的其他创新创业团队，共同交流创业经验，分享创新经验。游骑兵公司也从 10 几人的团队发展成为拥有 50 多名员工的初创型公司，并且通过了济宁市高新技术企业的认定。

荣获济宁市首届创新创业大赛创业组一等奖的辰中生物，在创业初期，公司仅有 12 人，公司所处之地还是一片荒芜。经过两年多的建设和发展，现在企业总人数已经达到了 120 人，并建成了辰中生物研发中心和符合国际 cGMP 标准的低分子肝素生产线。预计到 2015 年年底，销售额可以达到 2 亿元。

(资料来源：晋森，刘灏. 创新创业大赛助企业拥“腾飞之翼”[N]. 齐鲁晚报，2015-05-21.)

在“大众创业，万众创新”背景下，每一个怀揣创业梦想的年轻人都渴望获得创业成功！他们在学校和社会支持下产生了第一个成熟创意，获得第一笔融资，掘得第一桶金。在走向企业化发展的过程中，团队的效率始终是核心因素，团队成熟度起重要作用。一个团队发展到一个阶段后，会通过内部协同和外部试错积累起基本认知，并在此基础上对外界环境的变化快速做出反应。本章主要介绍团队效能和成熟度，并介绍常用的团队成熟度的评测方法，在此基础上分析团队成熟度提升的机制和团队“催熟”的策略。

第一节　团队效能与成熟度

一个人从婴幼儿走向成年，需要经过身体和心理不断成熟的过程，团队的成长也是一个迈向成熟的过程。

一、团队效能

(一) 团队效能的含义

团队效能是指一个团队完成团队目标、满足成员的需要和维持自身存在的程度。团队效能具有三层含义：首先，大部分团队的存在和运转都是为了实现某些组织目标；其次，团队效能依赖于团队成员的满意度及个体需要和目标的实现；最后，团队效能还表现在团队本身的生存能力上。简言之，团队效能是指团队成员围绕团队目标而努力实现的一种理想结果。

与个人工作相比，团队最大的优势在于内部成员的相互协作，从而更有效率地完成组织目标。有这样一个故事，有人想知道什么是天堂和地狱，上帝带他走进一个房间：一群人围着一大锅肉汤，却个个骨瘦如柴，因为每个人手上有一只手柄比手臂还长的汤勺，够得到锅却不能将汤送到嘴里。只能望"汤"兴叹；而天堂，同样是一间房、一锅汤、一群人，一样长柄的汤勺，但每个人都满面红光，快乐地唱着幸福的歌。"为什么地狱的人喝不到肉汤，而天堂的人喝得到呢?"上帝微笑着说："很简单，这里的人都会喂别人。"正是因为互相承担责任，团队才有战斗力！

(二) 团队效能的影响因素

影响团队效能的因素是多方面的，不少学者对此进行了相应的研究，包括团队结构、团队组成、团队领导、成员特性、环境因素、团队互动过程等。影响团队效能的各种因素也是一个团队运作发展必不可少的条件。本章将影响团队效能的影响因素归纳为两个方面：内在因素和外在因素。

内在因素包括团队领导因素和成员个人因素。人是组织中最关键的要素，把人组织好、配置好，各司其职、各负其责，真正做到人尽其才、才尽其用，获得最大的使用价值和经营价值，才能确保组织有效地生存和发展。团队领导是团队发展的领跑人。在团队互动过程中，团队目标的达成、任务的安排、决策的制定和执行都离不开领导的辅助与支持。此外，团队效能的发挥也离不开团队成员的相互配合。团队是若干成员的集合，每个成员的能力构成、人格特征、多样性、灵活性及工作偏好会直接或间接地通过团队互动过程影响团队效能。

外在因素主要体现在组织和团队环境方面。团队处于组织环境之中，团队效能的最佳发挥依赖于组织提供的各种资源支持及和谐的文化氛围，这种资源支持包括完善的薪酬系统、畅通的沟通机制、健全的组织结构、充足的人员及设备等。此外，和谐的文化氛围是组织发展的保护伞，它能使团队成员在工作中相互交流、合作，增加彼此间的信任，增强对团队的归属感。

(三) 提升团队效能的有效措施

如何提高团队效能呢？其中最为关键的影响因素是人，其次是组织和团队环境。具体来看，必须做到以下几个方面。

1. 目标关系：增强团队成员的内聚力

在南美洲的草原上，天气酷热，山坡上的草丛突然起火，无数蚂蚁被熊熊大火逼得节节后退，大火包围圈越来越小，感觉蚂蚁就要被全部烧死，然而意想不到的事情发生了，蚂蚁紧紧聚成一团，滚成一个大蚁球，迅速冲向火海，尽管一些蚂蚁被烧死，但是这让更多的蚂蚁绝处逢生。事实上，在一个组织中，目标影响个人、团队和组织的效能，团队存在于组织之中，个人和组织的目标会影响团队目标的确定和实现。Hermann(1991)认为，明确的目的与目标是群体协作的前提条件。在团队中必须明确界定团队的目标，做到团队成员的个人目标与团队目标保持一致，这是团队存在和发展的前提。这就要求团队应在处理好个人、团队和组织目标关系的基础上，增强团队成员的内聚力。

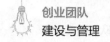

2. 决策认同：提升团队决策的领导力

优秀的团队绝不会将自己局限于一种决策方式的制定，而是会根据具体情景的变化做出适当的调整，即权变决策。团队领导在团队决策过程中要充分运用领导力，帮助和支持团队采取正确的决策制定方法，以便让团队成员更好地理解和接受，达成决策认同。这首先要求团队领导具备较强的组织协调能力和团队协作精神，在团队中调动成员工作的积极性和主动性，提高团队凝聚力。其次，团队领导还应具有独特的人格魅力和平易近人的亲和力，在团队中营造积极向上、和谐有序的文化氛围，善于倾听成员的不同声音，充分利用团队决策的优势，平衡个体贡献和团队运作。最后，团队领导要了解和掌握科学的决策原理与方法，在遵循全局性、可行性、规范性、预测性和择优性原则的基础上掌握决策中的信息因素，做出科学、合理的决策，取得团队成员的信任和支持，达成决策认同。

3. 建章立制：加强团队规范的约束力

Madjar(2005)的研究表明，团队规范的建立、团队支持与帮助的提供等能给予员工积极的情绪和一定的认知刺激，促进员工创新绩效的提高。一个组织应有明确的行政制度和行为规范，团队作为组织中的一部分，也应有自己的团队规范。规范对团队成员具有无形的约束力，它所表达的是团队的核心价值观和目标。

比如，一个骑师让他的马接受了彻底的训练，因此他可以随心所欲地使唤它。只要马鞭子一扬，那匹马就乖乖地听他支配，而且骑师说的话，马儿句句听得明白。给这样的马加上缰绳是多余的，他认为用语言就可以把马驾驭住了。有一天他骑马出去时，就把缰绳解掉了。马儿在原野上飞跑，开头还不算太快，仰着头抖动着马鬃，雄赳赳地阔步前进。当它知道什么约束也没有的时候，英勇的骏马就愈发大胆了。它再也不听主人的叱责，越来越快地飞奔在辽阔的原野上。骑师毫无办法控制他的马，他想把缰绳重新套在马头上，但已经无法做到。无拘无束的马儿撒开四蹄，一路狂奔，竟把骑师摔下马来，而马还是疯狂地往前冲，像一阵风似的，什么也不看，什么方向也不辨，一股劲冲下深谷，摔了个粉身碎骨。“我可怜的马呀！”骑师好不伤心，悲痛地大叫道：“是我一手造成你的灾难。如果我不是冒冒失失地解掉缰绳，你就不会把我摔下来，也就不会落得这么悲惨的下场。”

4. 达成共识：营造团队氛围的一致力

在一个组织中，良好的团队氛围主要依赖组织文化对成员无形的熏陶、感染和诱导。团队文化的核心是组织的价值观。在这种价值观的影响下，团队成员会在潜移默化中接受组织的共同价值观及行为准则去工作。在组织系统中，团队成员凝聚起来的是一种信念、道德和心理的力量，而团队文化正是以大量微妙的方式来沟通组织内部人们的思想，使组织成员在统一的思想指导下，产生对组织目标、行为准则、经营观念等的认同感和作为组织成员的使命感。同时在组织氛围的作用下，组织成员通过自身的感受，产生对于本职工作的自豪感和对组织的归属感。具体而言，营造和谐的团队氛围需要培养团队成员的团队精神，其核心是协同合作意识，最高境界是使全体成员形成向心力和凝聚力。还可以通过各种规章制度来约束成员的行为，同时，鼓励和支持团队成员间的沟通交流和互助合作。值得注意的一点是，在营造和谐的团队氛围时要与团队成员保持真诚的态度，取得成员的信任，关键在于攻心，即治人治心，攻心为上。管子在《心术篇》中指出："心安则国安，心治则国治，安也者心也，治也者心也。"赢得团队成员的向心力，这对营造和谐的团队氛围有重要的推动作用，从而提高团队效能。

团队成熟与否会决定一个创业项目的成败。例如，易得方舟从头到尾都是定位于"教育娱乐 IPC"，号称中国教育与科研网的网络门户，但是有关盈利这个所有网站都面临的致命问题，它一样都没能解决好。第一，在发展上没有核心技术，虽然他们的团队人数众多，但没有一个是信息技术领域相关专业的，也没有专门组织或并购强大的技术团队。第二，缺乏商业创新能力和市场拓展能力。虽然易得方舟的创业团队中也有 MBA 和经济专业的学生，但他们只是简单地克隆国外门户网站的商业模式，并没有根据自身特色找出一条适合自己的经营模式与盈利模式，从而导致经营不善，难以为继。第三，缺乏系统的创业知识的支持。创业是一项系统工程，需要的不仅是知识和热情，更重要的是市场预测与商机把握，以及一些与创业相关的各种外界因素如社会发展、宏观经济、人文文化、传统习俗等的分析与把握。

二、团队成熟度

(一) 团队成熟度概念

人们对"成熟"一词很熟悉。成熟原指果实或谷实长到可以收获的程度，比喻事物已经发展到能有效果的阶段。度是指事物变化达到的状况。成熟度原指棉纤维生长成熟的程度，以在显微镜下测得的胞壁厚度作为度量成熟度的指标。

为了更深入地研究能够持续提升项目团队效能的动态过程，成熟度则是指项目团队的效能随着项目的进展而达到的目标实现程度，它描述的是事物发展过程中的一种状态。Rodney L. Robertson 和 Donald D. Tippett(2002)认为，团队内部发展和成熟的程度可以用健康度来表示。团队的健康度可以从个体、个体与团队结合边界、团队、团队与组织结合边界等方面的有关特点来衡量，包括成员间相互信任和协调、明确的角色与责任、团队的计划、冲突处理、团队对上层的支持、任务重要性的感知等方面。

(二) 团队成熟度的一般模型

从理论上讲，对团队成熟度的研究沿着"成人成长水平—领导力成熟度—团队成熟度"的脉络发展。关于成人成长水平的大量研究通常是建立在心理学家洛文杰(Loevinger)、布拉西(Blasi)和科尔伯格(Kohlberg)的研究基础之上的，他们都研究了成年人参与道德和伦理复杂性的能力。在过去的 20 年中，关于成人成长的阶段如何适用于领导成熟度和团队成熟度的研究与出版物已经有很多，它们都以相同和不同的方式描述了相同的成熟度旅程。

团队成熟度的影响因素有很多，主要包括历史成长阶段(是刚刚形成还是团队在一起已经有一段时间了)、组织背景(是否有来自更广泛的组织的明确授权、必要的资金、人员和技术的资源)、商业背景(例如它是否为在竞争日益激烈的市场生存而战，还是处于持续增长的市场中)、领导力成熟度。其中最为重要的是团队领导力的成熟程度，可以说团队成熟以领导力成熟为逻辑条件。

领导力成熟度模型如表 9-1 所示，从仅仅出于自我保护到成为外向型贡献者，到贡献了一技之长的人，再到一个以目标为中心的管理者，然后进入更高层次的领导层，因为此时他们已经对连接任务和过程有了更多的觉察，能够使创造思维转变，并能够富有创新和创造性地生活在当下。最后，托伯特、柯林斯、雅罗夫斯基和巴雷特指出成熟的最高阶段是谦卑和服务于更大的事业。

表9-1　领导力成熟度模型

阶段	比尔·托伯特	比尔·乔伊纳	吉姆·柯林斯	乔·雅罗夫斯基	理查德·巴雷特	奥托拉斯克
7	炼金术士	增效剂	5 级高管领导	更新领导者	服务	
6	战略家	共同创造者	4 级高管领导	仆人领袖	有所作为	5 级领导
5	个人主义者	催化剂	3～4 级	仆人领袖	内部凝聚力	4～5 级
4	成功者	成功者	3 级主管经理	实现领导者	转型	4 级经理
3	专家/技术员	专家	2 级有贡献的团队成员	实现领导者	自尊	3～4 级
2	外交官	循规蹈矩	1 级有能力的个人	—	关系	3 级小组沟通
1	机会主义者	—	—	以自我为中心的领导者	生存	2 级个人主义者

(资料来源：[英]彼得·霍金斯. 高绩效团队教练(实战篇)[M]. 北京：中国人民大学出版社，2019.)

在关于团队成熟度的众多论述中，比较有代表性的是理查德·巴雷特的观点，他认为，团队成熟度有 7 个阶段，与领导力成熟度相对应，所有这些阶段都是相互依赖的。

第 1 阶段：生存意识。团队专注于自身的生存，需要拥有足够的资源，包括资金或收入、人、技术，以及员工的健康、安全与福利。

第 2 阶段：关系意识。团队关注团队成员之间的和谐关系。

第 3 阶段：自尊意识。团队关注其业绩以及在其运营方式和结果方面建立集体自豪感。

第 4 阶段：转型意识。在这个阶段，团队更能够反思自己的集体流程并成为一个学习团队。团队成员开始承担更多的责任，不仅仅是为了自己，也是为了团队的集体绩效。

第 5 阶段：内部凝聚力意识。在这个阶段，重点在于培养团队使命的共同意识和团队共同的价值观，使团队的整体愿景和价值观一致，并释放团队成员的承诺和热情。所有团队成员都清楚地了解他们的工作对团队成功的贡献。

第 6 阶段：有所作为意识。在这个阶段，团队的重点是与所有主要利益相关者建立合作伙伴关系。主要利益相关者包括：组织中的其他团队，无论他们是更高层级的还是更低层级的，或者他们需要良好配合的伙伴团队；客户和供应商；投资者和监管机构。团队专注于为这些利益相关者提供优质的产品和服务，并在他们眼中拥有良好的声誉。在这个阶段，团队对来自所有利益相关者和团队 360 度反馈变得更感兴趣。

第 7 阶段：服务意识。在这个阶段，团队专注于提高集体力量，可以为所有利益相关者创造可持续价值，不仅仅是那些列入第 6 阶段的利益相关者，还有团队运营的当地社区以及更广泛的自然生态。

巴雷特继续描述他所谓的“全能团队”，如图 9-1 所示，这是一个能够成熟处理所有 7 个团队意识水平的团队。这些团队可以容纳全部 7 个焦点，因此拥有：

(1) 明确的授权、稳定的财务和资金来源，以及对员工健康和福利的关注；

(2) 和谐的关系和良好的沟通；

(3) 激发团队引以为豪的结果、质量、系统和卓越成效；

(4) 团队内部的共同责任和共同领导、团队参与的共同反思、学习和成长；

(5) 清晰的团队章程，包括其愿景、价值观和行为；

(6) 与组织内部以及与主要利益相关者之间的定期、有效的联系与合作；

(7) 重点关注他们如何在世界上实现可持续的与众不同并留下永续的遗产。

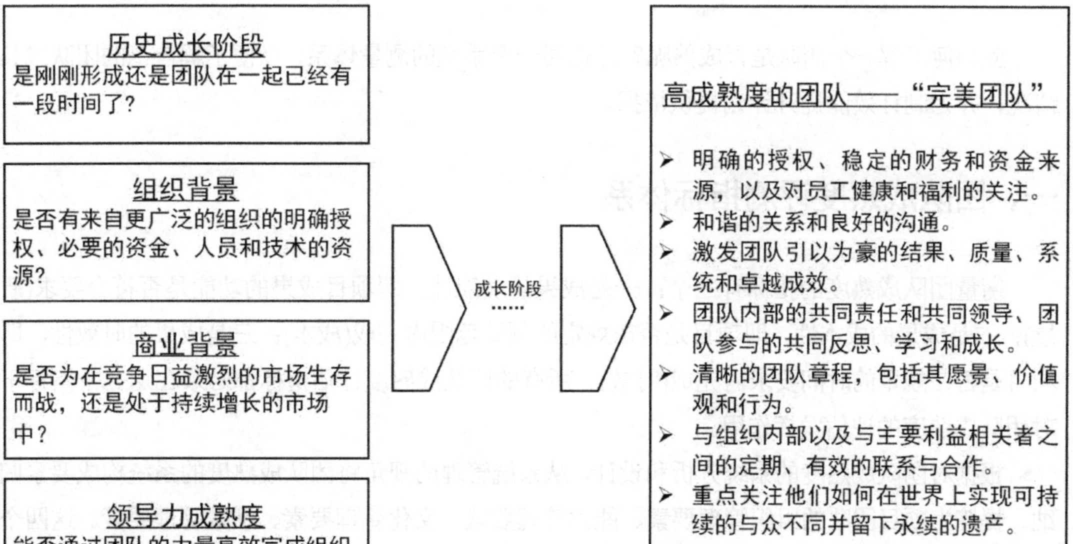

图9-1　团队成熟度的影响因素与“完美团队”

为着财富、权力和梦想，无数有志之士都努力奔走在合伙创业的路上。然而，创业不能仅凭一腔热血，亦非机会、资源、技术的简单发酵，合伙人的成长与成熟是企业成长和成功的重要因素。如何打造优秀的创业团队？如何应对创业公司从成长到成熟的变化？如何长久地保持企业的核心竞争力？长江商学院教授、副院长廖建文认为，好的合伙创业团队应该满足三要素(即 3C)。首先，团队成员应具备互补的技能(complimentary skills)，这无须多言。其次，性格兼容(compatibility)。很多合伙团队最终解体，就是因为性格和理念不合。营销和研发出身的合伙人，可能语言、语境都不太一样，前者往往从市场角度来思考问题，而后者多从产品角度思考。差异产生矛盾，但要使矛盾转换成创新，就需要将差异融入共同目标，合伙人性格的兼容性就至关重要。最后，共同愿景(common vision)，是仅将企业作为一项有价值的资产经营，就要在合适时 IPO 或是直接转卖，创始人套现离开；还是将企业当作事业，希望成就一个伟大、可持续的甚至基业长青的企业。相对而言，愿景的冲突更具有根本性，决定了创业团队能走多远。打造 3C 团队的重要前提是尽早确定股权结构，可以用正规的法律条文，如《创业者协议》规范合伙人的权益结构、股权比例、股权交易规则、退出规则等。这种严谨的合同不仅影响股东间利益的分配，而且通过对表决权、退出方式等的规定，对公司战略等长期问题产生影响。寄希望于规模做大之后再达成规范的“君子协议”是非常危险的做法。此外，任何一个团队都必须有一个领导者，如比尔·盖茨之于保罗·艾伦，乔布斯之于沃兹。在团队成立伊始，就需要明确每个成员在团队中的分工，明确团队领导和最终的决策机制。

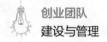

第二节　团队成熟度评测

应如何了解一个团队是否成熟呢？这需要一个系统的测量体系，以便了解自己的团队成长情况，并为制订效能提升计划提供依据。

一、团队成熟度评测指标体系

衡量团队成熟度的指标有三个：一是成果的功能性，即项目成果的功能是否符合要求(质量)；二是成果的成本性，即项目是否在规定的预算范围内完成(成本)；三是成果的时效性，即项目是否在规定的时间要求内完成(时效)。所有的团队成熟度评估指标都必须在这三个指标下对团队成熟度的评估发挥作用。

根据对团队成熟度的系统分析和设计，从系统管理的视角将团队成熟度的系统构成要素归纳、提炼为项目团队的组织管理要素、能力管理要素、文化管理要素、绩效管理要素。这四个系统构成要素既要受到项目团队的外部环境因素影响，也要受到自身影响因素的影响。为了综合反映这种复杂现象，更重要的是为了有效地考虑系统构成要素及其自身影响因素以及环境因素的影响，本章将这些因素融入效能管理流程和关键流程中，以更好地体现系统管理的思想。这样，每个系统构成要素，即组织管理流程、能力管理流程、文化管理流程、绩效管理流程就构成了本章的团队成熟度评估的一级指标，每个系统构成要素下的关键流程就构成了团队成熟度评估的二级指标。团队成熟度评估的指标体系如表 9-2 所示。

表9-2 团队成熟度评估指标体系

评估指标	团队成熟度评估				成熟度等级
一级指标	组织管理流程	能力管理流程	文化管理流程	绩效管理流程	优化级
二级指标	团队整体协调	团队能力持续提高	团队承诺	团队绩效整合	可预测级
	授权	能力整合	团队决策	量化绩效管理	已定义级
	建立工作小组	能力培养	冲突管理	项目风险控制	已管理级
	团队成员配置	培训和开发	沟通与协调	绩效管理	初始级

(资料来源：杨明海. 项目团队效能成熟度研究[D]. 山东大学，2007.)

二、团队成熟度评测简要操作步骤

在实际运用中，可以采用如表 9-3 所示的团队成熟度测量简要问卷。

表9-3 团队成熟度测量简要问卷

阶段	描述	非常不同意	不同意	中性	同意	非常同意
1	团队有明确的授权、稳定的财务和资金来源，以及对员工健康和福利的关注					
2	团队具有和谐的关系和良好的沟通					
3	团队专注于集体的结果、有质量的输出和系统，这使团队感到自豪					
4	在团队内，团队承担共同责任和共同领导，同时共同反思、学习和成长					
5	团队明确了团队章程，包括其意愿、价值观和行为					
6	团队定期与组织内部以及主要利益相关者进行有效的联结与合作					
7	团队非常关注如何实现可持续的特征并留下永久的遗产					

计算每个问题的集体团队分数，方法是将分数求和除以团队中的人数。比如，一个由 7 人组成的团队在一个问题上得分是+8，则平均分为 1.1429。

将 7 个问题的得分描述在图中，每个问题都与 7 个阶段中的一个相联系，团队在哪个阶段分数最高，一般就意味着处于哪个阶段。比如，根据巴雷特的观点，图 9-2 表明某团队目前在“自尊”阶段，正在进入“转型”阶段。

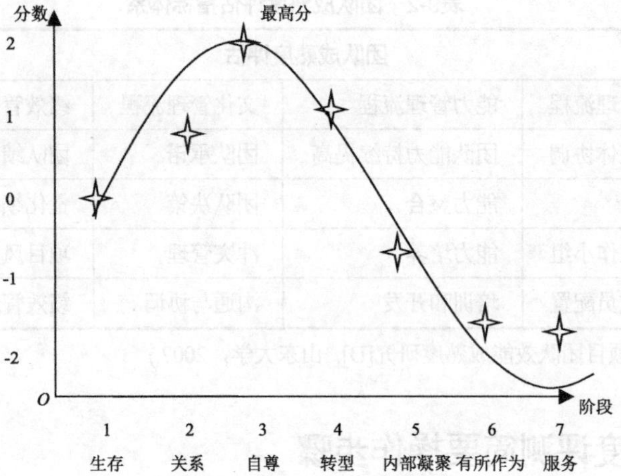

图9-2 团队成熟水平图

第三节 创业团队成熟度提升机制

《西游记》大家都很熟悉，可以说唐僧师徒四人取经的故事就是一个精干的项目管理团队不断成熟的故事，从团队组建到成员磨合，再到趋于稳定，最终求取真经，完成预期目标。师徒四人既有互相合作，又有勾心斗角；既有严肃紧张，又有轻松活泼。创业团队达到成熟状态是否也要经历“九九八十一难”呢？

一、团队成熟度的系统结构

团队成熟度提升机制是一种基于关键流程的、分阶段执行和提升团队成熟度水平的系统架构，它为项目团队在致力于实现项目任务时应该如何选择优先开发的团队成熟度提升流程提供了一种工作指南。团队成熟度提升机制的优点在于它将效能提升的范围聚焦于少数几个关键流程，这些关键流程为团队成熟度的提升奠定了基础。通过实施一系列的关键流程，项目团队可以稳定地提升团队成熟度水平。

项目团队综合运用知识、技能和关键流程，实现团队成熟度水平的提升。团队成熟度水平由其成熟度等级体现出来，而效能成熟度等级的达成是以其流程域目标是否实现为依据的，实现了哪一级的流程域目标就表示项目团队达到了该流程域所代表的成熟度等级。

关键流程为团队成熟度提供了一种系统提升的方法，兼顾了团队成熟度的系统构成要素(流程域)及其影响因素(关键流程)。流程域是每一个成熟度等级的所有关键流程的集合，项目团队的效能成熟度能否达到某一成熟度等级取决于该成熟度等级所包含的所有关键流程能否实现该流程域目标。

(一) 成熟度等级

同软件能力成熟度模型、项目管理成熟度模型和人力资源能力成熟度模型一样，按照流程成熟度体系的原则和方法，团队成熟度等级分为初始级、已管理级、已定义级、可预测级和优化级。这五个成熟度等级为项目团队持续提升效能成熟度水平提供了分级实施的系统框架。每一个成熟度等级都是一个明确定义的以关键流程为基础的提升平台，每一流程域又包含一系列的目标，当这些流程域目标达成时，项目团队就实现了可影响其效能成熟度水平的目标。每一个成熟度等级的流程域目标的实现都显示项目团队已达到该成熟度等级的效能成熟度水平。这样，项目团队通过实施每一个成熟度等级的关键流程，可以在内部建立起提升团队成熟度的机制。

初始级是团队成熟度的第一级，处于这一级的项目团队虽然具有成为团队的潜力，但是其成员缺乏明确的共同目标，把工作重点放在个人责任上而没有形成相互协作的风气，因而他们在实际工作中很少合作或没有集体责任感，只是单纯地做自己的工作，或是仅仅与自己所在的部门有联系，仅仅关心自己的责任。这只不过是名义上的团队而已，是伪团队。

团队成熟度第二级——已管理级，其主要目的在于在项目团队内部建立团队工作的基础以及使项目团队为实施更高水平、更为复杂的关键流程做好准备的流程，是团队成员在工作小组或团队范围内的协同工作中识别和定义的。关键流程定义了团队成员如何在项目环境中运用他们的知识、展现他们的技能以及执行他们的流程。

在已定义级成熟度等级上，项目团队执行关键流程以适应发展需求。

可预测级成熟度的工作就是使项目团队形成以知识、技能和关键流程量化管理为基础的团队能力，通过授权以及团队层面上的能力整合和团队决策，消除关键流程之间相互衔接的时间浪费和资源耗费，发挥团队所有成员的智慧和能力，管理并促进团队成熟度水平的不断提升。

在团队成熟度的第五级——优化级，项目团队通过较长时间的工作实践和团队协作，运用其丰富的量化知识识别出能够从改进活动中取得最大收益的流程，并持续改进其流程。项目团队改进活动包括从流程改进到采用新技术在内的所有活动。此外，项目团队还可用绩效数据来识别出影响团队绩效的最大缺陷，进而分析这些缺陷的根本原因并进行有效的绩效整合。流程改进和创新以及团队绩效整合管理成为贯穿整个项目团队工作的一个永恒主题。

(二) 流程域

流程域是由每一个成熟度等级的与团队成熟度相关的所有关键流程构成。每一个成熟度等级的流程域都可以建立一个内聚式的流程体系，用以综合、全面地提升项目团队的效能成熟度水平。

(三) 流程域目标

每个流程域都包括了要实现的目标，这些目标构成了团队成熟度提升流程应该满足的要求，集中体现了关键流程的范围、边界和意图。一组目标仅对应一个流程域，通过实施该流程域所包含的关键流程必须实现的目的来表述其特性。

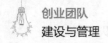

当某一个成熟度等级所定义的流程域目标都达成时，项目团队就实现了该等级的目标，就达到了该成熟度等级，并建立了提升新的团队成熟度的阶段性水平。每一个流程域都通过一组目标的达成状态来判断项目团队是否有效地实施了该流程域所包含的关键流程。一个关键流程只有在其正确地描述了项目团队行为或状态时，项目团队的效能成熟度才能够得到提升。

流程域目标是其所包含的所有关键流程目标的集合，只有当所有关键流程的目标都实现时，流程域目标才得以实现。此时，项目团队就具有了该成熟度等级所具备的主要特征。

(四) 关键流程

每一个关键流程通过成功实施达成其目标。当关键流程全部完成时，项目团队就达成了其流程目标。团队成熟度提升的关键流程为提升效能成熟度水平提供了最坚实的基础，因为这些关键流程都是经过实践检验或经过实施达到理想效果的，项目团队通过这些关键流程的实施实现其预期目标。当这些选定的关键流程共同完成时，项目团队应该达到其目标描述的效能成熟度状态。

关键流程指导项目团队成员实施效能成熟度提升活动，在达成目标之前，项目团队必须实施这些关键流程，否则项目团队必须在其团队流程计划中规划了与其相当的其他选择或项目团队已经实施了其他相当的流程。

二、团队成熟度等级与其所对应的关键流程

根据团队成熟度的系统分析与设计，在团队成熟度提升机制的五个成熟度等级中共有 16 个关键流程，这些关键流程被定义在不同的成熟度等级上。

除初始级之外，每一个成熟度等级都包括 4 个关键流程。其中，已管理级即成熟度等级第二级，包括团队成员配置、培训和发展、沟通与协调、绩效管理的 4 个关键流程；已定义级即成熟度等级第三级，包括建立工作小组、能力培养、冲突管理、项目风险控制 4 个关键流程；可预测级即成熟度等级第四级，包括授权、能力整合、团队决策、量化绩效管理 4 个关键流程；优化级即成熟度等级第五级，包括团队整体协调、能力持续提高、团队承诺、团队绩效整合 4 个关键流程。

(一) 从初始级到已管理级的提升流程

项目团队在开始运行时，由于项目团队刚刚组建，成员之间刚刚认识，他们既兴奋又焦虑，总体上都有积极的愿望和主人翁责任感，并急于开始工作，但对自己的职责及其他成员的角色都不是很了解，项目团队的管理处于混乱状态。

为了达到已管理级即成熟度等级第二级，项目团队可以实施包括团队成员配置、培训和发

展、沟通与协调、绩效管理在内的4个关键流程。项目团队通过实施这些关键流程确保项目团队成员能够真正成为团队中的一员，建立团队工作的基础。

1. 团队成员配置

团队成员配置流程的目标在于建立一个正式的工作程序，并对选定的成员明确其在团队中的角色、工作承诺与责任。

如果组织的人力资源信息库中没有符合特定技术条件的员工或者团队想把一些非关键技术活动外包，项目团队就需要考虑外聘团队成员。对于外部成员的选择，项目经理要按照一定的程序来进行招聘活动。第一，要明确所需要的技术类型、人员数量和具体的时间框架。招聘活动要明确地罗列出空缺职位所需要履行的责任和义务，以及要完成这些责任和义务的候选人所必须具备的特性。第二，撰写工作说明书和工作规范，选择相关组织、部门或人员分发工作说明书和工作规范。要选择和运用适当的机制来传达空缺职位信息，传达的目标受众是那些拥有完成所分配任务的能力特性的相关群体。在某些情况下，可能会因为相关候选人范围比较窄而影响招聘信息的传达活动。第三，建立评估标准，评估并筛选符合条件的合格团队成员。为每一个空缺职位定义一个选择流程和一套合适的选择标准，对每个候选人的资格和适合的评价活动要以已定义的选择标准为准绳。第四，将职位授予拥有最适合空缺职位的技能和其他资格的候选人，并与其签订合同，明确其角色及责任。

2. 培训和发展

培训和发展流程关注团队成员的关键技能培训并为其提供相关的发展机会。培训和发展流程的目标包括：①识别团队成员完成任务所需要的关键技能，制定团队成员发展关键技能的培训计划并提供培训机会。②发展培训目标。当团队成员具备了完成当前所分配任务所需的关键技能时，该流程将关注其他目标的发展活动。

3. 沟通与协调

项目团队成员之间进行有效的沟通与协调所带来的好处不仅是消除等级障碍，而且能够让每一位团队成员都清楚项目团队正在发生的事，真正认识到自己或其他成员对团队正在进行的工作所做的贡献有多大，从而分享成就带来的自豪感，分担失败带来的忧虑。沟通与协调流程可以统一团队成员的行为和活动，使所有成员朝着最终的目标而共同努力。由于项目团队往往包括了不同职能部门、不同技术背景、不同层次的人员，沟通与协调工作往往是很复杂的。项目团队的沟通与协调不仅包括团队成员之间的信息沟通与协调，有时还涉及与团队外部人员的信息沟通与协调。团队外部沟通与协调有时候比内部沟通与协调的困难还要大，明确的沟通渠道在其中扮演了重要角色，如社交活动、部门间的交叉培训等。

4. 绩效管理

绩效管理流程主要聚焦于绩效目标的实现，基于每个成员对团队的贡献和价值，为他们提供报酬和奖励。绩效管理流程的目标包括：①为成员建立绩效目标，并根据绩效目标制订薪酬计划；②与有关成员进行绩效问题的讨论，制订绩效改进计划；③根据团队成员的贡献确定其薪酬，对团队认可的杰出绩效进行表彰。

(二) 从已管理级到已定义级的提升流程

为达到已定义级的成熟度等级，项目团队在成熟度第二级实施关键流程的基础上，有能力识别所处环境中的最佳效能管理实践；同时，项目团队识别它的知识、技能和关键流程，并在此基础上通过实施建立工作小组、能力培养、冲突管理、项目风险控制等流程提升团队成熟度水平。

1. 建立工作小组

工作小组是指在一起为完成某项具体任务而工作的人的集合，这些工作需要高度的协作能力才能达到目标。工作小组及其所进行的工作都具有很大的相互依赖性，而且同其他工作小组的依赖关系降到了最低水平。建立工作小组流程的目标包括：①为完成相互依赖程度很高的经营活动和实现特定的目标，成立工作小组；②定义一系列操作流程，进行工作小组配置以实现工作上的协作；③加强工作小组管理，改进工作技能和改善工作效率。

每个工作小组在成立时，都是为了完成特定的经营活动和实现特定的目标。项目团队对既定工作进行分析，确定其流程的关联性，然后围绕工作小组进行工作设计，以使工作小组内部的任务最大限度地发挥其关联性，从而使该工作小组与其他工作小组之间存在最小的关联。项目团队在利用工作小组完成已定义的一组相互依赖的任务时，要定期对这些工作进行再评价，以确保它们按照最优化协调和绩效的原则在不同的工作小组之间进行分配。

2. 能力培养

能力培养流程识别项目团队用来进行经营活动的各种知识、技能和流程，以帮助项目团队成员不断地提高完成既定工作和职责的能力。能力培养流程的目标包括：①收集团队的能力信息；②识别完成项目任务所需的团队成员能力；③为每个团队成员设计能力培养计划和提供能力培养机会；④利用能力团体为团队成员的能力培养服务。

3. 冲突管理

项目冲突是组织冲突的一种特定表现形态，是项目内部或外部某些关系由于难以协调而导致的矛盾激化和行为对抗。项目团队的冲突包括工作过程中的冲突、任务冲突以及人际关系冲突。对高绩效团队来说，过程冲突是显著增长的，任务冲突在中间阶段十分显著，人际冲突在最后阶段才表现显著，高绩效团队中所有类型的冲突(除了任务冲突外)都比低绩效团队要少。如果团队成员对存在的冲突没有取得一致的看法，则团队产出也会很低。冲突管理提供了通过识别项目冲突的来源，确定冲突的性质，从而解决冲突的流程。冲突管理流程目标包括：①识别项目冲突的来源与性质；②选择冲突的解决方式；③利用已定义的流程解决冲突。

4. 项目风险控制

项目的风险影响项目结果，主要表现在项目进度、项目质量、项目成本等方面。项目风险控制提倡使用一种主动的方法来处理项目的不确定性，即持续地识别和评估项目中的风险，区分风险等级，从而提前处理项目生命周期中的风险。项目风险控制流程的目标是：①提前识别、分析和定位项目风险；②化解或消灭风险。项目风险控制流程通过 5 个步骤来描述规范、概念以及指导，这 5 个步骤分别是风险识别、分析和分级、计划和调度、跟踪和报告、控制和学习。

(三) 从已定义级到可预测级的提升流程

为达到可预测级，即成熟度等级的第四级，项目团队授权并创造机会和方法整合团队能力，促进知识和经验共享，量化管理关键流程绩效。

1. 授权

授权是指工作小组或团队成员在管理和完成其工作方面有很大的自治权，通常暗指一个工作小组或团队成员负责一个“全面的流程”。适当的授权使团队成员或工作小组在授权过程中得到多样化技能的培训，有利于提高成员个体的工作满意度，增强他们的责任感和组织的归属感。授权包括把工作结果的责任和权力交给工作小组或团队成员，授权在管理中应作为一个整体而不是作为一个个体，项目团队必须调整工作环境来支持授权行为。授权流程的目标是给予工作小组或团队成员责任和权力，使其决定如何最有效地进行经营活动。

2. 能力整合

能力整合包括定义能力整合的范围，识别整合过程的机会，将不同的关键流程交织在一起，从而使项目团队成员之间达到基于流程的无间隙的衔接。能力整合流程的目标在于通过整合不同的项目团队成员或工作小组的能力来提高互依工作的效率和反应速度。

整合关键流程指的是整合来自多个团队成员或工作小组的多学科的流程，可以通过更加紧密的流程整合来提高运作效率或者质量的比率，降低导致低效率和低质量的问题的出现频率。这里需要关注的因素包括：①通过关键流程的紧密整合减少迭代的流程；②并行完成串行的流程；③通过紧密整合消除空闲的时间；④减少或者消除资源浪费；⑤通过关联活动，能够省力、降低花费、缩短时间、减少错误、提高产品或者服务质量。

3. 团队决策

团队决策机制是由团队的决策组织、决策程序和决策原则等构成的一个整体，团队决策是否科学有效关系到项目的成功与否，对项目团队的效能产生直接影响。项目团队的决策流程就是在备选方法与行动之间做出决策，其目标包括：①整合团队所有成员的知识；②寻求解决问题的新想法和方案；③解决工作中的冲突和矛盾。

项目团队可以通过培养团队思维的方式摒弃群体倾向和群体思维，团队思维不是狭隘的、无法发挥作用的决策方法，而是积极的、动态的、公开的方式，鼓励团队成员发表不同的意见和见解，使团队能够应付新的和无法预见的情况。培养科学有效的团队思维主要在于培养一个“不同意见真正不被轻易否定”的团队环境，避免群体极端化和群体思维的灾难，克服团队活动的“组织智障”。

4. 量化绩效管理

项目团队使用一个量化的绩效管理策略来明确、度量并分析关键流程的绩效表现，并设定了可度量的目标。量化绩效管理流程的目标是：①给对实现项目目标贡献最大的关键流程的绩效设立度量目标；②对可度量的绩效结果进行预测；③对可度量的绩效结果进行管理。

建立可度量的绩效目标，团队根据项目活动获取可度量绩效目标，识别需要完成项目活动的流程，从中选择对可度量的绩效目标贡献最大的流程，建立可度量目标。

量化绩效结果的预测绩效是对团队成员执行流程的结果或一个时期工作业绩的评价。项目团队中使用的流程都是经过实践检验或经过实施达到理想效果的关键流程，当胜任工作的团队成员运用关键流程来完成分配的工作时，项目团队信赖其工作结果并且将其量化为基准绩效结果，团队成员的绩效表现通过与基准绩效结果的比较而获得。

量化绩效结果的管理使用相关的流程绩效基线预测可度量的绩效目标是否可以实现。流程绩效基线是一个实际结果的书面资料，这个结果通过一系列流程获取，这些流程被当作实际流程绩效与期望流程绩效的对比基准来使用。当关键流程的绩效与绩效目标很明显地被隔离开时，应当采取正确的纠正行动。

关键流程绩效的量化管理使项目按照预测的方向运行，但并不是所有的流程都需要量化管理，只需要对实现团队目标最有贡献的关键流程进行量化管理。

(四) 从可预测级到优化级的提升流程

为达到优化级，即成熟度第五级，项目团队中的每一个成员都致力于持续改进他们的关键流程和创新新技术，项目团队则致力于创建优秀的团队文化，并持续地提升团队成熟度。

1. 团队整体协调

由于项目任务在项目运作过程中不是一成不变的，由此可能引起项目进度、预算、技术要求等方面的变化，这就需要项目团队根据各方面的变化情形，有预见、有计划地动态调整项目团队成员的岗位，必要时还需要引进或招聘新的团队成员以完成项目任务，交付用户满意的项目成果。团队整体协调流程的目标包括：①满足项目变化的需求，保证项目活动有序进行；②缩短工期，降低消耗，提高效率。

2. 能力持续提高

能力持续提高流程的目标是：①持续提高团队成员的能力及其胜任度；②持续提高工作小组的能力及其胜任度；③鼓励基于流程的持续改进和技术创新。

3. 团队承诺

信任被定义为这样一种预期，在此预期下，个体会向别人期望的那样行动而非基于机会主义，而承诺则是实现已确认的项目目标的责任感。高水平的信任与高水平的承诺相关，信任通过承诺的作用间接地对绩效产生影响。团队成员之间的相互吸引力越强，团队目标与成员个人目标越一致，团队的绩效就越高。Mullen 认为凝聚力是一个三维的概念，包括任务承诺、群体吸引力和群体自豪感，其研究表明只有任务承诺与绩效显著正相关。团队承诺流程的目标是：①团队成员之间缔结并履行基于绩效的心理契约；②增强团队成员对团队的归属感、忠诚度以及团队成员之间的互依性。

4. 团队绩效整合

团队绩效整合的目标是增强团队成员、工作小组的绩效结果与团队绩效目标的整合。项目团队利用量化绩效管理的结果，分析、评价绩效的不同组成部分在团队成员之间、工作小组之间和在整个项目团队之中是如何配合的。这些分析和评价为项目团队整合整个团队的绩效提供了依据，并且可以战略性地使用绩效管理活动以达到项目团队的目标。项目团队绩效整合主要集中于工作小组改进小组成员绩效的整合、项目团队根据项目目标改进项目团队成员及各个工作小组的绩效整合，该流程紧密地联成一个完整的团队绩效图。

例如，微软中国对团队成熟化培育有深刻理解，不满足于“1+1=2”的群体绩效。这是因为作为高科技企业，员工的创新能力作为重要的生产要素对业绩有着十分巨大的影响力。微软崇尚团队协作，认为协作良好的团队可以使团队成员相互促进、互补，激发创新能力，使整个团队表现出“1+1>2”的效果；反之，涣散、保守的团队可能使成员相互产生负面影响，约束创新能力的发挥，最终甚至造成“1+1<2”的局面。作为基层管理者，其重要使命之一就是打造协作良好的团队。同时，保持团队的合理流动性也十分重要，一个运作良好的团队如果人员流失太快，其成员的协作水准很可能由于新成员过多、成长不及时而降低，团队文化也难以延续，最终使团队绩效下降。如果团队的人员流动性过低，作为一线的团队，很可能缺乏革新动力，在有些时候会进一步削弱团队的创新能力。因此，保持团队的合理流动性对于高科技企业的基层管理者是重要的努力方向之一。

综上所述，项目团队依次通过这五个不同的成熟度等级逐步实施关键流程，在每一个成熟度等级上，一套新的流程系统覆盖在前一水平的流程之上，每次流程的覆盖都提升了项目团队效能的成熟度水平，从而使项目团队不断提升其效能成熟度水平。

本章小结

团队效能是指一个团队完成团队目标、满足成员的需要和维持自身存在的程度，具有三层含义：首先，大部分团队的存在和运转都是为了实现某些组织目标；其次，团队效能依赖于团队成员的满意度和个体需要和目标的实现；最后，团队效能还表现在团队本身的生存能力上。

影响团队效能的因素有很多，如团队结构、团队组成、团队领导、成员特性、环境因素、团队互动过程等。为了更深入地研究能够持续提升项目团队效能的动态过程，引入了成熟度的概念。成熟度是指项目团队的效能随着项目的进展而达到的目标实现程度，它描述的是事物发展历程中的一种状态。成熟度模型是指描述如何提高或获得某些期待物(如能力)的过程的框架。团队成熟度提升机制是一种基于关键流程的、分阶段执行和提升团队成熟度水平的系统架构。它为项目团队在致力于实现项目任务时应该如何选择优先开发的团队成熟度提升流程提供了一种工作指南。团队成熟度水平由其成熟度等级体现出来，而效能成熟度等级的达到是以其流程域目标是否实现为依据的，实现了哪一级的流程域目标就表示项目团队达到了该流程域所代表的成熟度等级。团队成熟度等级分为初始级、已管理级、已定义级、可预测级和优化级。除初始级之外，每一个成熟度等级都包括4个关键流程。其中，已管理级即成熟度等级第二级，包括团队成员配置、培训和发展、沟通与协调、绩效管理的4个关键流程；已定义级即成熟度等级第三级，包括建立工作小组、能力培养、冲突管理、项目风险控制4个关键流程；可预测级即成熟度等级第四级，包括授权、能力整合、团队决策、量化绩效管理4个关键流程；优化级即成熟度等级第五级，包括团队整体协调、能力持续提高、团队承诺、团队绩效整合4个关键流程。

关键概念：

团队效能(team effectiveness)　　团队成熟度(team maturity)

层次分析法(analytic hierarchy process)　　成熟度等级(maturity level)

复习思考题

一、案例分析

马化腾5兄弟：难得的创业团队

腾讯的马化腾创业5兄弟，堪称难得，其理性堪称典范。12年前的那个秋天，马化腾与他的同学张志东合资注册了深圳腾讯计算机系统有限公司，之后又吸纳了三位股东：曾李青、许晨晔、陈一丹。这5个创始人的QQ号据说是从10001到10005，为避免彼此争夺权力，马化腾在创立腾讯之初就和四个伙伴约定清楚：各展所长、各管一摊。马化腾是CEO(首席执行官)，张志东是CTO(首席技术官)，曾李青是COO(首席运营官)，许晨晔是CIO(首席信息官)，陈一丹是CAO(首席行政官)。

之所以将创业5兄弟称为“难得”，是因为直到2005年的时候，这5人的创始团队还基本保持这样的合作阵形，不离不弃。直到腾讯做到如今的局面，其中4个还在公司一线，只有COO曾李青挂着终身顾问的虚职而退休。

都说一山不容二虎，尤其是在企业迅速壮大的过程中，要保持创始人团队的稳定合作尤其不容易。在腾讯背后，工程师出身的马化腾从一开始对于合作框架的理性设计功不可没。

从股份构成上来看，5 个人一共凑了 50 万元，其中马化腾出资 23.75 万元，占了 47.5%的股份；张志东出资 10 万元，占 20%；曾李青出资 6.25 万元，占 12.5%的股份；其他两人各出资 5 万元，各占 10%的股份。

虽然主要资金都由马化腾所出，他却自愿把所占的股份降到一半以下，47.5%。“要他们的总和比我多一点点，不要形成一种垄断、独裁的局面。”而同时，他自己又一定要出主要的资金，占大股。“如果没有一个主心骨，股份大家平分，到时候也肯定会出问题，同样完蛋。”

保持稳定的另一个关键因素就在于搭档之间的合理组合。

据《中国互联网史》作者林军回忆说：“马化腾非常聪明，但非常固执，注重用户体验，愿意从普通的用户的角度去看产品。张志东的思维非常活跃，是对技术很沉迷的一个人。马化腾的技术也非常好，但是他的长处是能够把很多事情简单化，而张志东更多地是把一个事情做得完美化。”

许晨晔和马化腾、张志东同为深圳大学计算机系的同学，他是一个非常随和且有自己的观点，但不轻易表达的人，是有名的“好好先生”。陈一丹是马化腾在深圳中学时的同学，后来也就读深圳大学，他十分严谨，同时又是一个非常张扬的人，他能在不同的状态下激起大家的激情。

如果说其他几位合作者都只是“搭档级人物”的话，只有曾李青是腾讯 5 个创始人中最好玩、最开放、最具激情和感召力的一个，与温和的马化腾、爱好技术的张志东相比，是另一个类型，其大开大合的性格也比马化腾更具备攻击性，更像拿主意的人。不过或许正是这一点，也导致他最早脱离了团队，单独创业。

后来，马化腾在接受多家媒体的联合采访时承认，他最开始也考虑过和张志东、曾李青三个人均分股份的方法，但最后还是采取了 5 人创业团队，根据分工占据不同的股份结构的策略。即便是后来有人想加钱占更大的股份，马化腾说不行：“根据我对你能力的判断，你不适合拿更多的股份。”因为在马化腾看来，未来的潜力要和应有的股份匹配，不匹配就要出问题。如果拿大股的不干事，干事的股份又少，矛盾就会发生。

当然，经过几次稀释，腾讯上市时他们所持有的股份比例只有当初的 1/3，但即便是这样，他们每个人的身价都还是达到了数十亿元，是一个皆大欢喜的结局。

可以说，在中国的民营企业中，能够像马化腾这样，既包容又拉拢，选择性格不同、各有特长的人组成一个创业团队，并在成功开拓局面后还能依旧保持长期默契合作的创业者是很少见的。而马化腾成功之处就在于其从一开始就很好地设计了创业团队的责、权、利。能力越大，责任越大，权力越大，收益也就越大。

(资料来源：https://blog.csdn.net/renfengmei/article/details/39322521)

思考：

1. 请对马化腾创业团队的成熟度进行评价。

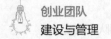

2. 结合本章内容论述马化腾创业团队的成功带给我们哪些启示。

二、拓展训练

心有灵犀一点通

【形式】集体参与。

【时间】大约 20 分钟。

【材料】笔和纸。

【应用】

- 学员之间相互交流沟通。
- 团队沟通。
- 有效沟通的技巧。

【目的】

- 使彼此互相了解。
- 考察团队成员之间的互相了解程度。
- 娱乐。

【程序】

- 每个小组成员用所提供的笔和纸写下前一天晚上自己所做的事情，写完交到主持人的手中。
- 在成员休息的时候，对所收上来的信息进行任意编号。
- 读出每一条信息及其编号，让参与者记下编号以及其认为做这件事的人。
- 重新读出每一条信息，让小组成员逐个说出他认为做这件事的人。
- 请真正做这件事的主人站起来。
- 请各参与者统计自己的得分(每猜对一个得1分)并公布最高得分。

【特别注意事项】

- 使用同一规格的纸张。
- 注意提醒他们不要写下已经告知小组其他成员的一些事情。

参考文献

[1] 陈刚. 创业团队风险决策[M]. 北京：知识产权出版社，2015.
[2] 陈虎，张旭辉. 创业学概论[M]. 北京：科学出版社，2015.
[3] 陈志嵘，陈宝光. 如何当好中层管理者[M]. 北京：中华工商联合出版社，2014.
[4] 陈忠卫. 创业团队企业家精神的动态性研究[M]. 北京：人民出版社，2007.
[5] 储盈. 创业兵团：带好创业的第一个团队[M]. 北京：中华工商联合出版社，2012.
[6] 贺俊英. 大学生创业基础与实训教程[M]. 北京：高等教育出版社，2010.
[7] 凯锐. 团队：精细化管理的 138 个实战绝招[M]. 北京：中国致公出版社，2010.
[8] 柯平. 图书馆战略管理[M]. 北京：海洋出版社，2015.
[9] 娄成武. 现代管理学原理[M]. 北京：中国人民大学出版社，2008.
[10] 茅理翔. 飞翔的方太——浙江宁波飞翔集团的二次创业历程[J]. 休闲农业与美丽乡村，2001(1)：49-54.
[11] 尼基•海斯. 成功的团队管理[M]. 北京：清华大学出版社，2002.
[12] 石磊. 企业文化案例精选评析[M]. 北京：企业管理出版社，2010.
[13] 王建军. 提高团队执行力的 58 条职业法则[M]. 北京：北京工业大学出版社，2014.
[14] 韦慧民，潘清泉. 创业团队及其信任发展研究[M]. 北京：经济科学出版社，2015.
[15] 文捷. 每天一堂北大管理课[M]. 北京：中国华侨出版社，2013.
[16] 邢发，陈怡冰. 职业发展就那几步：员工职业生涯自助管理解决方案[M]. 北京：企业管理出版社，2016.
[17] 邢以群. 管理是要系统的：企业管理实用指导手册[M]. 北京：机械工业出版社，2015.
[18] 熊华生. 班级管理智慧案例精选[M]. 上海：华东师范大学出版社，2011.
[19] 徐俊祥. 大学生创业基础知能训练教程[M]. 北京：现代教育出版社，2014.
[20] 姚裕群. 团队建设与管理[M]. 北京：首都经济贸易大学出版社，2006.
[21] 约翰•贝赞特，乔•蒂德，贝萨特. 创新与创业管理[M]. 北京：机械工业出版社，2013.
[22] 张航，周利群，江敬艳. 创意产业发展与创新创业团队培育[M]. 武汉：武汉大学出版社，2014.
[23] 张溪，张富强. 大学生创新创业教程[M]. 北京：人民邮电出版社，2016.

[24] 张喜梅，吕雅文. 大学生创业导论[M]. 北京：高等教育出版社，2005.
[25] 张先勇. 多替公司想想：科学工作观读本[M]. 武汉：武汉大学出版社，2009.
[26] 曾义伟. 成功创业团队要克服的 101 个难题[M]. 北京：机械工业出版社，2015.
[27] 周劲波. 多层次创业团队决策模式绩效机制研究[M]. 桂林：广西师范大学出版社，2013.
[28] 阿荣高娃. 团队领导与团队建设[J]. 理论视野，2008，104(10)：41-42.
[29] 段辉琴，陆俊. 大学生创新创业精神培育路径[J]. 继续教育研究，2017(2)：16-18.
[30] 靳取，李博. 创业机会与机会识别的研究现状[J]. 无锡商业职业技术学院学报，2009，9(4)：37-40.
[31] 李洪磊，韩放. 大学生创业教育[J]. 企业导报，2009(11)：245-246.
[32] 李亚员. 当代大学生创业现状调查及教育引导对策研究[J]. 教育研究，2017(2)：65-72.
[33] 李月. 大学生创新创业教育研究[J]. 教育教学论坛，2017(16)：42-43.
[34] 刘江，邓晓华，邢鲲，等. 高校学生创业团队培养模式初探[J]. 现代农业科学，2009(2)：168-169.
[35] 刘圣树. 创新与创业[J]. 福建通讯，2001(10)：27-27.
[36] 刘小娣. "互联网+"时代下大学生创新创业教育新模式的构建[J]. 高教学刊，2017(3)：7-8.
[37] 龙丹，田新. 资源束缚下的成功之道：创造性拼凑创业从拼凑开始[J]. 企业管理，2009(5)：4-6.
[38] 潘红艳，苏萍. 课外兴趣小组的组建与管理[J]. 管理观察，2008(23)：68-68.
[39] 彭杜宏，余捷婷，刘电芝. 大学生优胜创业团队互动过程特征[J]. 心理科学，2009(2)：504-506.
[40] 芮国星，华瑛. 大学生创业大赛中创业团队创业能力综合评价模型研究[J]. 东北师大学报：哲学社会科学版，2009(6)：224-227.
[41] 史国庆. Levi's 企业伦理实践的启示[J]. 上海商业，2002(11)：63-64.
[42] 苏娜娜，刘杰，孙静，等. 依托专业兴趣小组促进高校创新创业人才培养的研究——以山东中医药大学理工学院"互联创盟"创业团队为例[J]. 人力资源管理，2016(9)：184-185.
[43] 孙保营. "双创"背景下大学生创新创业教育的困局及破解[J]. 创新与创业教育，2017，8(1)：24-30.
[44] 王磊. 俞敏洪：破解组建核心创业团队之道[J]. 国际人才交流，2011(10)：31-33.
[45] 王嗣源. 大学生创新创业能力的培养和提升[J]. 新教育时代电子杂志：教师版，2016(40).
[46] 王晓晔. 大学生创业团队建设探究[J]. 教育与职业，2013(15)：106-108.

[47] 王兴明，刘许柯，何要来. 高校教师科研项目培养本科生创新创业能力的思考[J]. 文教资料，2015(17)：93-94.

[48] 王志敬，梁纯金，杨旱晴. 大学生创业资源整合与管理模式刍议[J]. 科技视界，2013(31)：37.

[49] 徐明. 互联网＋时代大学生创业团队创业力及培养开发研究[J]. 职业教育研究，2016(1)：75-80.

[50] 许小东. 关于 R&D 团队建设与管理的思考[J]. 科学学研究，2001，19(2)：76-81.

[51] 杨明海，刘军. 基于成熟度的项目团队效能研究[J]. 东岳论丛，2009(5)：164-167.

[52] 杨明海，张体勤，丁荣贵. 人力资源能力成熟度模型：概念、体系与结构[J]. 东岳论丛，2003，24(6)：134-136.

[53] 余林. 郑海涛执著创业梦想[J]. 当代经理人，2004(4)：60-61.

[54] 余绍忠. 创业资源、创业战略与创业绩效关系研究[D]. 浙江大学，2012.

[55] 张茂林. 创新背景下的高校科研团队建设研究[D]. 华中师范大学，2011.